汽车底盘机械系统检修

主　编　陈俊杰
副主编　王　建　丘德龙　温　云
伍振铭　李　良
主　审　江路明

北京理工大学出版社
BEIJING INSTITUTE OF TECHNOLOGY PRESS

内 容 简 介

本书的内容源于汽车维修企业生产岗位，在阐述基本知识的基础上，以典型汽车底盘机构为例，图文并茂地讲解检修操作步骤，并进行故障诊断与修复。

本书主要内容包括汽车传动系统检修、汽车行驶系统检修、汽车转向系统检修、汽车制动系统检修四个学习情境。每个情境都由情境导入、项目要求、相关理论知识、项目实施、习题训练等部分组成。

本书不仅可作为高等院校汽车检测与维修专业的教材，也可供有关汽车维修技术人员、汽车维修职业资格证书的申请人员参考、学习、培训之用。

图书在版编目（CIP）数据

汽车底盘机械系统检修/陈俊杰主编．—北京：北京理工大学出版社，2014.8
ISBN 978－7－5640－4440－4

Ⅰ.①汽…　Ⅱ.①陈…　Ⅲ.①汽车－底盘－机械系统－车辆检修－教材
Ⅳ.①U472.41

中国版本图书馆CIP数据核字（2013）第266376号

出版发行／北京理工大学出版社有限责任公司
社　　址／北京市海淀区中关村南大街5号
邮　　编／100081
电　　话／（010）68914775（总编室）
82562903（教材售后服务热线）
68948351（其他图书服务热线）
网　　址／http：//www.bitpress.com.cn
经　　销／全国各地新华书店
印　　刷／三河市天利华印刷装订有限公司
开　　本／787毫米×1092毫米　1/16
印　　张／11
字　　数／264千字
版　　次／2014年8月第1版　2014年8月第1次印刷
定　　价／39.00元

责任编辑／陈莉华
文案编辑／陈莉华
责任校对／周瑞红
责任印制／吴浩云

前 言

PREFACE

“汽车底盘机械系统检修”课程是汽车工程类专业的一门专业核心课程，具有十分突出的实践性。传统的教学方式是在教室内由教师按照书本传授系统的理论知识，然后通过若干实训进行知识的巩固加强。但这种方式易造成理论与实践的分割，许多学生学完汽车底盘后仍然不能掌握汽车底盘机械系统的检修方法，所以必须对汽车底盘的教学方式进行改革，引入“项目化教学”方式，迫切需要一本校企合作开发的、工学结合的、以情境案例教学方式为特色的教材。

本书以情境案例教学方式组织编写，教师在教学过程中围绕实际工作项目组织和实施教学活动；学生在学习过程中直接参与项目实施的全过程，在教师的引导下，通过咨询、计划、决策、实施、检查和评估，完成从理论知识到实践能力的转化。

本书针对汽车底盘机械系统，介绍汽车传动、汽车行驶、汽车转向和汽车制动系统的功能、结构、原理与检修。并将汽车底盘各系统的典型故障进行归纳总结，针对汽车底盘的典型检修、调整部位开展实践训练。全书共分四个学习情境，包括：汽车传动系统检修、汽车行驶系统检修、汽车转向系统检修、汽车制动系统检修等。每个学习情境（项目）均含有情境导入、项目要求、相关理论知识、项目实施、习题训练等部分。

本书不仅可作为高等院校汽车检测与维修专业的教材，也可供有关汽车维修技术人员、汽车维修职业资格证书的申请人员参考、学习、培训之用。

本书由陈俊杰担任主编，江路明担任主审，王建、丘德龙、温云、伍振铭、李良担任副主编。在本书的编写过程中，参阅了多种同类教材和专著，在此向编著者致以诚挚的谢意。由于编者水平有限，书中难免存在缺点与疏漏之处，敬请读者批评指正。

编　者

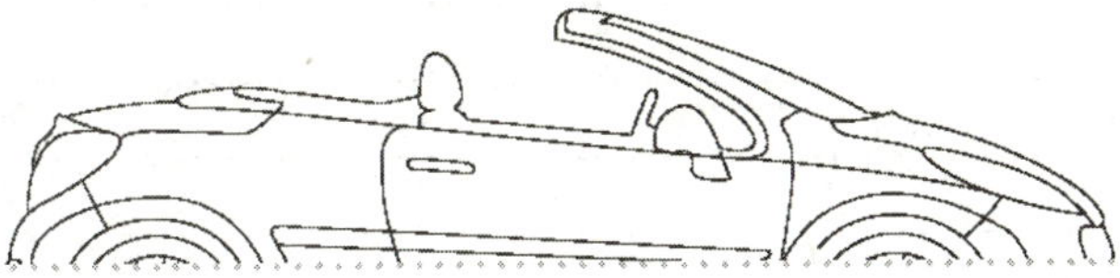

目录

CONTENTS

学习情境一 汽车传动系统检修

学习情境二 汽车行驶系统检修

学习情境三 汽车转向系统检修

学习情境四 汽车制动系统检修

学习情境一

汽车传动系统检修

项目一

离合器结构与检修

一、情景导入

一辆2010款奇瑞轿车，挂上一挡，严格执行操作规程逐渐放松离合器踏板，同时踩下加速踏板汽车行驶无力，有焦煳味道产生；行驶时，车速不能随发动机转速的提高而加快，行驶无力。经维修人员检查确认发动机状况良好，因此判断故障来源于离合器，初步判定是离合器打滑造成，需对离合器进行检修。

二、项目要求

（一）能力目标要求

1. 掌握离合器自由行程的检查与调整
2. 掌握液压式离合器油液的加注与排气方法
3. 掌握离合器正确的拆装、检修顺序
4. 掌握离合器常见故障诊断与维修知识

（二）知识目标要求

1. 掌握离合器的功用及分类
2. 掌握膜片弹簧离合器的结构、组成与工作原理
3. 掌握离合器操纵机构
4. 掌握离合器常见故障种类、现象及原因

三、相关理论知识

（一）离合器的功用与分类

1. 离合器的功用

（1）使发动机与传动系逐渐接合，保证汽车平稳起步。

汽车由静止到行驶状态，其速度应由零逐渐增大。如果没有离合器，而使传动系统与发动机之间刚性连接，静止的汽车在起步时由于突然接上动力将会猛烈前冲，产生很大的惯性

力。发动机在这一惯性力的作用下，转速将急剧下降到最小稳定转速后熄火，汽车将不能起步。装有离合器后，踩下踏板，使发动机与传动系统分离，挂上挡位后，再慢慢地抬起踏板，同时逐渐增大加速踏板开度，增加发动机的输出转矩，这样发动机的转矩就可以由小到大逐渐地传给传动系统，汽车便由静止开始慢慢地加速，实现了汽车的平稳起步。

（2）暂时切断发动机与传动系的联系，便于发动机的起动和变速器的换挡，保证传动系统换挡时工作平顺。

汽车在行驶过程中，为了适应不断变化的行驶条件，传动系统经常要换用不同的挡位工作，离合器就是将发动机动力传递到行走装置“开关”。踩下踏板，离合器使发动机与传动系统彻底分离，发动机卸荷以便发动机起动或变速器摘挡、挂挡不产生冲击。放松踏板，离合器使发动机与传动系统平顺接合，汽车能以较低的加速度平稳无冲击地起步并逐步加速而不使汽车熄火。

（3）限制所传递转矩，防止传动系统过载。

当汽车起步过猛或行驶速度急剧变化，传动装置过载时（牵引阻力过大或紧急制动因转速骤降引起较大的惯性力，此时惯性转矩会超过发动机最大转矩），可借助离合器打滑，对传动系统或动力输出装置或发动机的零件起安全保护作用。

2. 离合器的分类

汽车主要采用摩擦式离合器，根据分类方法不同，其类型主要有以下 3 种形式。

（1）按从动盘的数目不同，分为单片式、双片式和多片式。

（2）按摩擦片工作的环境不同，分为干式离合器和湿式离合器。

（3）按压紧弹簧的形式及布置形式不同，分为周布螺旋弹簧式、中央弹簧式、膜片弹簧式和斜置弹簧式等。其中，膜片弹簧式离合器应用最广泛，如图 1.1 所示。

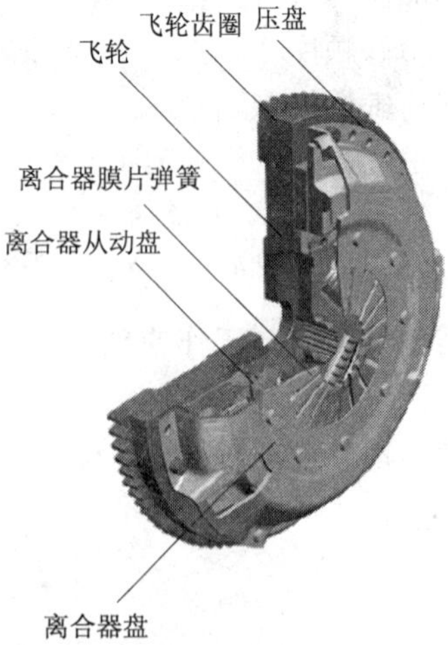

图 1.1　膜片弹簧式离合器

（4）按操纵机构不同，分为机械式（杆式和绳式）、液压式、气压式和空气助力式等。其中，低档轿车多采用机械式离合器，中、高档轿车多采用液压式离合器。

3. 汽车对离合器的性能要求

根据离合器的功用，它应满足下列主要要求：

（1）具有合适的储备能力，既能保证可靠地传递发动机的最大转矩，又能防止传动系过载。

（2）接合时应平顺柔和，应保证汽车平稳起步，减少冲击。

（3）分离时应迅速彻底，以保证变速器换挡平顺和发动机起动顺利。

（4）具有良好的通风散热能力，防止离合器温度过高。

（5）旋转部分的平衡性好，且从动部分的转动惯量小。

（6）操纵轻便，以减轻驾驶员的疲劳。

（二）典型离合器结构与工作原理

1. 膜片弹簧式离合器的基本结构

膜片弹簧式离合器是目前汽车中常用的一种单片干式摩擦离合器，如奇瑞 A3、大众速腾、新捷达、新桑塔纳、长安逸动、悦翔等手动挡车型都采用了这种离合器。膜片弹簧式离合器由主动部分、从动部分、压紧机构、分离机构和操纵机构组成，如图 1.2 所示。

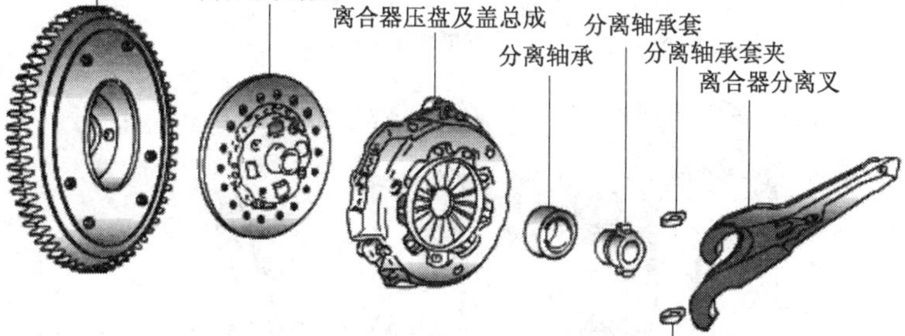

图 1.2　膜片弹簧式离合器的组成

1）主动部分

如图 1.3 所示，离合器主动部分由飞轮、离合器盖和压盘等组成。为了保证离合器与飞轮同心，离合器盖通过定位销定位，固定在飞轮上。为了散热，离合器盖的侧面制有通风口，当离合器旋转时，热空气就由此抽出，以加强通风。压盘和离合器盖之间是通过周向均布的三组或四组传动片来传递转矩的。在离合器分离和接合过程中，依靠弹簧片的弯曲变形，使压盘前后移动。正常工作时，离合器盖通过传动片拉动压盘旋转。对压盘起传动、导向和定心的作用。

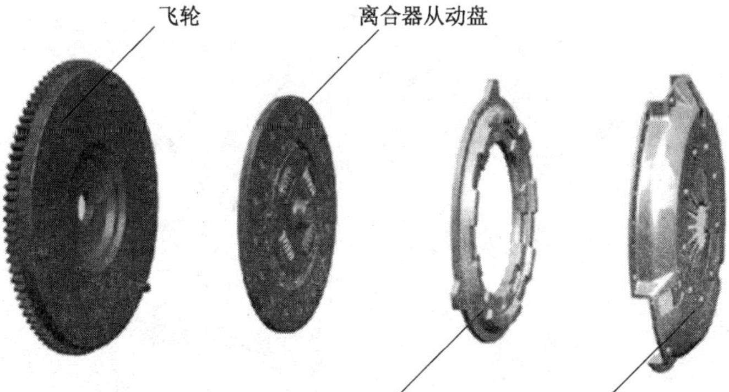

图 1.3　膜片弹簧式离合器主动、从动部分

2）从动部分

图 1.4　从动盘实物图

从动部分包括从动盘和离合器从动轴，从动盘一般带有扭转减振器，如图 1.4 所示。为了消除扭转振动和避免共振，防止传动系过载，多数离合器从动盘中装有扭转减振器，如图 1.5 所示。从动盘钢片通常是用薄弹簧钢片制成，并与从动盘毂铆在一起，其上开有辐射状的槽，可防止热变形。为了使离合器接合柔和、起动平稳，单片离合器从动盘钢片具有轴向弹性结构。从动盘钢片与后衬片之间的六块扇形波浪形弹簧钢片就起这个作用。在离合器接合时，弹性变形使压紧力逐渐增加，产生轴向弹性，使接合柔和。从动盘和从动盘毂通过弹簧弹性地连接在一起，构成减振器的缓冲机构。由发动机曲轴传来的扭转振动所产生的冲击即被弹簧所缓和以及摩擦片所吸收，而不会传到变速器以后的总成部件上。

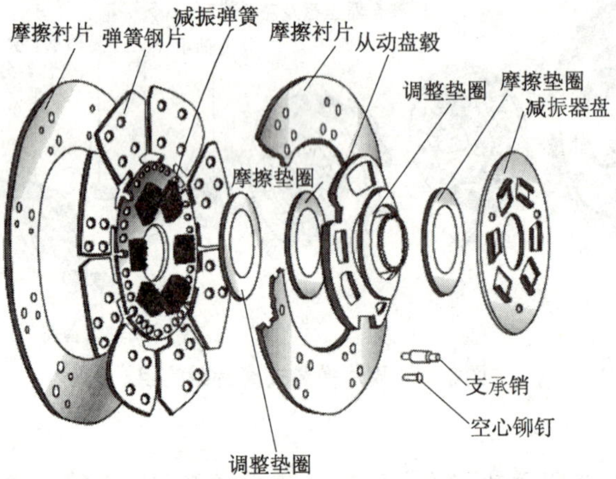

图 1.5　从动盘的组成

3）压紧与分离机构

压紧装置与分离机构由膜片弹簧、枢轴环、压盘、金属带及收缩弹簧等组成，如图 1.6 所示。

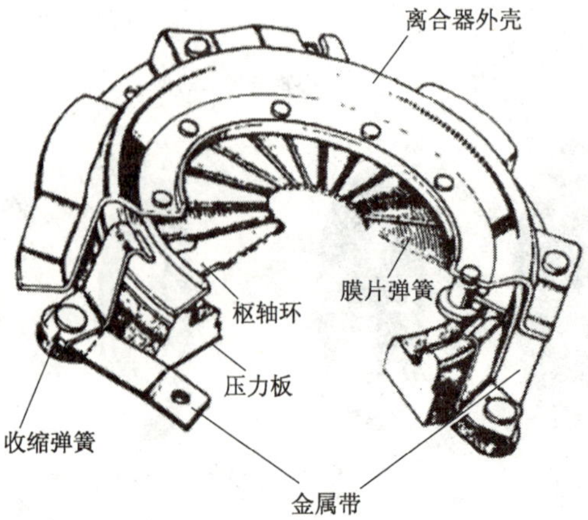

图 1.6　离合器盖

如图 1.7 所示，膜片弹簧的形状像一个碟子，它是在一个具有锥形面的钢圆盘上，开有许多径向切口，形成一排有弹性的杠杆。在切口的根部都钻有孔，以防止应力集中。真正产生压紧力的，仅是钻孔以外的部分。

图 1.7　膜片弹簧

膜片弹簧式离合器的主要特点是用一个膜片弹簧代替传统的螺旋弹簧和分离杠杆。开有径向槽的碟片膜片弹簧，既起压紧机构的作用，又起分离杠杆的作用。这样，可使离合器的结构大为简化，缩短了离合器的轴向尺寸。并且由于膜片弹簧和压盘是环形接触，故可保证压盘上的压力均匀，接合平顺。由于膜片弹簧本身特性，当摩擦衬片磨损变薄时，弹簧压力变小，传动可靠性高，不易打滑，以及维持离合器在分离状态时所需的力量较小，操纵轻便。

枢轴环装在膜片弹簧外侧，当膜片弹簧工作时，它作为枢轴而工作。收缩弹簧连接膜片弹簧和压盘，将膜片弹簧运动传给压盘。

如图 1.8 所示，膜片弹簧两侧有钢丝支承圈，用膜片弹簧固定铆钉将其安装在离合器盖上，在离合器盖没有固定到飞轮上时，膜片弹簧不受力，处于自由状态，此时离合器盖与飞轮安装面之间有一段距离。当将离合器盖用连接螺钉固定到飞轮上时，由于离合器盖靠向飞轮，后钢丝支承圈则压向膜片弹簧使之发生弹性变形，膜片弹簧的圆锥底角变小，几乎接近于压平状态。同时，膜片弹簧的大端对压盘产生压紧力，使离合器处于接合状态。当分离离合器时，分离轴承左移，膜片弹簧变成反锥形，使膜片弹簧大端右移，并通过分离弹簧钩拉动压盘使离合器分离。

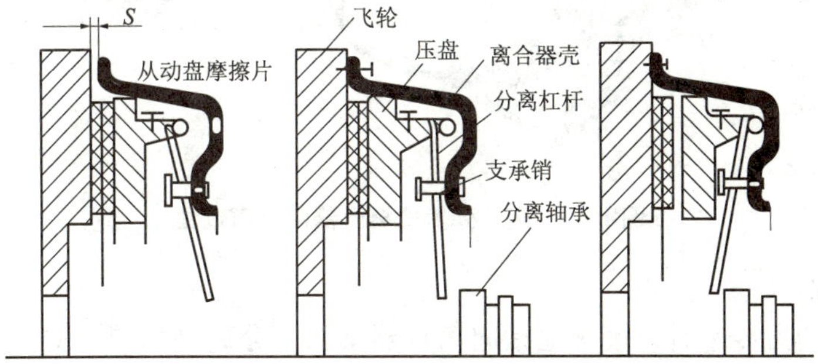

图 1.8　膜片弹簧式离合器的工作原理

4）操纵机构

操纵机构包括离合器踏板、分离杠杆、分离轴承、分离套筒、分离叉、调节装置等。分离杠杆是离合器操纵机构的一个主要零件，外观与压盘铰接，中部通过铰接支撑在离合器盖上，内端和分离轴承接触（分离时）。分离轴承和分离套筒装成一体，松套在从动轴的轴套上，可作轴向移动。分离拨叉中部支撑在飞轮壳上，并通过拉杆和踏板连接。

2. 膜片弹簧式离合器的工作原理

1）接合状态

如图 1.9 所示，离合器处于接合状态时，压紧弹簧（即膜片弹簧）将压盘、飞轮及从动盘互相压紧。发动机转矩经飞轮及压盘通过摩擦面的摩擦力矩传递到从动盘，再经离合器从动轴（即变速器输入轴）向传动系输入。

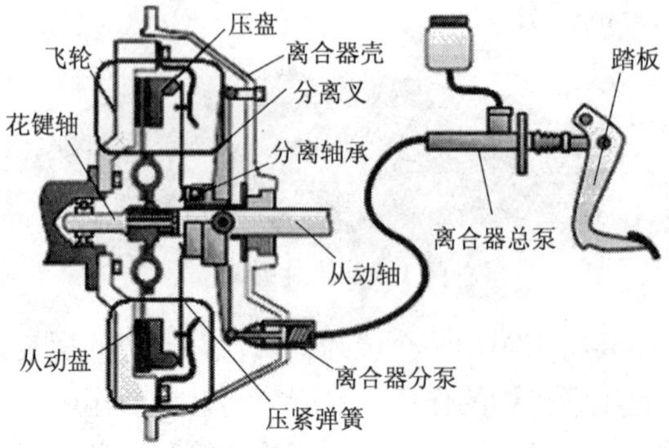

图 1.9　膜片弹簧式离合器的接合状态

2）分离过程

如图 1. 10 所示，踏下踏板时，离合器分泵向前移动带动分离叉向前移动，分离叉内端则通过分离轴承推动分离杠杆内端向前移动，分离杠杆外端依靠安装在离合器盖上的支点拉动压盘向后移动，使其进一步压缩压紧弹簧的同时，解除对从动盘的压力，此时离合器的主动部分处于分离状态而中断动力的传递。

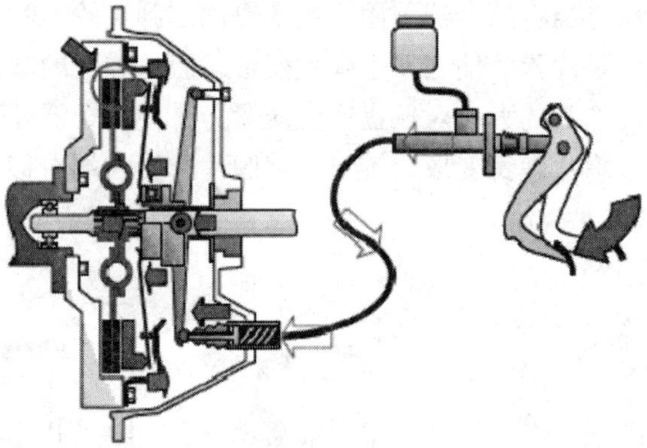

图 1.10　膜片弹簧式离合器的分离过程

3）接合过程

当需要恢复动力传递时，缓慢地抬起离合器踏板，分离轴承减小对分离杠杆内端的压力，压盘便在压紧弹簧的作用下逐渐压紧从动盘，并使所传递的扭矩逐渐增大。当所能传递的扭矩小于汽车起步阻力时，汽车不动，发动机带动飞轮和压盘转动但从动盘不转动，主、从动摩擦面间完全打滑；当所能传递的扭矩达到足以克服汽车开始起步的阻力时，从动盘开始旋转，汽车开始移动，但从动盘的转速仍低于飞轮和压盘的转速，即主、从动摩擦面间仍存在着部分打滑情况。随着离合器踏板的继续抬起，压紧弹簧的压力不断增加，主从动部分的转速差逐渐减小，直到转速相等时打滑现象消失，离合器完全接合，接合过程结束。

汽车平稳起步是靠离合器逐渐接合过程中打滑程度的变化来实现的。

3. 离合器的自由间隙和离合器踏板的自由行程

离合器处于接合状态时，分离轴承与分离杠杆内端之间预留的间隙称为离合器的自由间隙，如图 1.11 所示。其作用是防止从动盘摩擦片磨损变薄后压盘不能向前移动而造成离合器打滑。

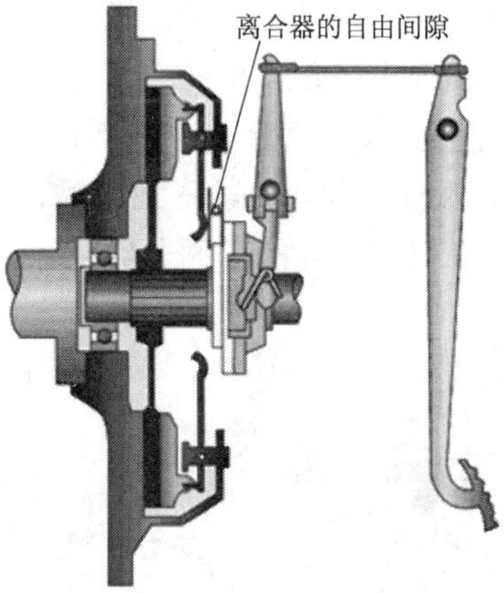

图 1.11　离合器的自由间隙

消除操纵机构、分离机构零件的弹性变形和离合器的自由间隙所需要的离合器踏板的行程称为离合器踏板的自由行程，如图 1.12 所示。离合器踏板的自由行程大小可以调整。

将离合器踏板由最高位置踩到底时，离合器踏板所经过的行程称为离合器踏板的总行程，如图 1.13 所示。

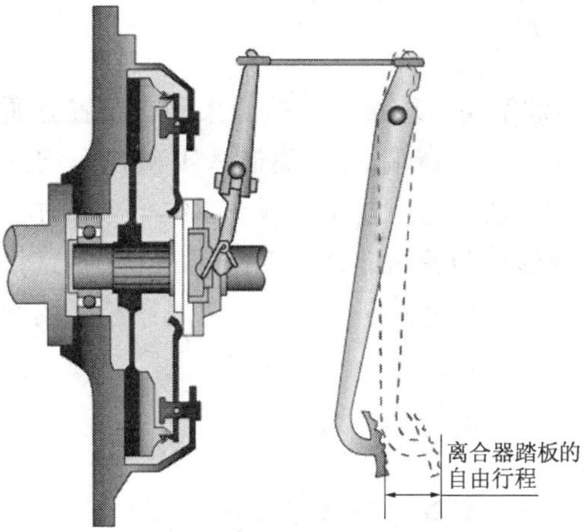

图 1.12　离合器踏板的自由行程

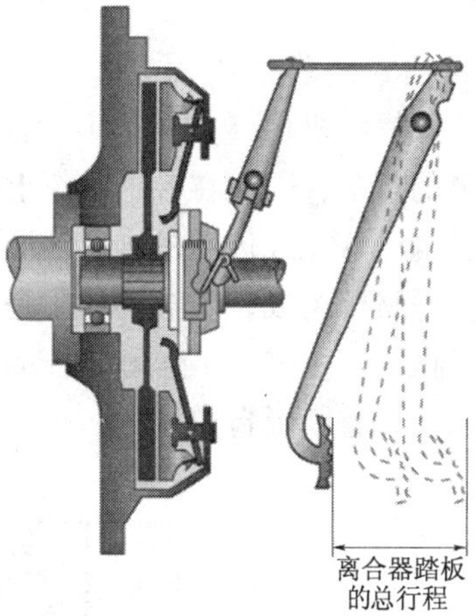

图 1.13　离合器踏板的总行程

（三）离合器操纵机构

离合器的操纵机构是驾驶员操纵离合器使之分离和接合的一套机构，它起始于离合器踏板，终止于离合器壳内的分离轴承。离合器操纵机构按照分离离合器时所需操纵能源的不同，可分为人力式和助力式两种。助力式离合器操纵机构又可分为气压助力式和弹簧助力式。本部分主要介绍在轿车中应用较多的机械式操纵机构和液压式操纵机构。其中液压式操纵机构应用越来越广泛。

1. 机械式操纵机构

机械式操纵机构有杆式传动和拉索传动（如图 1.14 所示）两种形式。杆式传动操纵机构，其结构简单，工作可靠，但杆式传动间铰接多，摩擦损失大，当车架或车身变形以及发动机位移时都会影响其正常工作。拉索传动可消除杆式传动机构的位移和变形等缺点，且可在一些杆式传动布置比较困难的情况下采用。但拉索寿命较短，拉伸刚度小，使用过程中，拉索会被拉长，导致踏板自由行程变大，离合器分离不彻底，不能增大踏板力，操纵较费力。由此，这种结构形式多用于微型、小型和紧凑型车辆，如奇瑞新风云 2、长安悦翔等。不论是杠式传动还是拉索传动，在目前设计的车辆上均有逐渐淘汰的趋势，而被液压式操纵机构替代。

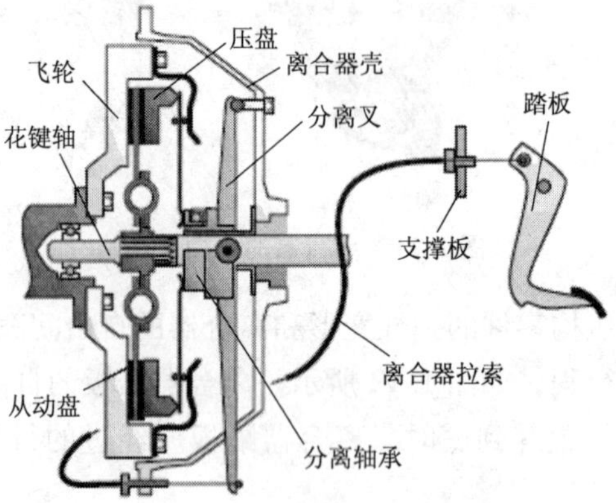

图 1.14　拉索传动操纵机构

2. 液压式操纵机构

液压式操纵机构（如图 1.15 所示）传动效率高、质量小、接合柔和、布置方便，不受车身变形的影响，因此在各种汽车上应用日益广泛。奇瑞 A3、奥迪 A4L 等汽车均采用液压式操纵机构。液压式传动机构以油液作为传力介质，它主要由踏板、主缸、工作缸、管路系统和回位弹簧等组成，主缸的作用是将机械能转化为液压能，而工作缸的作用则是将液压能转化为机械能。主缸、工作缸推杆的长度一般做成可调的，或主缸推杆与踏板采用偏心螺栓连接，以便调整踏板自由行程。

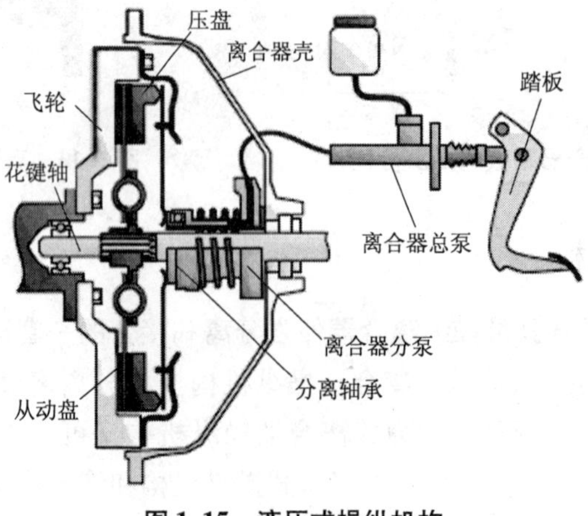

图 1.15　液压式操纵机构

（1）离合器主缸：主缸壳体上的回油孔、补偿孔通过进油软管与储液罐相通。主缸内装有活塞，活塞两端装有皮碗，左端中部装有单向阀，经小孔与活塞右方主缸内腔的油室相通。当离合器踏板处于放松位置时，活塞左端皮碗位于回油孔与补偿孔之间，两孔均与储液罐相通。

（2）离合器工作缸：工作缸装有活塞、皮碗、推杆等，壳体上还设有放气螺塞。当管路内有空气而导致离合器不能分离时，需要拧出放气螺塞进行放气。工作缸活塞直径略大于主缸活塞直径，故液压系统具有增力作用，以使操纵轻便。

（3）工作情况：踩下离合器踏板，主缸推杆使主缸活塞向左移动，单向阀关闭。管路上的油压上升。工作缸中的活塞和推杆被推动向右移，工作缸中的推杆直接推动离合器分离叉和分离轴承向前移动，通过膜片弹簧使压盘后移，解除从动盘的压力，使离合器处于分离状态。

（4）液压离合器油液的选用：液压离合器操纵机构使用的油液为汽车制动液，一般情况下，离合器油液与制动系共用储油罐。离合器液（制动液）标准为：汽车制动液应符合美国联邦政府运输安全部（DOT）制定的联邦机动车安全标准（FMVSS），这是国际通用和认可的制动液标准，我国制动液也是参照这一标准制分级的。具体是 FMVSS NO. 116 DOT3、DOT4、DOT5。对制动液的要求为：有高的沸点，高温下不易汽化；否则，易产生气阻，使操纵机构失效；低温下有良好的流动性；不会造成与之经常接触的金属腐蚀，橡胶膨胀、变硬和损坏；良好的润滑作用；吸水性差而溶水性好。

四、项目实施

（一）离合器的拆卸

1. 准备工作

（1）所需工具：组合扳手、螺钉旋具、钳子、扭力扳手、锤子、百分表、游标卡尺、直尺、塞尺及专用工具等。

（2）注意环保及安全操作。

2. 离合器拆卸

（1）拆下变速器。

（2）将飞轮固定，然后将离合器的固定螺栓对角分多次逐步拧松，取下压盘总成、离合器从动盘。

（3）拉出分离轴承。

（4）拆下分离轴承导向套和橡胶防尘套、回位弹簧。

（5）用尖嘴钳取出卡簧及衬套座，取出分离叉轴。

（二）离合器的检测

1. 从动盘的检查

先目视检查，看从动盘摩擦片是否有裂纹、铆钉外露、减振器弹簧断裂等情况，如果有则更换从动盘。

再检查从动盘的端面圆跳动。在距从动盘外边缘 2.5 mm 处测量，离合器从动盘最大端面圆跳动为 0.4 mm，测量方法如图 1.16 所示。如果不符合要求，可用扳钳校正或更换从动盘。

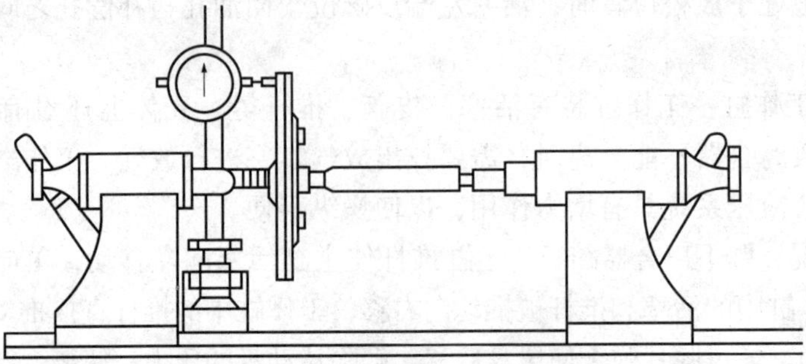

图 1.16　传动片端面圆跳动的检查

最后检查从动盘摩擦片的磨损程度。摩擦片的磨损程度可用游标卡尺进行测量，如图 1.17 所示。铆钉头埋入深度应不小于 0.20 mm。如果检查结果超过要求，则应更换从动盘。

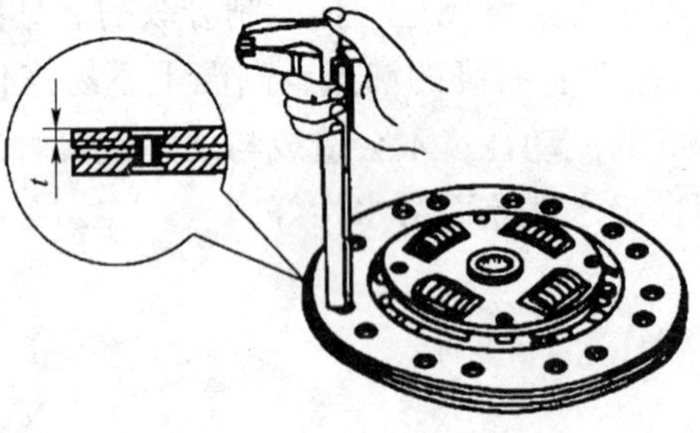

图 1.17　摩擦片磨损的检查

2. 压盘和离合器盖的检修

压盘损伤主要是翘曲、破裂或过度磨损等。

先检查压盘表面粗糙度。压盘表面不应有明显的沟槽，沟槽深度应小于 0.3 mm。轻微的磨损可用油石修平。

再检查压盘平面度。检查方法如图 1.18 所示，用钢直尺压在压盘上，然后用塞尺测量。离合器压盘平面度不应超过 0.2 mm。

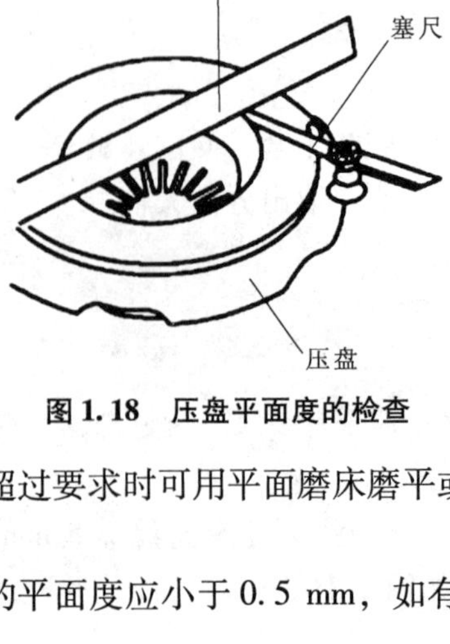

图 1.18　压盘平面度的检查

压盘平面度或表面粗糙度超过要求时可用平面磨床磨平或车床车平，但磨、车的厚度应小于 2 mm，否则应更换压盘。

离合器盖与飞轮的接合面的平面度应小于 0.5 mm，如有翘曲、裂纹、螺纹磨损等应更换离合器盖。

3. 膜片弹簧的检查

先检查膜片弹簧的磨损程度。如图 1.19 所示，用游标卡尺测量膜片弹簧与分离轴承接触部位磨损的深度和宽度。深度应小于0.6 mm，宽度应小于5 mm，否则应更换。

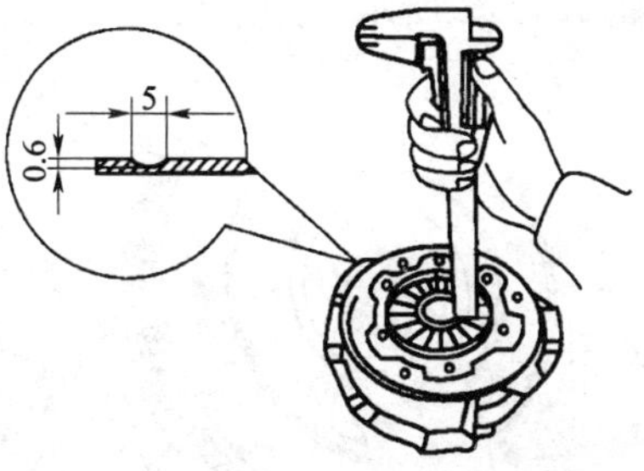

图 1.19　膜片弹簧磨损的检查

再检查膜片弹簧的变形。如图 1.20 所示，用专业工具盖住弹簧分离指内端（小端），然后用塞尺测量弹簧分离指内端与专用工具之间的间隙。弹簧分离指内端应在同一平面内，间隙不应超过0.5 mm。否则用维修工具将变形过大的弹簧分离指撬起以进行调整。

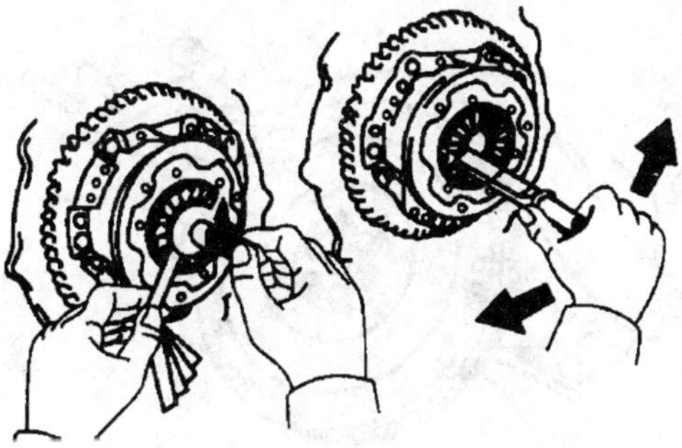

图 1.20　膜片弹簧变形的检查

4. 分离轴承的检查

如图 1.21 所示，用手固定分离轴承内圈，转动外圈，同时在轴向施加压力，如有阻滞或有明显间隙感时，应更换分离轴承。

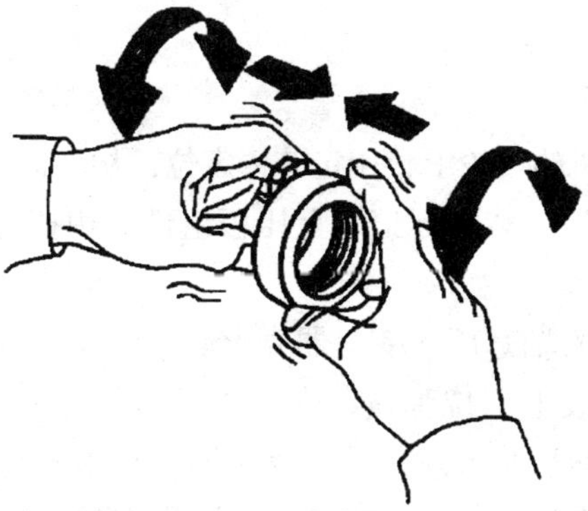

图 1.21　分离轴承的检查

分离轴承通常是一次性加注润滑脂。维护时切勿随意拆卸清洗。若有脏污，可用干净抹布擦净表面。

5. 飞轮的检查

首先进行目视检查，检查齿圈轮齿是否磨损或打齿，检查飞轮端面是否有烧蚀、沟槽、翘曲和裂纹等，如果有则应修理或更换飞轮。

其次检查飞轮上的轴承。如图 1.22 所示，用手转动轴承，在轴向加力，如果有阻滞或有明显间隙感，则应更换轴承。

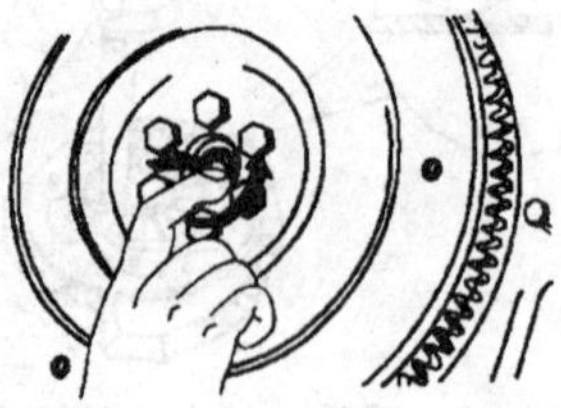

图 1.22　飞轮上轴承的检查

最后检查飞轮端面的圆跳动。如图 1.23 所示，将百分表安装在发动机机体上，百分表测量触头抵在飞轮的最外圈，转动飞轮，测量飞轮的端面圆跳动，应小于 0.1 mm。如果端面圆跳动超过标准，应修磨或更换飞轮。

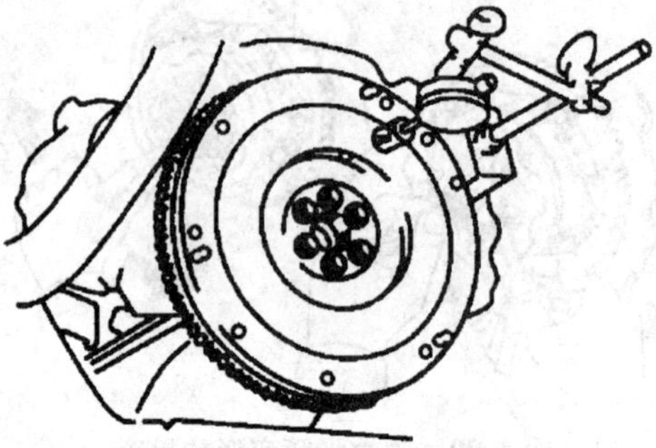

图 1.23　飞轮端面圆跳动的检查

飞轮每次拆卸后，应更换连接螺栓。将飞轮安装到曲轴上时，应按对角线逐次以规定的力矩拧紧。

（三）离合器的组装

1. 离合器组装

（1）将从动盘装在发动机的飞轮上，用定芯棒定位，从动盘上减振弹簧突出的一面朝外。

（2）首先对正压盘和飞轮的装配标记装上压板组件，用扭力扳手间隔分几次拧紧螺栓，力矩为 25 N·m。

（3）用专用工具将分离叉轴套压入变速器壳上。

（4）将分离叉轴的左端装上回位弹簧，先穿入变速器壳左边的孔中，再将分离叉轴的右端装入右边的衬套孔中，然后装入左边的分离叉轴衬套和分离叉轴衬套座，将衬垫及导向套涂上密封胶，装到变速器壳前面，旋紧螺栓，力矩为 15 N·m。

（5）在变速器后面旋紧螺栓，力矩为 15 N·m，将分离叉轴锁住；检查并确认分离叉轴能灵活转动，但不能左右移动。

（6）用专用工具将分离轴承压入分离轴承座内。

2. 注意事项

（1）注意离合器盖与压盘间、平衡片与压盘间、离合器盖与飞轮间的装配记号。

（2）安装时注意从动盘的安装方向。

（3）零件在装配前要用非腐蚀性液体清洗干净。

（4）清洗时，摩擦片和分离轴承不能用油清洗。

（四）离合器的调整

1. 离合器踏板自由行程的调整

踏板自由行程是指踏板踩下一定行程而离合器尚未起分离作用，此时的踏板高度与自由状态的高度之差。具体方法是先测出踏板在完全放松时的高度，再测出用手掌按下踏板感觉有阻力时的高度，前后两数值之差就是自由行程值。一汽奥迪、上海桑塔纳、神龙富康轿车的离合器踏板自由行程为 15 ~ 25 mm。

对杆式机械操纵的离合器自由行程的调整，一般都是调整踏板拉杆上的调整螺母，以改变分离轴承与分离杠杆间的间隙。

桑塔纳等汽车离合器采用的是机械拉索操纵装置，其踏板自由行程是拉索及分离装置各连续部件的间隙在踏板上的反映。自由行程的调整是通过拉索长度来调节的，如图 1.24 所示。

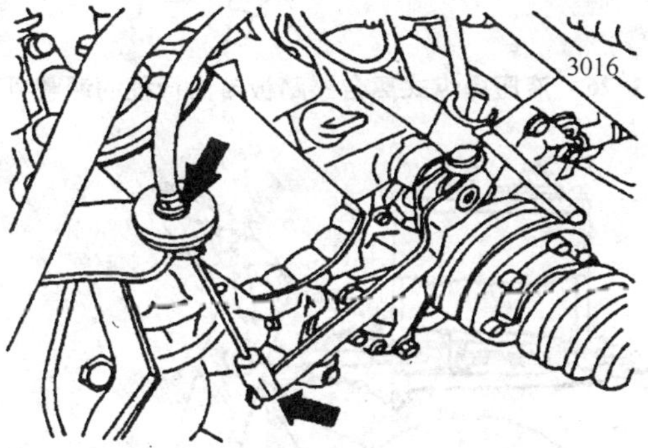

图 1.24　检查调整离合器踏板高度

对液压操纵的离合器，踏板自由行程的调整如图 1.25 所示，拧松锁紧螺母，转动主缸推杆，改变推杆长度，从而调节踏板自由行程。

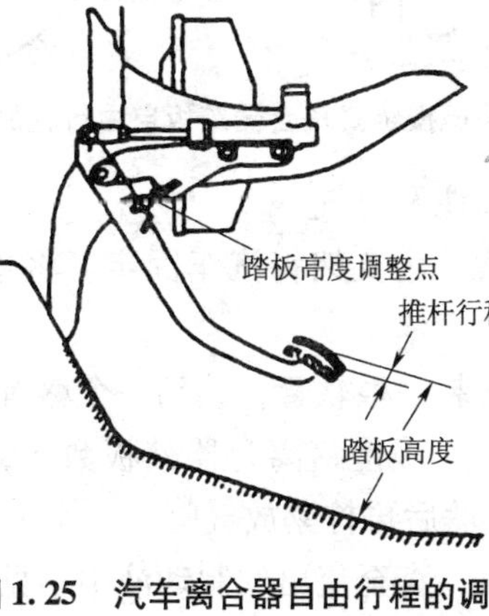

图 1.25　汽车离合器自由行程的调整

2. 液压操纵式离合器踏板自由行程的调整

（1）用扳手松开离合器工作缸推杆上的锁紧螺母，调长推杆，离合器踏板自由行程减小，反之，离合器踏板自由行程增大，如图 1.26 所示。

（2）用扳手松开离合器踏板臂上连接离合器主缸推杆的偏心螺栓的锁紧螺母，转动偏心螺栓，使偏心螺栓转至左方，则离合器踏板自由行程减小；反之，离合器踏板自由行程增大。调整好后拧紧偏心螺栓的锁紧螺母，如图 1.27 所示。

技术要求：液压操纵式离合器踏板自由行程的调整，应在排除液压管路中的空气后进行。

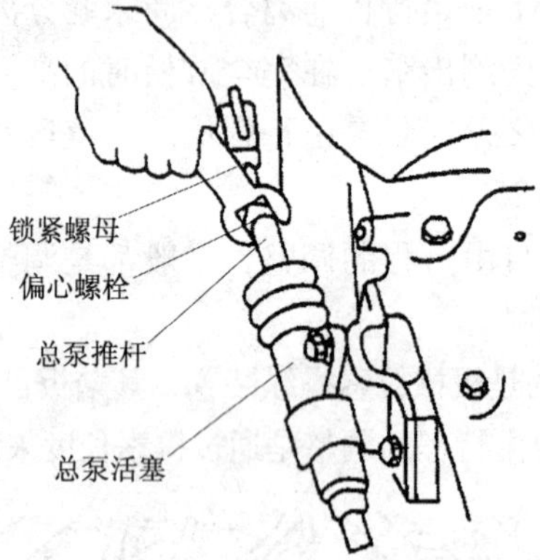

图 1.26　液压操纵式离合器踏板自由行程的调整（一）

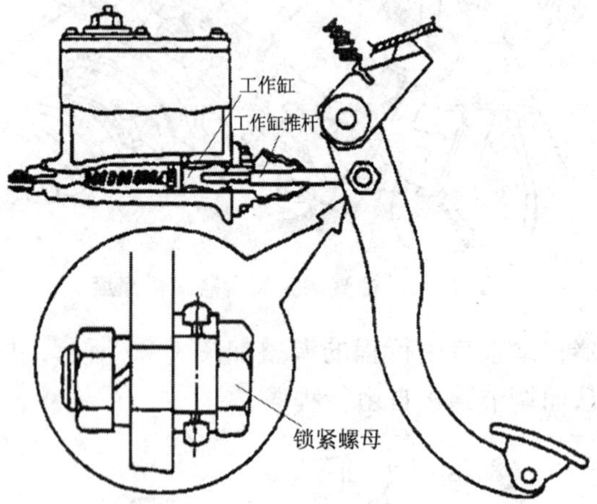

图 1.27　液压操纵式离合器踏板自由行程的调整（二）

3. 液压操纵式离合器油液加注及排气

（1）用千斤顶顶起汽车，然后用支架将汽车固定。将主缸储液罐中的制动液加至规定高度。

（2）在工作缸的放气阀上安装一根软管，接到一个盛有制动液的容器内。

（3）两人配合排净空气：一人慢慢踏离合器踏板数次，感到有阻力时踩住不动，另一人拧松放气阀直至制动液流出，然后再拧紧放气阀。

（4）连续重复上述过程几次，直至流出的制动液中不见气泡为止。

（五）离合器常见故障诊断与排除

1. 离合器打滑

1）现象

汽车用低挡起步时，离合器踏板抬起后汽车不能起步或起步困难；汽车加速行驶时，行驶速度不能随发动机转速的提高而提高，感到行驶无力，严重时产生煳味或冒烟等现象；拉紧驻车制动低挡起步时，发动机不熄火。

2）原因

（1）离合器踏板没有自由行程，使分离轴承压在分离杠杆上。

（2）从动摩擦片油污、烧焦、磨损过薄、表面不平、表面硬化或铆钉露头，使摩擦系数下降。

（3）压力弹簧过软或折断，膜片弹簧疲劳或破裂，使压紧力下降。

（4）从动盘摩擦片、压盘或飞轮工作面磨损严重，飞轮与离合器盖之间的固定螺钉松动，使压紧力减弱。

（5）离合器操纵杆系卡滞，分离轴承套筒与导管间油污、尘腻严重，甚至造成卡滞，使分离轴承运动不能回位。

（6）分离杠杆弯曲变形，出现运动干涉，不能回位。

3）故障诊断与排除方法

（1）检查离合器踏板自由行程，如不符合规定应予以调整。

（2）如果自由行程正常，通过检查孔检查离合器与飞轮连接螺栓是否松动，如松动应予以拧紧。

（3）如果离合器仍然打滑，应拆下离合器检查从动盘摩擦片的状况。如果有油污，一般可用汽油清洗并烘干，然后找出油污源，并设法排除。如果摩擦片磨损严重或有铆钉外露，应更换从动盘。

（4）如果从动盘完好则应分解离合器，检查压紧弹簧；如果弹力过软则应更换；检查压盘、飞轮工作面是否有异常磨损，如有则更换。

总结：离合器打滑动力不能有效地传递到驱动轮上，且使其过热、加剧磨损、烧焦，甚至损坏，必须及时排除故障。离合器打滑主要是传递的力矩小于发动机输出力矩，可以从从动盘压不紧、从动盘摩擦系数下降等方面加以考虑。

2. 离合器分离不彻底

1）现象

发动机怠速运转时，踩下离合器踏板挂挡困难，且伴随有齿轮撞击声；勉强挂入挡位，离合器未抬起汽车就起步或发动机熄火；行驶中换挡困难且仍伴随有齿轮撞击声。

2）原因

（1）离合器自由行程过大。

（2）分离杠杆变形或某一分离杠杆折断、支座松动。

（3）分离杠杆调整不当，分离杠杆内端不在同一平面上或内端高度太低。

（4）新换的摩擦片太厚或从动盘正反面装错。

（5）从动盘铆钉松脱、摩擦片破裂、从动盘钢片变形。

（6）双片离合器中间压盘限位螺钉调整不当，个别分离弹簧疲劳、高度不足或折断，中间压盘在传动销上或在离合器驱动窗口内轴向移动灵活。

（7）从动盘在花键轴上轴向运动发卡。

（8）离合器液压操纵机构漏油、有空气或油量不足。

（9）膜片弹簧力减弱或指端磨损。

（10）发动机支撑磨损或损坏，发动机与变速器不同心。

3）故障诊断与排除方法

（1）检查离合器踏板自由行程，若自由行程太大，则故障由此引起而需要调整。

（2）对液压操纵机构要检查储液罐的油量是否充足或管路中是否有空气，如有空气则进行排除。如不是上述问题应继续检查。

（3）此类故障大部分原因由总缸、分缸工作异常引起，要重点检查。

（4）检查分离杠杆内端高度。高度是否太低，若是太低则故障由此引起；否则检查分离杠杆是否在同一平面内。不在同一平面内，则故障由此引起；在同一平面内，则检查从动盘是否正反装错，若装错，则故障由此引起；否则，踩下离合器踏板继续检查。

（5）检查从动盘是否翘曲变形，铆钉脱落，从动盘是否轴向运动卡滞等，如果是则进行更换或修理。

3. 起步发抖

1）现象

汽车用低挡起步时，严格执行操作规程逐渐放松离合器踏板，并徐徐踩下加速器踏板，离合器不能平稳接合且产生抖振，严重时整车都产生振抖现象。

2）原因

（1）分离杠杆内端高度不在同一平面内。

（2）压盘或从动盘翘起变形，飞轮工作端面圆跳动严重。

（3）从动摩擦片表面不平，表面硬化、油污或烧焦，铆钉露头、松脱、折断。

（4）从动片上的减振弹簧疲劳或折断、缓冲片破裂。

（5）分离轴承发卡而不能回位。

（6）离合器压紧弹簧折断或弹力不均，膜片弹簧或破裂。

（7）踏板回位弹簧折断或脱落，使分离轴承不能回位。

（8）飞轮工作面端面圆跳动严重（翘曲变形）。

（9）飞轮、离合器壳或变速器固定螺钉松动。

3）故障诊断与排除方法

（1）检查离合器踏板回位弹簧是否折断或脱落。若是折断或脱落，故障由此引起。

（2）检查分离轴承回位情况。不回位则故障由此引起；否则拆下离合器下盖继续检查。

（3）检查飞轮、离合器壳或变速器固定螺钉是否松动。若是松动，则故障由此引起；否则继续检查。

（4）检查分离杠杆内端是否在同一平面内。不在同一平面内，则故障由此引起；否则继续检查。

（5）检查压紧弹簧是否断裂。若断裂，则故障由此引起；否则继续检查。

（6）检查从动盘是否有油污、烧焦或铝质粉末物。若有，则故障由油污、烧焦或铆钉露头引起；否则继续检查。

（7）检查从动盘钢片、压盘或飞轮是否有翘曲变形。有翘曲变形，则故障由此引起；否则故障在缓冲片（从动盘上）或缓冲弹簧疲劳或断裂、摩擦片表面不平、软化、铆钉松脱或折断。

4. 离合器异响

1）现象

离合器分离或接合时发出不正常声响。

2）原因

（1）分离轴承损坏或缺少润滑剂造成干摩擦。

（2）分离杠杆与离合器盖的连接松旷或分离杠杆支承弹簧疲劳、折断或脱落。

（3）从动盘花键孔与花键轴配合松旷。

（4）从动盘摩擦片铆钉松动或露头。

（5）从动盘减振弹簧疲劳或折断。

（6）分离轴承与分离杠杆端之间没有间隙。

（7）双片离合器传动销与压盘上的传动孔或离合器盖上的驱动孔与压盘上的凸块配合间隙太大。

3）故障诊断与排除方法

诊断前，调整离合器，使之分离彻底。

（1）轻轻踩下离合器踏板，使分离轴承与分离杠杆内端刚刚接触时：若发出“沙沙”的响声，则故障由分离轴承缺油（润滑不良）引起；若无“沙沙”的响声，则拆下离合器下盖，将离合器踏板踩到底继续擦听。

（2）将离合器踩到底，若发出“哗哗”的金属滑磨声，甚至看到离合器下部有火星冒出，则故障由分离轴承损坏引起；发出连续的“喀啦、喀啦”声，分离不彻底时尤为严重，放松踏板后响声消失，则故障由传动销与压盘孔配合松旷或离合器盖驱动窗孔与压盘凸块松旷引起。双片离合器特别容易产生此故障。否则继续检查。

（3）在离合器处于刚接合或刚分离时擦听，若发出“咔哒”的碰声，故障由摩擦片松动引起；发出金属刮研声，则故障由从动片铆钉露头引起；发出连续噪声或间断的碰击声，则故障由分离轴承与分离杠杆内端间隙太小或无间隙引起。否则继续检查。

（4）在汽车起步或行车中加、减速时，发出“哐”或“咔”的响声时，则故障原因为减振弹簧疲劳或断裂；从动盘花键孔与轴配合松旷。

五、习题训练

1. 摩擦式离合器由哪几部分组成？叙述其工作原理。
2. 什么是离合器踏板的自由行程？为什么要有自由行程？如何测量？
3. 膜片弹簧离合器有何优点？
4. 离合器的操纵机构有哪些类型？各有何特点？离合器踏板的自由行程分别怎样调整？
5. 简述离合器主要零件的检修内容和方法。
6. 分析离合器常见故障的原因及诊断排除方法。

项目二 手动变速驱动桥结构与检修

一、情景导入

一辆2010款奇瑞轿车，怠速运转，踩下离合器踏板进行换挡时，发现1挡换挡困难；其他挡位正常。经技术人员仔细检查，确认离合器技术状况良好，需要对该车变速驱动桥进行检修。

二、项目要求

（一）能力目标要求

1. 掌握手动变速驱动桥的拆装步骤
2. 能够独立分析手动变速驱动桥各挡的传动路线
3. 掌握手动变速驱动桥零部件的检测
4. 掌握手动变速驱动桥油液加注方法
5. 掌握手动变速驱动桥常见故障诊断与维修知识

（二）知识目标要求

1. 掌握手动变速器的功用与分类
2. 掌握普通齿轮变速、变向原理
3. 熟悉手动变速器的变速传动机构和操纵机构
4. 掌握同步器的功用、结构及工作原理
5. 掌握主减速器的功用、结构与工作原理
6. 掌握差速器的结构与工作原理

三、相关理论知识

（一）手动变速器的功用与分类

1. 变速器的功用

1）实现变速、变矩

汽车上所应用的发动机具有转矩变化范围小、转速高的特点，这与汽车实际的行驶状况

是不相适应的。如果没有变速器而直接将发动机与驱动桥连接在一起，由于发动机的转矩小，不能克服汽车的行驶阻力，使汽车根本无法起步；假使汽车行驶起来，也会由于车速太高而不实用，甚至无法驾控。所以必须改造发动机的转矩、转速特性，使发动机的转矩增大、转速下降以适应汽车实际行驶的要求。变速器中是通过不同的挡位来实现这一功能的。

2）实现倒车

发动机的旋转方向从前往后看为顺时针方向，且不能改变，为了实现汽车的倒向行驶，变速器中设置了倒挡。

3）实现中断动力传动

在发动机起动和怠速运转、变速器换挡、汽车滑行和暂时停车等情况下，都需要中断发动机的动力传动，因此变速器中设有空挡。

2. 变速器的类型

现代汽车上所采用的变速器有多种结构形式，一般可以按照传动比和操纵方式进行分类。

1）按传动比的变化方式分

变速器按传动比的级数可分为有级式、无级式和综合式三种。

（1）有级式变速器。

有级式变速器采用齿轮传动，具有若干个定值传动比。轿车和轻、中型货车变速器多采用4~6个前进挡和一个倒挡，每个挡位对应一个传动比。重型汽车行驶的路况复杂，变速器的挡位较多，可有8~20个挡位。

齿轮式变速器具有结构简单、易于制造、工作可靠、传动效率高等优点。

这种齿轮式的有级变速器按照结构不同又可以分为二轴式和三轴式变速器。二轴式变速器广泛用于发动机前置前轮驱动的轿车，三轴式变速器多应用于发动机前置后轮驱动的汽车。

（2）无级式变速器。

无级式变速器英文缩写为CVT，如图1.28所示，它的传动比的变化是连续的。目前的无级式变速器一般都是采用金属带传动动力，通过主、从动带轮直径的变化实现无级变速。这种变速器在中、高级轿车中的应用越来越多。

图1.28　无级式变速器

（3）综合式变速器。

综合式变速器是由液力变矩器和有级齿轮式变速器组成的，一般都是由电脑来自动实现换挡，所以多把这种变速器称为自动变速器。这种变速器的传动比可在最大值与最小值之间的几个间断的范围内做无级变化，目前应用较多。

2）按变速器操纵方式分

按变速器操纵方式可分为手动变速器、自动变速器和手动自动一体变速器三种。

（1）手动变速器。

手动变速器的英文缩写为 MT，如图 1.29 所示。通过驾驶员用手操纵变速杆来选定挡位，并直接操纵变速器的换挡机构进行挡位变换。齿轮式有级变速器大多数都采用这种换挡方式。

图 1.29　手动变速器

（2）自动变速器。

自动变速器的英文缩写为 AT，如图 1.30 所示。这种变速器的自动控制系统根据发动机的负荷和车速的变化情况自动地选定挡位，并进行挡位变换，即自动地改变传动比。驾驶员只需要操纵加速踏板控制车速。

图 1.30　自动变速器

（3）手动自动一体变速器。

这种变速器可以自动换挡，也可以手动换挡，比较典型的如大众 6 速 Tiptronic 手动自动一体变速器。

（二）普通齿轮变速原理

普通齿轮式变速器也叫定轴式变速器，它由变速器箱体、固定轴和若干对齿轮组成，可实现变速变矩、改变输出轴旋转方向和暂时中断动力传递等。

1. 变速变矩原理

如图 1.31 所示，两个大小相同的齿轮进行啮合传动时，转速和转矩均不变。一对齿数不同的齿轮啮合传动时，若小齿轮为主动齿轮带动大齿轮转动时，则输出转速降低，输出转矩增大；若大齿轮为主动齿轮带动小齿轮转动时，则输出转速升高，输出转矩减小。这就是齿轮传动的变速变矩原理。汽车变速器就是根据这一原理利用若干大小不同的齿轮副传动而实现变速的。设主动齿轮转速为 n_1，齿数为 Z_1，从动齿轮转速为 n_2，齿数为 Z_2。主动齿轮转速与从动齿轮转速之比值称为传动比，用字母 i_{12} 表示，即：

$$i_{12}=\frac{n_1}{n_2}=\frac{Z_2}{Z_1}$$

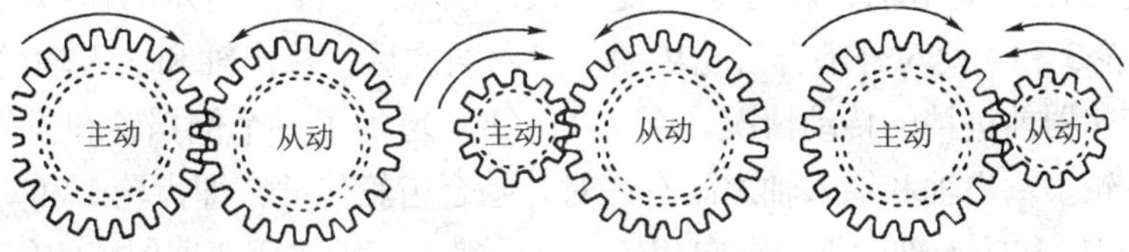

图 1.31　齿轮传动

如图 1.32 所示，抬起离合器踏板，发动机的转矩经离合器从动盘输入给轴Ⅰ，经两对齿轮传动，由输出轴Ⅱ输出。其中第一对齿轮传动，1 为主动齿轮，2 为从动齿轮；第二对齿轮传动，3 为主动齿轮，4 为从动齿轮。两级齿轮传动比计算过程如下：

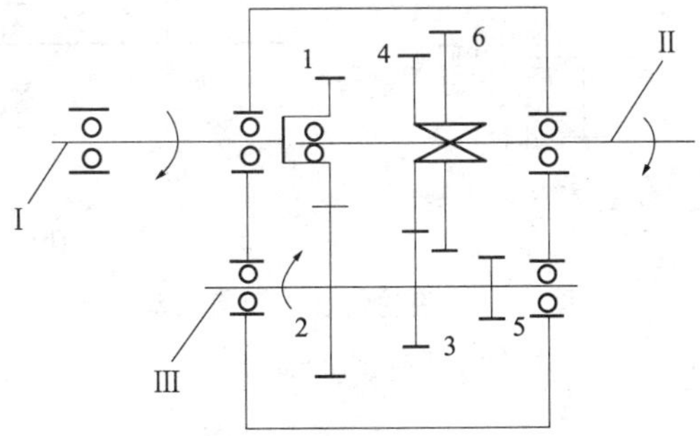

图 1.32　两级齿轮传动简化图

$$i_{12}=\frac{n_1}{n_2}=\frac{Z_2}{Z_1}\qquad 即\ n_1=n_2\cdot\frac{Z_2}{Z_1}$$

$$i_{34}=\frac{n_3}{n_4}=\frac{Z_4}{Z_3}\qquad 即\ n_4=n_3\cdot\frac{Z_3}{Z_4}$$

齿轮 2、3 在同一中间轴Ⅲ上，转速相同，即 $n_2=n_3$，总传动比为：

$$i_{14}=\frac{n_1}{n_4}=\frac{Z_2Z_4}{Z_1Z_3}=i_{12}\cdot i_{34}$$

同理，多级齿轮传动比 i 为：

$$i=\frac{\text{所有从动齿轮数的连乘积}}{\text{所有主动齿轮数的连乘积}}=\text{各级齿轮传动比乘积}$$

$$i=\frac{n_{\text{输入}}}{n_{\text{输出}}}=\frac{M_{\text{输出}}}{M_{\text{输入}}}\ (M\text{ 为转矩})$$

即传动比既是变速比，又是变矩比。汽车变速器某一挡位的传动比就是这一挡位各级齿轮传动比的乘积。降速增矩，增速降矩。汽车变速器就是利用这一关系通过改变变速比来适应汽车行驶条件变化的需要。

2. 换挡原理

若将图 1. 32 中的齿轮 3 与 4 脱开，再将齿轮 5 和 6 啮合，则传动比发生变化，输出轴Ⅱ的转速、转矩也改变，即挡位改变。当齿轮 4、6 都不与中间轴上的齿轮 3、5 啮合时，发动机动力不能传动输出轴，动力传递中断，这就是变速器的空挡。

3. 变向原理

如图 1. 33 所示，一对外啮合的齿轮传动特点之一就是两齿轮的旋转方向相反，每经过一对外啮合齿轮传动，输出轴旋转方向改变一次。图 1. 33（a）所示的输出轴和输入轴经过齿轮 1 和 2、齿轮 3 和 4 两对外啮合齿轮传动，变向两次后，输出轴和输入轴的转向相同，这是普通三轴式变速器前进挡的传动情况。图 1. 33（b）增加了一个倒挡轴和齿轮 4，齿轮 4 称为倒挡齿轮或惰轮。输出轴和输入轴之间有三对外啮合齿轮传动，即齿轮 1 和 2、齿轮 3 和 4、齿轮 4 和 5。输出轴和输入轴的旋转方向相反，这是普通三轴式变速器倒挡的传动情况。

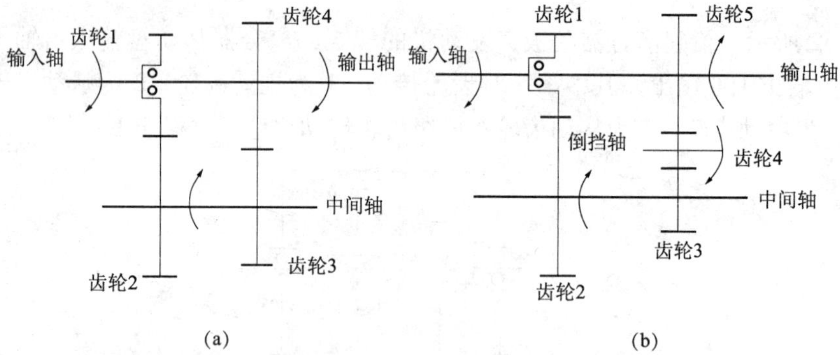

图 1. 33　齿轮传动的变向关系

（a）前进挡；（b）倒挡

（三）手动变速器的变速传动机构

变速器包括变速传动机构和操纵机构两大部分。变速传动机构是变速器的主体，按工作轴的数量不同分为两轴式变速器和三轴式变速器，如图 1. 34、图 1. 35 所示。变速传动机构的主要作用是改变速比、旋转方向。操纵机构的作用是实现换挡，避免脱挡、跳挡。三轴式变速器主要应用于发动机前置后轮驱动的汽车上，如五菱荣光；两轴式齿轮变速器主要应用于发动机前置前轮驱动或发动机后置后轮驱动的汽车上，常称为手动变速驱动桥，本节主要研究两轴式齿轮变速器。其中前置发动机有纵向布置和横向布置两种形式，与之匹配的两轴式手动变速器也相应有纵向布置和横向布置两种形式。目前轿车上多采用的是发动机和两轴式变速器横向布置形式，如奇瑞 A3 轿车采用的就是横置形式。

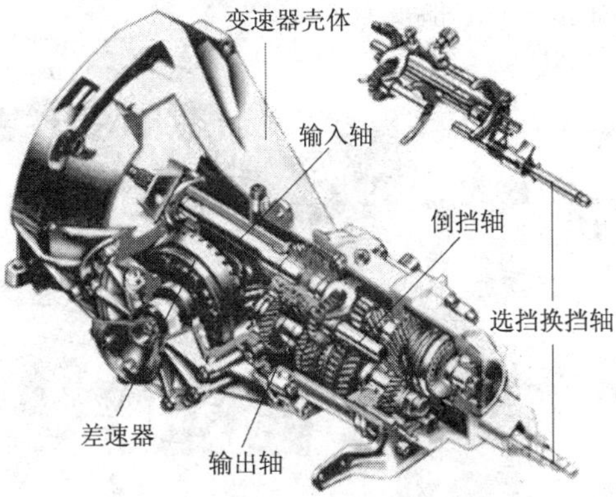

图 1.34　两轴式变速器

图 1.35　三轴式变速器

1. 发动机前置纵向布置的两轴式变速器

如图 1.36 所示，为一典型的发动机纵向布置的五挡两轴式变速器结构图，因发动机前置纵向布置，曲轴旋转方向与车轮旋转方向相垂直，所以主减速器采用一对圆锥齿轮传动。图 1.37、图 1.38 为该变速器输入轴和输出轴零件组成，5 个前进挡全部采用同步器操纵换挡，三个锁环式惯性同步器，一个安装在变速器输出轴上，两个安装在输入轴上。一、二挡主动齿轮和倒挡主动齿轮与输入轴制成一体，变速器采用两轴布置，取消了中间轴，使结构合理，布置紧凑。前进挡齿轮均采用斜齿轮，提高啮合效率，降低变速器传动噪声。

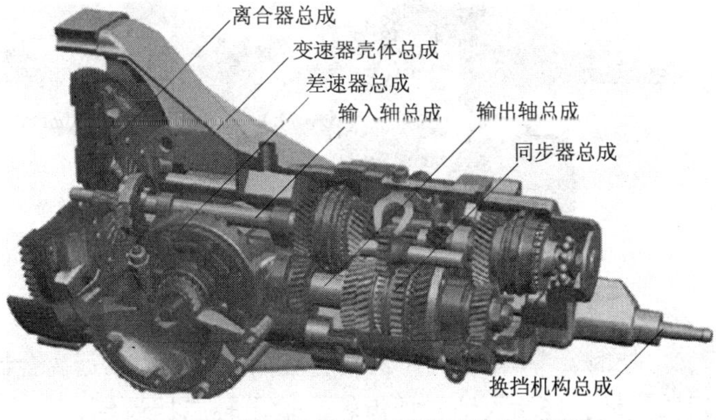

图 1.36　发动机纵向布置的两轴式变速器

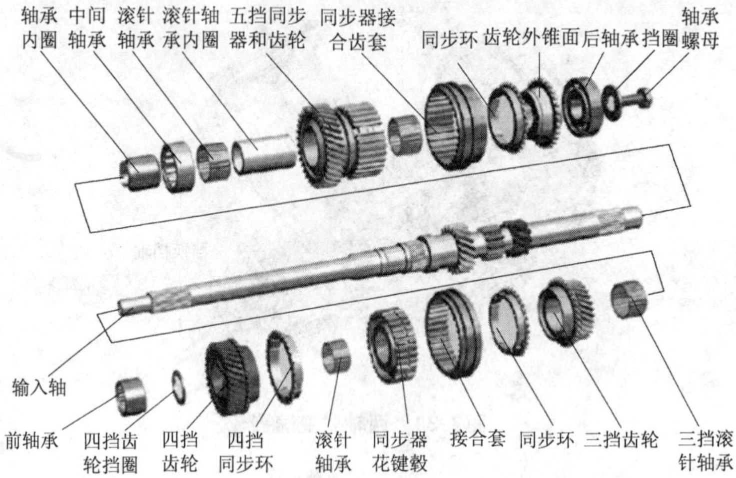

图 1.37 输入轴

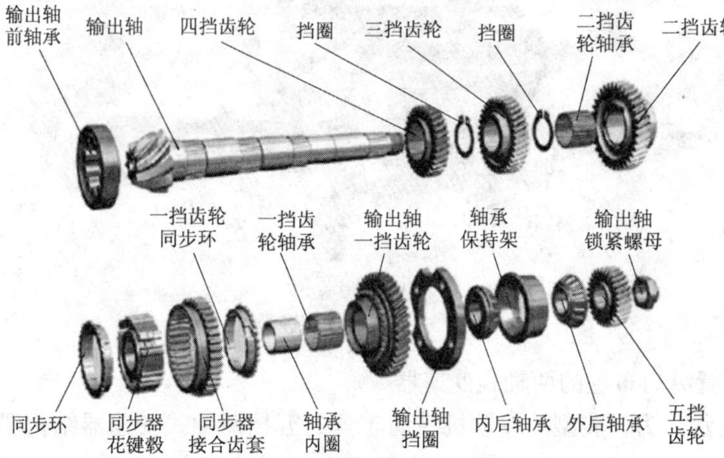

图 1.38 输出轴

空挡时，各挡同步器接合套处于中间位置，此时动力不会传给输出轴。如图 1.39 所示，一挡时，一/二挡同步器接合套向右移动，抬起离合器踏板，动力通过离合器输入至变速器输入轴，经输入轴一挡齿轮、输出轴一挡齿轮、一/二挡同步器接合套及花键毂传至输出轴。

图 1.39 一挡动力传递路线

如图 1.40 所示，二挡时，一/二挡同步器接合套向左移动，抬起离合器踏板，动力通过离合器输入至变速器输入轴，经输入轴二挡齿轮、输出轴二挡齿轮、一/二挡同步器接合套及花键毂传至输出轴。

图 1.40　二挡动力传递路线

如图 1.41 所示，三挡时，三/四挡同步器接合套向右移动，抬起离合器踏板，动力通过离合器输入至变速器输入轴，经三/四挡同步器花键毂及接合套、输入轴三挡齿轮、输出轴三挡齿轮传至输出轴。

图 1.41　三挡动力传递路线

如图 1.42 所示，四挡时，三/四挡同步器接合套向左移动，抬起离合器踏板，动力通过离合器输入至变速器输入轴，经三/四挡同步器花键毂及接合套、输入轴四挡齿轮、输出轴四挡齿轮传至输出轴。

图 1.42　四挡动力传递路线

如图 1.43 所示，五挡时，五挡同步器接合套向左移动，抬起离合器踏板，动力通过离合器输入至变速器输入轴，经五挡同步器花键毂及接合套、输入轴五挡齿轮、输出轴五挡齿轮传至输出轴。

图 1.43　五挡动力传递路线

如图 1.44、图 1.45 所示，倒挡时，倒挡惰轮移至与输入轴倒挡主动齿轮和输出轴倒挡从动齿轮啮合，抬起离合器踏板，动力通过离合器输入至变速器输入轴，经输入轴倒挡主动齿轮、倒挡惰轮、输出轴倒挡从动齿轮（即一/二挡同步器接合套）、一/二挡同步器花键毂传至输出轴。

图 1.44　倒挡动力传递路线

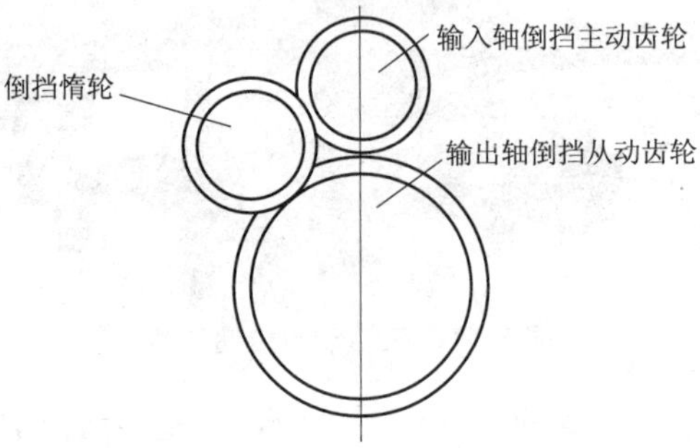

图 1.45　倒挡传动齿轮空间布置图

由上述分析可知，两轴式手动变速器挂前进挡时，从输入轴到输出轴只经过一对齿轮传动，倒挡也只是在中间加了一个中间惰轮，因此，传动效率高，噪声小。

2. 发动机前置横向布置的两轴式变速器

与纵置式两轴变速器相比，发动机前置横向布置的二轴式变速器输出轴与驱动桥平行，故主减速器采用一对圆柱斜齿轮传动。所有前进挡齿轮均采用同步器和常啮合斜齿轮，倒挡齿轮采用直齿轮，如图 1.46 所示。

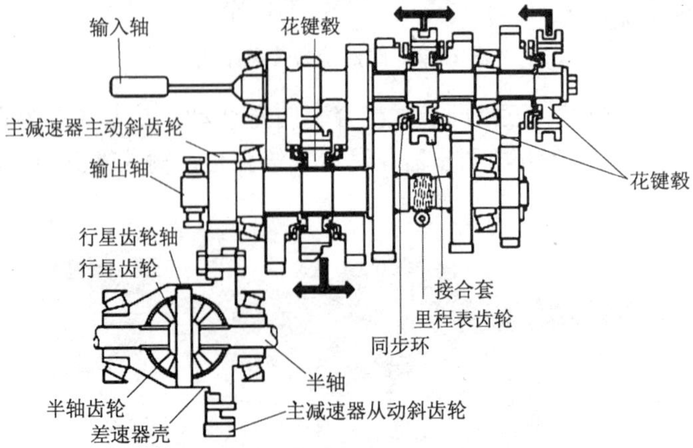

图 1.46　发动机前置横向布置的两轴式变速器

（1）一挡：一/二挡同步器接合套向左移动，抬起离合器踏板，动力通过离合器输入至变速器输入轴，经输入轴一挡齿轮、输出轴一挡齿轮、一/二挡同步器接合套及花键毂传至输出轴，如图 1.47 所示。

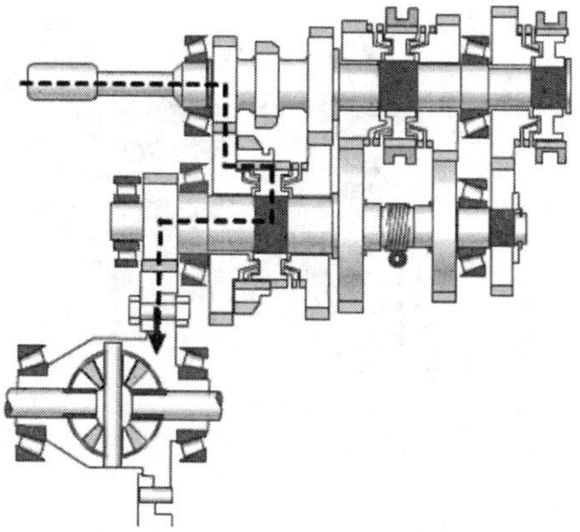

图 1.47　一挡动力传递路线

（2）二挡：一/二挡同步器右移分离一挡从动齿轮，并接合二挡从动齿轮，动力传递路线如图 1.48 所示。

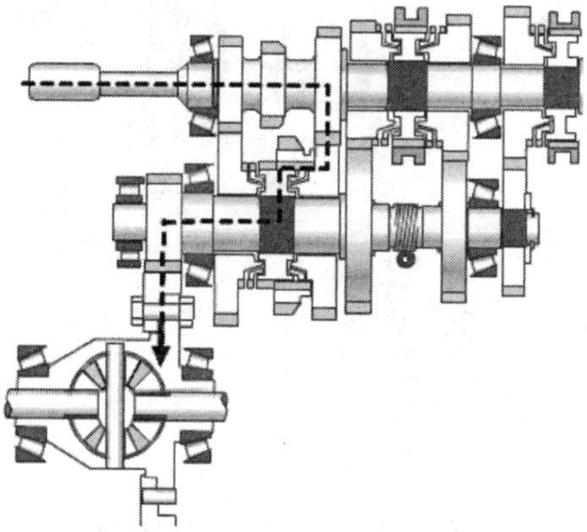

图 1.48　二挡动力传递路线

（3）三挡：当一/二挡同步器退回空挡后，将三/四挡同步器左移接合输入轴上的三挡主动齿轮，动力传递路线如图 1.49 所示。

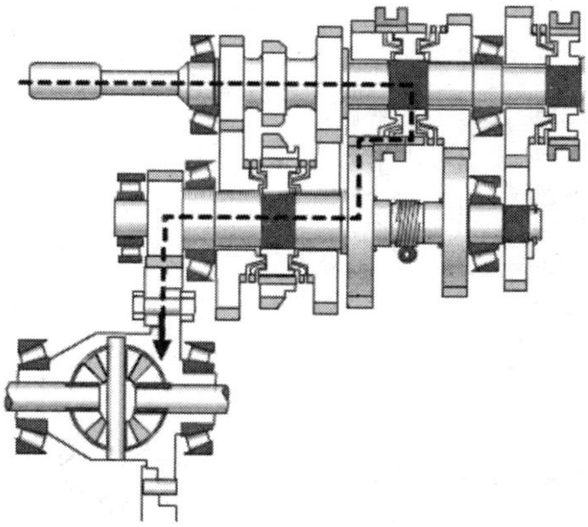

图 1.49　三挡动力传递路线

（4）四挡：将三/四挡同步器从输入轴三挡齿轮上移开，移向四挡主动齿轮，动力传递路线如图 1.50 所示。

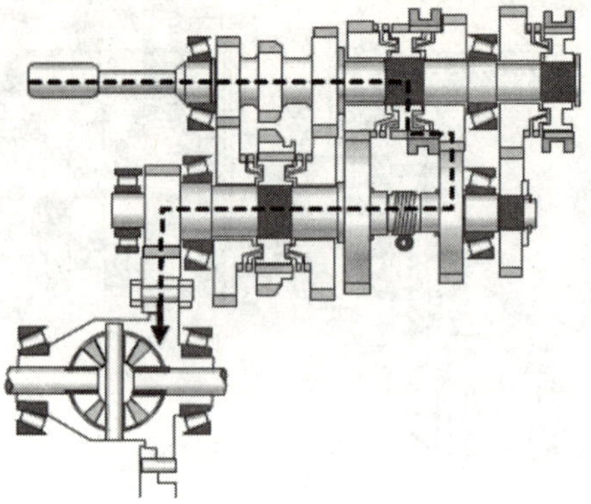

图 1.50　四挡动力传递路线

（5）五挡：当三/四挡同步器退回空挡后，将五挡同步器左移接合五挡主动齿轮，动力传递路线如图 1.51 所示。

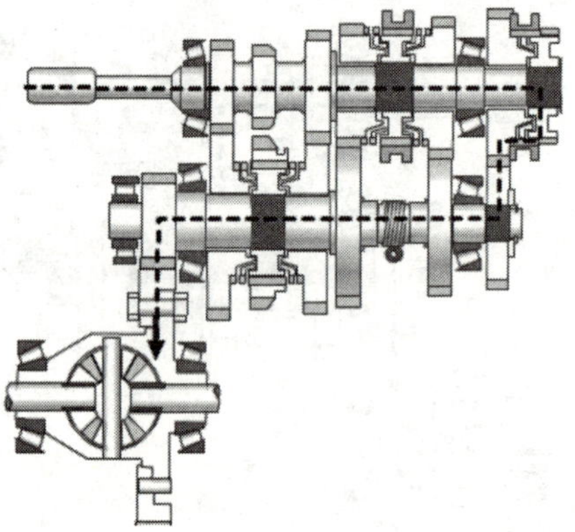

图 1.51　五挡动力传递路线

（6）倒挡（R 挡）：当所有同步器退回空挡后，将倒挡惰轮移向同时与倒挡主动齿轮和倒挡从动齿轮接合，惰轮起到改变输出旋转方向的作用，此传动过程比前进挡各挡位多了一级外啮合传动，故半轴输出逆时针转动，汽车倒向行驶，动力传递路线与倒挡齿轮空间布置情况如图 1.52、图 1.53 所示。

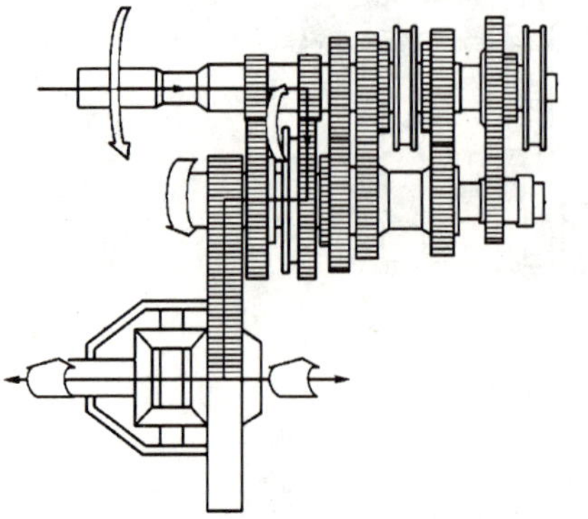

图 1.52　倒挡动力传递路线

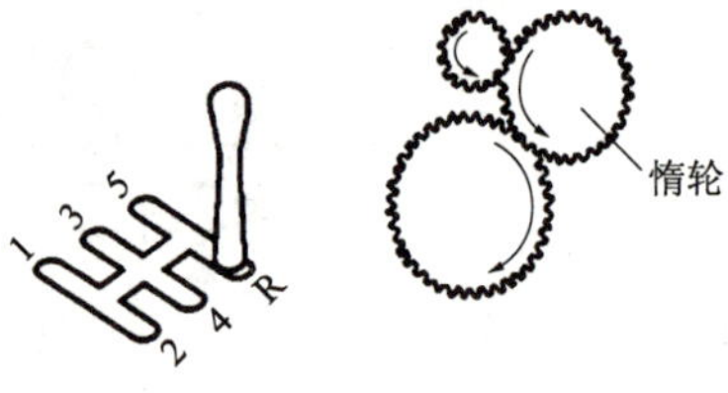

图 1.53　倒挡齿轮空间布置

（四）同步器的结构与工作原理

目前汽车中手动普通齿轮变速器换挡的方式有两种，一是采用直齿滑动齿轮，如奇瑞A3汽车手动变速器倒挡的换挡方式；二是采用同步器换挡，这种方式应用最广泛，几乎所有手动变速器的前进挡都是采用同步器进行换挡。

1. 同步器的功用

同步器的功用是使接合套与待啮合的齿圈迅速同步，缩短换挡时间；且防止在同步前啮合而产生换挡冲击。

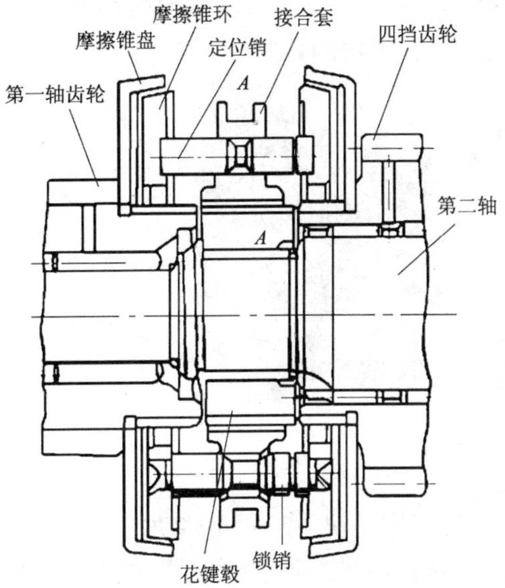

图 1.54　锁销式惯性同步器

2. 同步器的分类

目前所采用的同步器几乎都是摩擦式惯性同步器，按锁止装置不同，可分为锁环式惯性同步器和锁销式惯性同步器。大部分轿车都采用锁环式惯性同步器，由于其结构布置合理、紧凑及锥面间摩擦力矩较小，多用于小型汽车上，某些中型汽车变速器的中、高速挡也采用这种同步器。而锁销式惯性同步器传递的摩擦力矩较大，多用在中型和重型汽车上，其结构如图 1.54 所示。

3. 锁环式惯性同步器的构造和工作原理

1）构造

锁环式惯性同步器的结构如图 1.55 所示，同步器是由同步装置、锁止装置和接合装置组成，同步装置包括推动件和摩擦件。花键毂用内花键套装在轴的外花键上，用垫圈、卡环轴向定位。花键毂两端与输出轴一挡齿轮和输出轴二挡齿轮之间各有一个青铜制成的锁环（即同步环）。锁环上有短花键齿圈，其花键的尺寸和齿数与花键毂、输出轴一挡齿轮和输出轴二挡齿轮的齿数相同。两个齿轮和锁环上的花键齿，靠近接合套的一端都有倒角（即锁止角），与接合套齿端的倒角相同。锁环有内锥面，与输出轴一、二挡齿轮的外锥面锥角相同。在锁环内锥面上制有细密的螺纹（或直槽），当锥面接触后，它能及时破坏油膜，增加锥面间的摩擦力。锁环内锥面摩擦副称为摩擦件，外沿带倒角的齿圈是锁止件，锁环上还有三个均布的缺口。三个滑块分别装在花键毂上三个均布的轴向槽内，沿槽可以轴向移动。滑块被两个弹簧圈的径向力压向

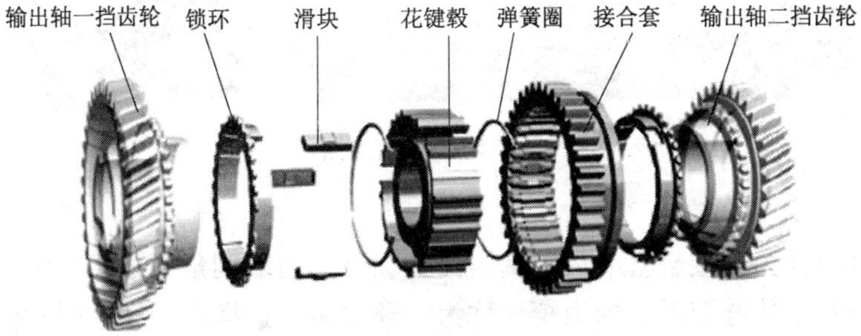

图 1.55　锁环式惯性同步器

接合套，滑块中部的凸起部位压嵌在接合套中部的环槽内。滑块和弹簧是推动件。滑块两端伸入锁环的缺口中，滑块窄缺口宽，两者之差等于锁环的花键齿宽。锁环相对滑块顺转和逆转都只能转动半个齿宽，且只有当滑块位于锁环缺口的中央时，接合套与锁环才能接合。

2）工作原理

以一挡换二挡为例，如图 1.56 ~ 图 1.59 所示，说明锁环式惯性同步器的工作原理。

（1）空挡位置。

踩下离合器，接合套刚从一挡退入空挡时，如图 1.56 所示，二挡齿轮、接合套、锁环以及与其有关联的运动件，因惯性作用而沿原方向继续旋转。由于二挡齿轮是高挡齿轮（相对于一挡齿轮来说），所以接合套、锁环的转速低于二挡齿轮的转速。

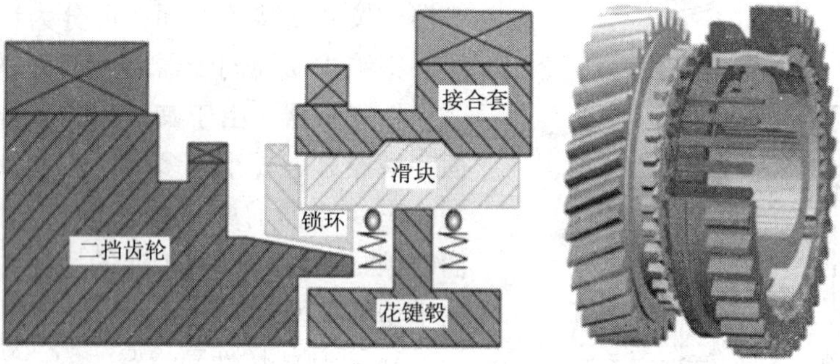

图 1.56　空挡位置

（2）挂挡。

欲换入二挡时，驾驶员通过变速杆使拨叉推动接合套连同滑块一起向左移动，如图 1.57 所示，滑块又推动锁环移向二挡齿轮，使锥面接触。驾驶员作用在接合套上的轴向推力，使两锥面有正压力，又因两者有转速差，所以产生摩擦力矩。通过摩擦作用，二挡齿轮带动锁环相对于接合套向前转动一个角度，使锁环缺口靠在滑块的另一侧（上侧）为止，此时接合套的内齿与锁环上错开了约半个齿宽，接合套的齿端倒角面与锁环的齿端倒角面互相抵住。

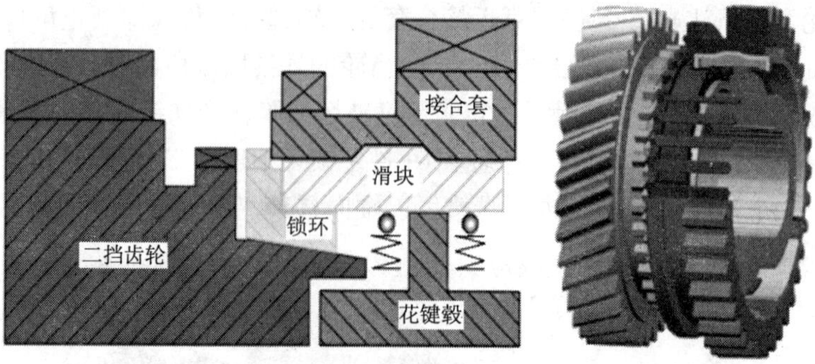

图 1.57　开始挂挡

（3）锁止。

驾驶员的轴向推力使接合套的齿端倒角面与锁环的齿端倒角面之间产生正压力形成一个企图拨动锁环相对于接合套反转的力矩，称为拨环力矩。这样在锁环上同时作用着方向相反的摩擦力矩和拨环力矩，同步器的结构参数可以保证在同步前（存在摩擦力矩）拨环力矩始终小于摩擦力矩，所以在同步之前无论驾驶员施加多大的操纵力，都不会挂上挡，即产生锁止作用，如图 1.58 所示。

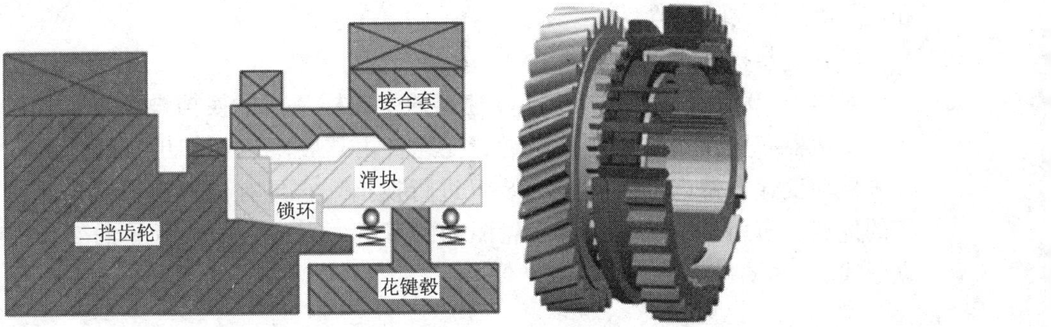

图 1.58　锁止情况

（4）同步啮合。

随着驾驶员施加于接合套上的推力加大，摩擦力矩不断增加，使二挡齿轮的转速迅速降低。当二挡齿轮、接合套和锁环达到同步时，作用在锁环上的摩擦力矩消失。此时在拨环力矩的作用下，锁环、二挡齿轮以及与之相连的各零件都对于接合套反转一角度，滑块处于锁环缺口的中央，键齿不再抵触，锁环的锁止作用消除。接合套压下弹簧圈继续左移（滑块脱离接合套的内环槽而不能左移），与锁环的花键齿圈进入啮合。进而再与二挡齿轮进入啮合，如图 1.59 所示，即换入二挡。

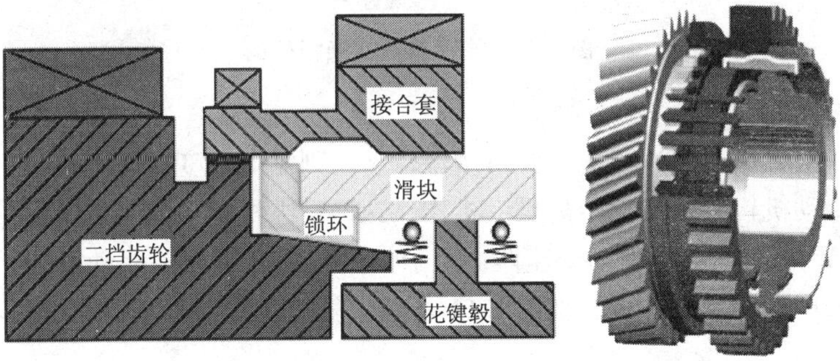

图 1.59　同步啮合

（五）手动变速器的操纵机构

1. 操纵机构的功用、要求及类型

1）功用

手动变速器操纵机构的功用是保证驾驶员能准确可靠地将变速器挂入所需要的挡位，并可随时退至空挡。

2）要求

手动变速器操纵机构要可靠地工作，应满足下列要求：

（1）防止变速器自动换挡和自动脱挡。

（2）防止变速器不会同时换入两个挡位。

（3）防止误挂倒挡。

3）类型

变速器操纵机构按照变速操纵杆（变速杆或换挡杆）位置的不同，可分为直接操纵式和远距离操纵式两种类型。

（1）直接操纵式。

如图 1.60 所示，直接操纵式变速器的变速杆及其他换挡操纵装置都设置在变速器盖上，变速器布置在驾驶员座位附近，变速杆由驾驶室底板伸出，驾驶员可直接操纵变速杆来拨动变速器盖内的换挡操纵装置进行换挡。它具有位置容易确定、换挡快、换挡平稳的优点。多用于发动机前置后轮驱动的车辆，大多数长头货车的变速器都采用这种操纵形式。

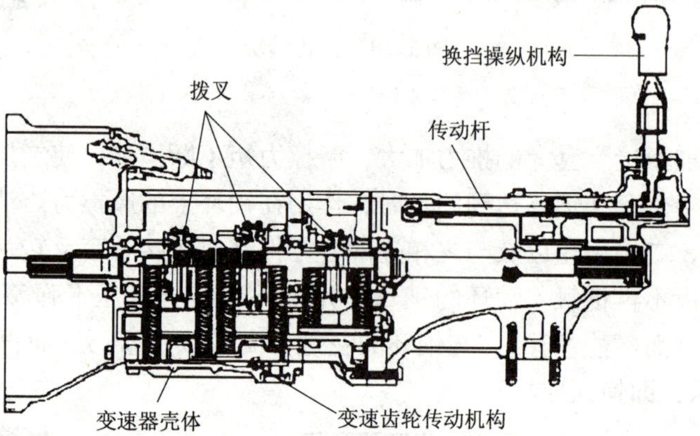

图 1.60　直接操纵式换挡机构

（2）远距离操纵式。

在有些汽车上，由于变速器离驾驶员座位较远，则需要在变速杆与拨叉之间加装一些辅助杠杆或一套传动机构，构成远距离操纵机构。这种操纵机构多用于发动机前置前轮驱动的轿车，如奇瑞 A3 轿车的五挡手动变速器，由于其变速器安装在前驱动桥处，远离驾驶员座椅，因而需要采用这种操纵方式，如图 1.61 所示。

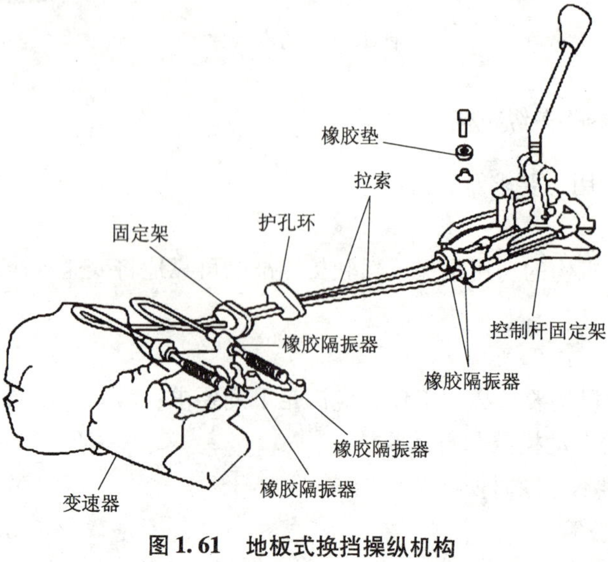

图 1.61　地板式换挡操纵机构

另外，有些轿车和轻型货车的变速器，将变速杆安装在转向管柱上，如图 1. 62 所示，因此，在变速杆与变速器之间也是通过一系列的传动件进行传动，这也是远距离操纵方式。它具有变速杆占据驾驶室空间小、乘坐方便等优点。

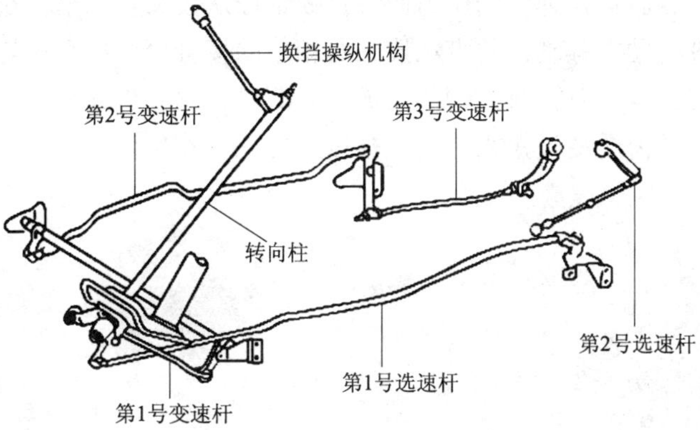

图 1. 62　柱式换挡操纵机构

2. 变速器操纵机构的构造

为了保证变速器在任何情况下都能准确、安全、可靠地工作，变速器操纵机构一般都具有换挡锁装置，包括自锁装置、互锁装置和倒挡锁装置，如图 1. 63 所示。

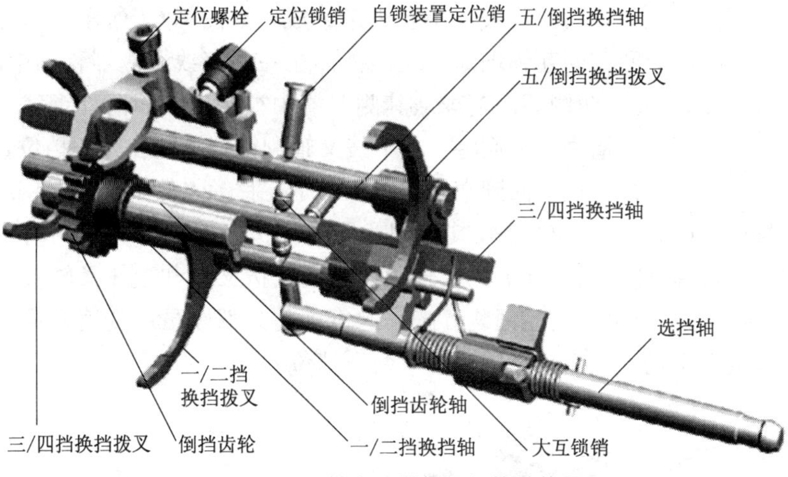

图 1. 63　五挡变速器操纵机构结构图

各种变速器由于挡位数及挡位排列位置不同，其拨叉和拨叉轴的数量和排列位置也不同。图 1. 63 所示的五挡变速器操纵机构的五个前进挡和 1 个倒挡用了三根拨叉轴，其一挡和二挡、三挡和四挡、五挡和倒挡分别共用一根拨叉轴。

1）自锁装置

自锁装置用于对各挡拨叉轴进行轴向定位锁止，防止变速器自动产生轴向移动而造成自动脱挡或挂挡，并保证轮齿以全齿宽啮合。大多数变速器的自锁装置都是采用自锁钢球对拨叉轴进行轴向定位锁止。如图 1. 64、图 1. 65 所示，在变速器盖中钻有三个深孔，孔中装入自锁钢球和自锁弹簧，其位置正处于拨叉轴的正上方，每根拨叉轴对着钢球的表面沿轴向设有三个凹槽，槽的深度小于钢球的半径。中间的凹槽对正钢球时为空挡位置，前边或后边的凹槽对正钢球时则处于某一工作挡位置，相邻凹槽之间的距离保证齿轮处于全齿长啮合或是完全退出啮合。凹槽对正钢球时，钢球便在自锁弹簧的压力作用下嵌入该凹槽内，拨叉轴的轴向位置便被固定，不能自行挂挡或自行脱挡。当需要换挡时，驾驶员通过变速杆对拨叉轴施加一定的轴向力，克服自锁弹簧的压力而将自锁钢球从拨叉轴凹槽中挤出并推回孔中，拨叉轴便可滑过钢球进行轴向移动，并带动拨叉及相应的接合套或滑动齿轮轴向移动，当拨叉轴移至其另一凹槽与钢球相对正时，钢球又被压入凹槽，驾驶员具有很强的手感，此时拨叉所带动的接合套或滑动齿轮便被拨入空挡或被拨入另一工作挡位。

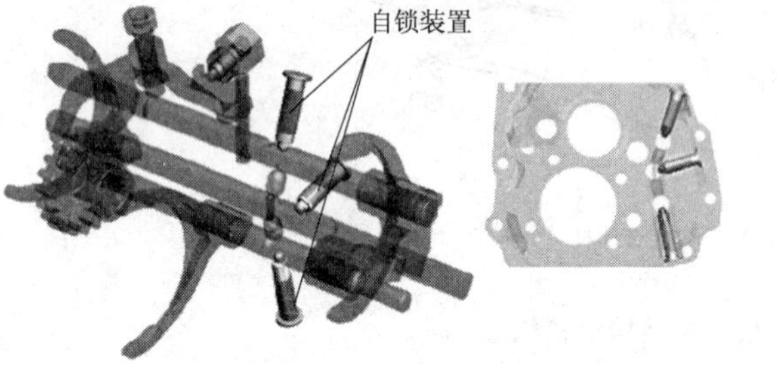

图 1.64　自锁装置

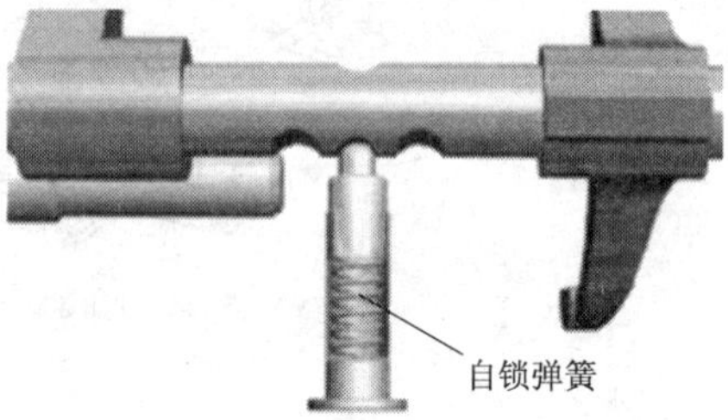

图 1.65　空挡位置自锁图

2）互锁装置

互锁装置用于阻止两个或多个拨叉轴同时移动，防止同时挂上两个挡位。如图 1.66 所示，互锁装置由互锁钢球和互锁销或大、小互锁销组成。如图 1.67 所示，当变速器处于空挡时，所有拨叉轴的侧面凹槽同互锁钢球、互锁销都在一条直线上。当移动中间拨叉轴时，如图 1.68 所示，中间拨叉轴两侧的内钢球从其侧凹槽中被挤出，而两外钢球则分别嵌入上拨叉轴和下拨叉轴的侧面凹槽中，因而将上、下拨叉轴刚性地锁止在其空挡位置。若欲移动上拨叉轴，则应先将中间拨叉轴退回到空挡位置。于是在移动上拨叉轴时，钢球便从上拨叉轴的凹槽中被挤出，同时通过互锁销和其他钢球将中间拨叉轴和下拨叉轴均锁止在空挡位置，如图 1.69 所示。同理，当移动下拨叉轴时，则中间拨叉轴和上拨叉轴被锁止在空挡位置，如图 1.70 所示。由此可知，互锁装置工作的机理是当驾驶员用变速杆推动某一拨叉轴时，自动锁止其余拨叉轴，从而防止同时挂上两个挡位。

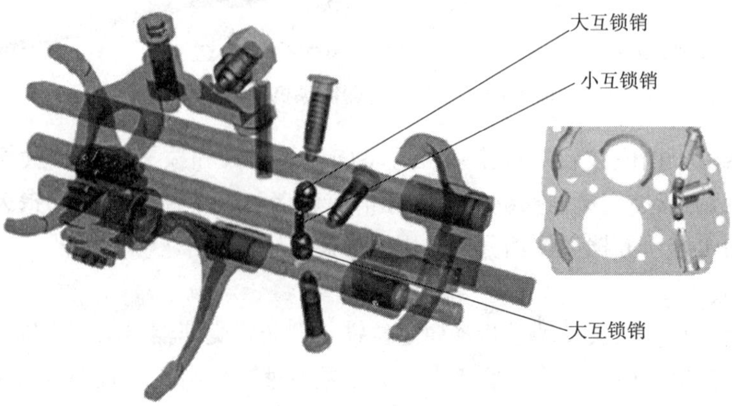

图 1.66　互锁装置

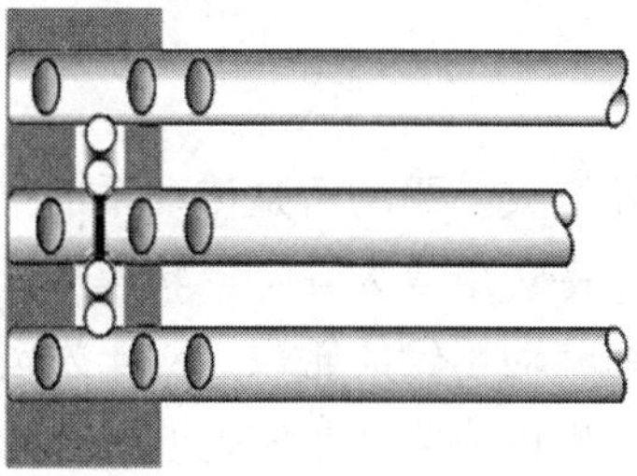

图 1.67　空挡时互锁图

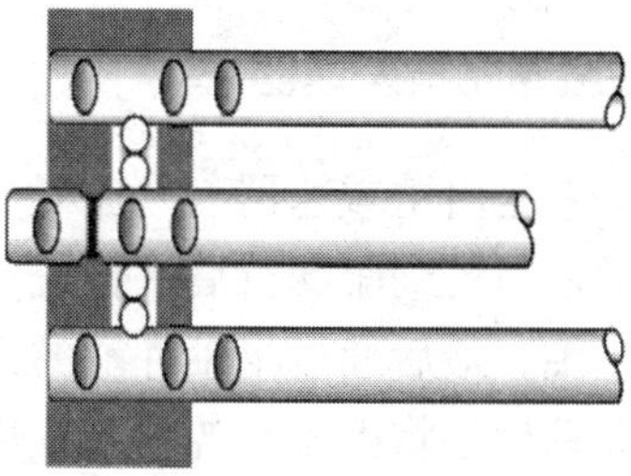

图 1.68　中间拨叉轴换挡时互锁图

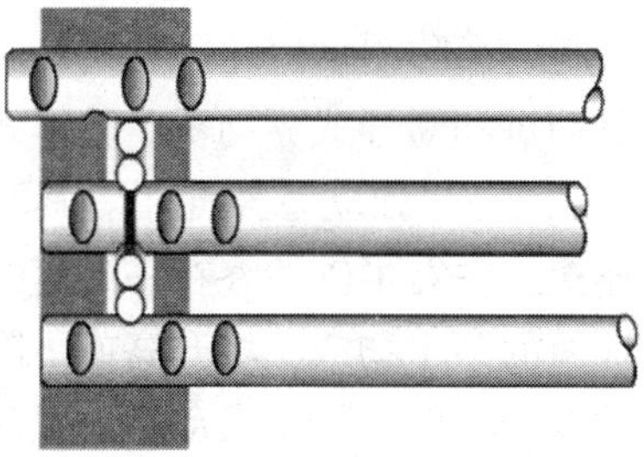

图 1.69　上拨叉轴换挡时互锁图

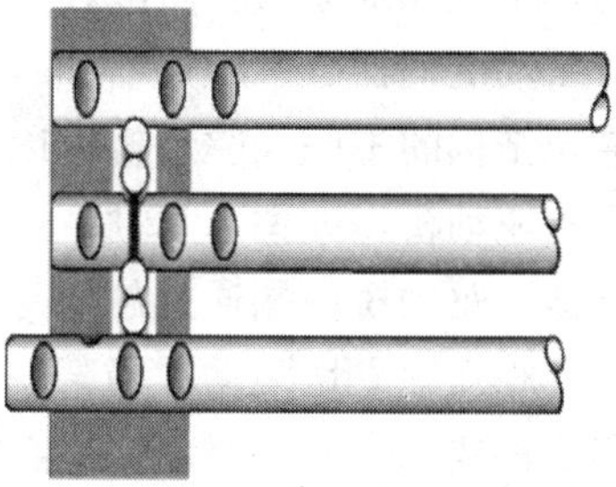

图 1.70　下拨叉轴换挡时互锁图

3）倒挡锁

倒挡锁装置用于防止误挂倒挡。如图 1.71 所示为常见的锁销式倒挡锁装置。当驾驶员想挂倒挡时，必须用较大的力使变速杆下端压缩弹簧，将倒挡锁销推入锁销孔内，才能使变速杆下端进入倒挡拨块的凹槽中进行换挡。由此可见，倒挡锁的作用是使驾驶员必须对变速杆施加更大的力，才能挂入倒挡，起到警示、提醒驾驶员的作用，以防误挂倒挡。挂入倒挡后，其拨叉轴就接通安装在变速器壳上的倒挡开关，车尾部的倒车灯亮起，某些汽车还会同时给出语音报警，用于提醒行人。

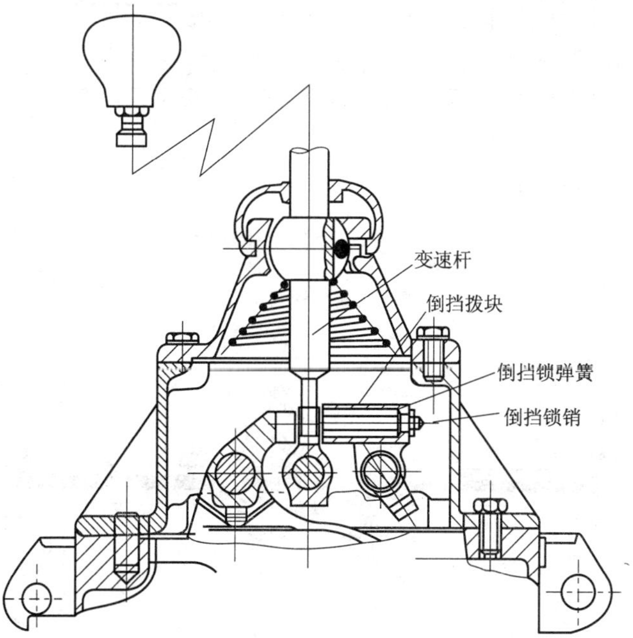

图 1.71　锁销式倒挡锁装置

（六）主减速器与差速器

驱动桥一般是由主减速器、差速器、半轴、桥壳等组成。驱动桥是传动系的最后一个总成，发动机的动力传到驱动桥后，首先传到主减速器，将转矩放大并降低转速后，经差速器分配给左右半轴，最后通过半轴外端的凸缘或花键传到驱动车轮的轮毂。对于发动机前置后驱的车型，驱动桥是将由万向传动装置传来的发动机转矩传给驱动车轮，并经降速增矩、改变动力传动方向，使汽车行驶，而且允许左右驱动车轮以不同的转速旋转。对于发动机前置前轮驱动的车型，在变速器和主减速器之间取消了万向传动装置，并且考虑到结构紧凑的布置因素，将手动变速器、主减速器和差速器装配在一起，简称手动变速驱动桥。

按照悬架结构的不同，驱动桥可以分为整体式驱动桥和断开式驱动桥。整体式驱动桥又称为非断开式驱动桥。如图 1. 72 所示为整体式驱动桥，与非独立悬架配用。其驱动桥壳为一刚性的整体，驱动桥两端通过悬架与车架或车身连接，左右半轴始终在一条直线上，即左右驱动轮不能相互独立地跳动。当某一侧车轮通过地面的凸出物或凹坑升高或下降时，整个驱动桥及车身都要随之发生倾斜，车身波动大，这种结构一般应用于发动机前置后驱的车型上，如货车、皮卡、部分 SUV 车型等。如图 1. 73 所示为断开式驱动桥，与独立悬架配用。其主减速器固定在车架或车身上，驱动桥壳制成分段并用铰链连接，半轴也分段并用万向节连接。驱动桥两端分别用悬架与车架或车身连接。这样，两侧驱动车轮及桥壳可以彼此独立地相对于车架或车身上下跳动。这种结构在轿车上较为常见。

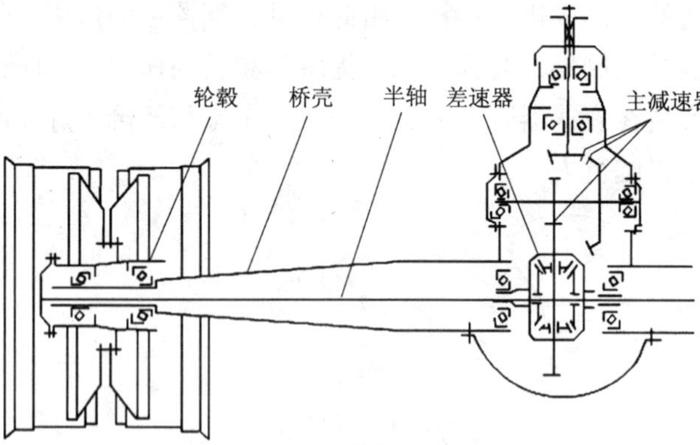

图 1. 72　整体式驱动桥

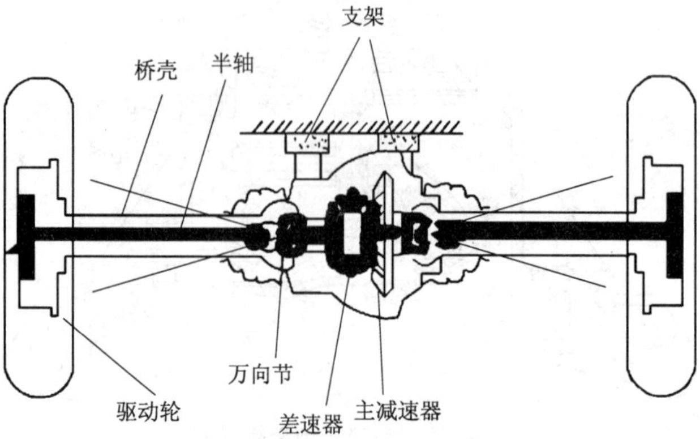

图 1. 73　断开式驱动桥

1. 主减速器

1）功用

（1）将变速器输出轴或万向传动装置传来的发动机转矩传给差速器。

（2）在动力的传动过程中要将转矩增大并相应降低转速。

（3）对于纵置发动机，还要将转矩的旋转方向改变90°。

2）类型

按参加传动的齿轮副数目，可分为双级式主减速器和单级式主减速器，如图1.74、图1.75所示。有些重型汽车又将双级式主减速器的第二级圆柱齿轮传动设置在两侧驱动车轮附近，称为轮边减速器。

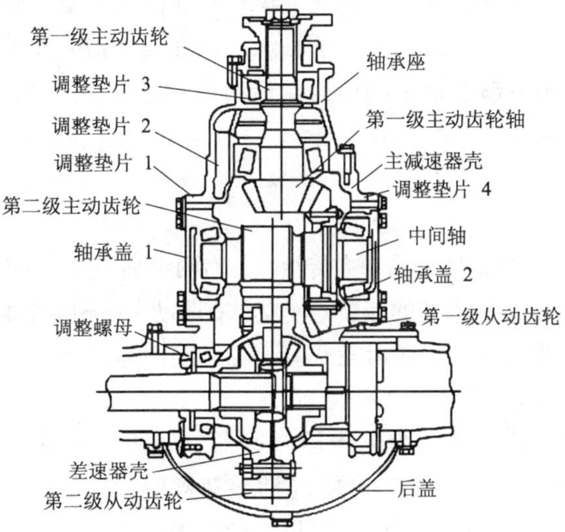

图1.74　双级式主减速器

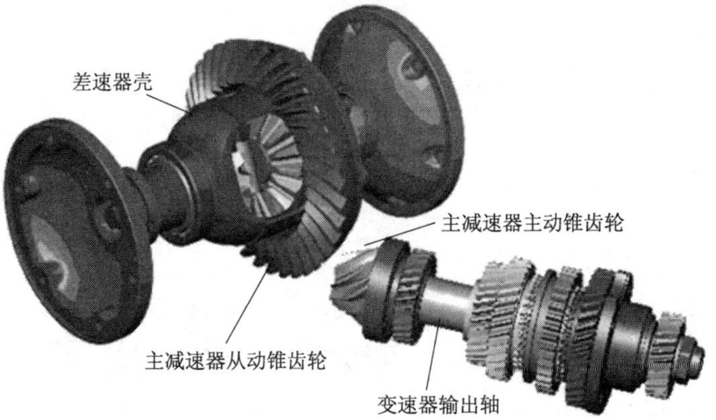

图1.75　单级式主减速器

按主减速器传动比个数，可分为单速式和双速式主减速器。单速式的传动比是固定的，而双速式则有两个传动比供驾驶员选择。

按齿轮副结构形式，可分为圆柱齿轮式（又可分为定轴轮系和行星轮系）主减速器和圆锥齿轮式（又可分为螺旋锥齿轮式和准双曲面锥齿轮式）主减速器。

目前，在轿车中主要是应用单级式主减速器。

3）单级式主减速器的结构和工作原理

单级式主减速器的结构简单，质量小，体积小，传动效率高，主要用于轿车及中型以下客货车。对于发动机纵向布置的汽车，由于需要改变动力传递方向，单级式主减速器都采用一对圆锥齿轮传动，如桑塔纳2000等；对于发动机横向布置的汽车，单级式主减速器采用一对圆柱斜齿轮，如奇瑞A3等。如图1.75所示，由于发动机纵向前置前轮驱动，整个传动系都集中布置在汽车前部，因此其主减速器装于变速器壳体内，没有专门的主减速器壳体。由于省去了变速器到主减速器之间的万向传动装置，所以变速器输出轴即为主减速器输入轴。

主减速器由一对准双曲面锥齿轮组成，主动锥齿轮的齿数为9，从动锥齿轮的齿数为40，其传动比为4.444。主动锥齿轮与变速器输出轴制为一体，用双列圆锥滚子轴承和圆柱滚子轴承支承在变速器壳体内，属于悬臂式支承。环状的从动锥齿轮靠凸缘定位，并用螺栓与差速器壳连接。差速器壳由一对圆锥滚子轴承支承在变速器壳体上。当发动机动力经过离合器传给变速器后，再由主减速器主动锥齿轮传给从动锥齿轮，转速降低，转矩放大4.444倍，从而带动差速器壳转动。

2. 差速器

1）功用与分类

差速器的功用是将主减速器传来的动力传给左、右两半轴，并在必要时允许左、右半轴以不同转速旋转，以满足两侧驱动轮差速的需要，使左、右驱动车轮相对地面纯滚动而不是滑动。

差速器按其工作特性可分为普通齿轮式差速器和防滑差速器两大类。

2）普通齿轮式差速器的结构及工作原理

应用最广泛的普通齿轮差速器为锥齿轮差速器。如图1.76所示，差速器由差速器壳、行星齿轮轴、2个行星齿轮、2个半轴齿轮（即差速器侧齿轮）、球形垫圈等组成。行星齿轮轴装入差速器壳体后用弹性锁销定位。行星齿轮和半轴齿轮的背面制成球面，与复合式的推力垫片相配合，以减摩、耐磨。螺纹衬套用于紧固半轴齿轮。差速器通过一对圆锥滚子轴承支承在变速器壳体中。

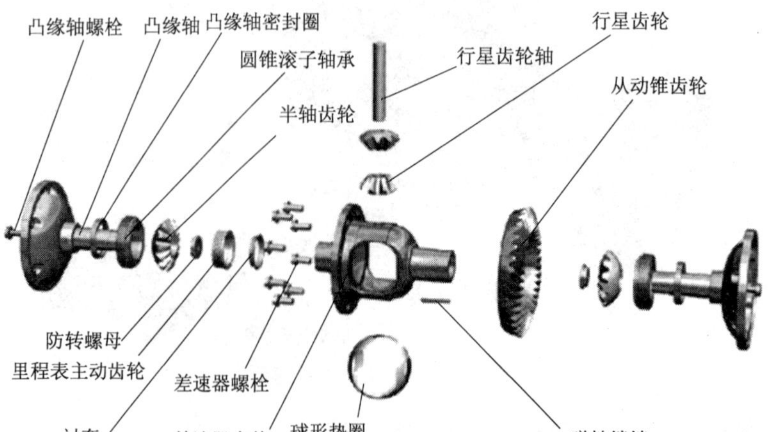

图1.76　差速器

工作时，主减速器传来的动力带动差速器壳转动，经过行星齿轮轴、行星齿轮、半轴齿轮、半轴，最后传给两侧驱动车轮。

（1）直线行驶。

汽车直线行驶时，两侧驱动车轮所受到的地面阻力相同，并经半轴、半轴齿轮反作用于行星齿轮。这时行星齿轮相当于等臂杠杆，即行星齿轮不自转，只随差速器壳和行星齿轮轴一起公转，两半轴无转速差。同样，由于行星齿轮相当于等臂杠杆，主减速器传动差速器壳体上的转矩等分给两半轴齿轮，此时差速器具有转矩等量分配的特性。

（2）转弯行驶。

汽车转弯行驶时，两侧驱动车轮所受到的地面阻力不同。如果车辆右转，右侧（内侧）驱动车轮所受的阻力大，左侧（外侧）驱动车轮所受的阻力小。这两个阻力经半轴、半轴齿轮反作用于行星齿轮，使行星齿轮除了随差速器壳公转外还顺时针自转，则左半轴齿轮的转速增加，右半轴齿轮的转速降低，且左半轴齿轮增加的转速等于右半轴齿轮降低的转速。即汽车右转时，左侧（外侧）车轮转得快，右侧（内侧）车轮转得慢，实现纯滚动。

普通锥齿轮式差速器转矩等量分配的特性对于汽车在好路面上行驶是有利的。但汽车在坏路面上行驶时却会严重影响其通过能力。例如，当汽车的一个驱动轮处于泥泞路面因附着力小而原地打滑时，即使另一驱动轮处于附着力大的路面上未滑转，汽车仍不能行驶。这是因为附着力小的路面只能对驱动车轮作用一个很小的反作用力矩，而驱动转矩也只能等于这一很小的反作用力矩。由于差速器等量分配转矩的特性，附着力好的驱动轮也只能分配到同样小的转矩，以至于总的牵引力不足以克服行驶阻力，汽车便不能前进。

为了提高汽车通过坏路面的能力，可采用防滑差速器。当汽车某一侧驱动轮发生滑转时，差速器的差速作用即被锁止，并将大部分或全部转矩分配给未滑转的驱动轮，充分利用未滑转车轮与地面之间的附着力，以产生足够的牵引力使汽车继续行驶。

四、项目实施

（一）手动变速驱动桥的拆卸

1. 准备工作

（1）所需工具：常用工具 1 套，木棒、拉具、撬棒等。

（2）注意环保及安全操作。

2. 手动变速驱动桥的拆卸

（1）把变速器固定在拆装台上。

（2）放出变速器油。

（3）向下拉出离合器压杆。

（4）拧下倒挡齿轮轴的内六角固定螺栓。

（5）拧下变速器壳体端盖螺栓并将整体取下。

（6）拆下五挡锁止螺栓和选挡换挡轴止动螺栓。

（7）用火花塞扳手拧下选挡换挡轴端盖螺栓。

（8）拧下倒挡轴的六角锁止螺栓。

（9）从驱动法兰上拆下端盖、弹性挡圈和蝶形弹簧。

（10）拉下驱动法兰，用长孔扳手拧下驱动法兰内的两个 M8×30 的六角螺栓。

（11）用 M12 套筒扳手拧下同步器齿毂螺栓，使五挡和倒挡齿轮分别啮合。

（12）撬下转换管的止动垫圈。

（13）向左转动转换管，将其从换挡拨叉上拧下，注意不要将换挡接杆从转接管上拨下。

（14）将同步器总成及五挡同步器齿轮、换挡拨叉一同拆下。

（15）将五挡齿轮的弹性挡圈和调整垫圈拆下。

（16）用拉力器拉下五挡齿轮。

（17）用 M6 套筒扳手拧下张紧器的螺栓。

（18）拧下壳体上的六角紧固螺栓。

（19）用拉拔器或专用工具 3042 拆下变速器壳体。

（20）从离合器壳内的孔中拉出换挡拉杆，并转出换挡拨叉组件。

（21）拆下输出轴四挡从动齿轮的弹性挡圈。

（22）拆下输出轴四挡从动齿轮，必要时用双臂拉力器拉下。

（23）拆下输入轴总成。

（24）拆下三挡从动齿轮上的挡圈。

（25）拆下三挡从动齿轮、二挡主动齿轮、同齿环及滚针轴承。

（26）拆下倒挡齿轮。拧下倒挡齿轮轴内的内六角螺栓，持续向上来回移动轴，然后拉出。

（27）用双臂拉力器拉出同步器花键毂、滑动齿套及一挡主动齿轮。

（28）拧下轴承盖螺栓，拆下止推垫片，并拆下输出轴。

（29）拆下差速器。

（二）手动变速驱动桥的检测

1. 变速器壳体

（1）壳体应无裂纹。

（2）一般壳体上平面在全长上的平面度公差为 0.1～0.15 mm，壳体各轴承孔的圆度公差为 0.075 mm。拨叉轴与承孔的间隙为 0.04～0.20 mm。

（3）壳体各轴承承孔的表面粗糙度 $Ra \leqslant 1.6\ \mu m$ 。

（4）壳体上所有连接螺孔的螺纹损伤不得多于 2 牙。

2. 齿轮与花键

（1）齿轮的啮合面上出现明显的疲劳麻点、麻面、斑疤或阶梯形磨损时，必须更换。

（2）齿轮端面磨损长度应小于全齿长的 15%，否则更换。

（3）齿轮齿面的啮合面中线应在齿高的中部，接触面积一般不小于工作面的 60%。

（4）齿轮与齿轮、齿轮与轴及花键的啮合间隙、径向间隙和轴向间隙应符合原厂规定。

（5）装好轴承与内座圈后，用百分表检测齿轮与内座圈之间的间隙，如果超过原厂规定应更换轴承。检测方法如图 1.77 所示。

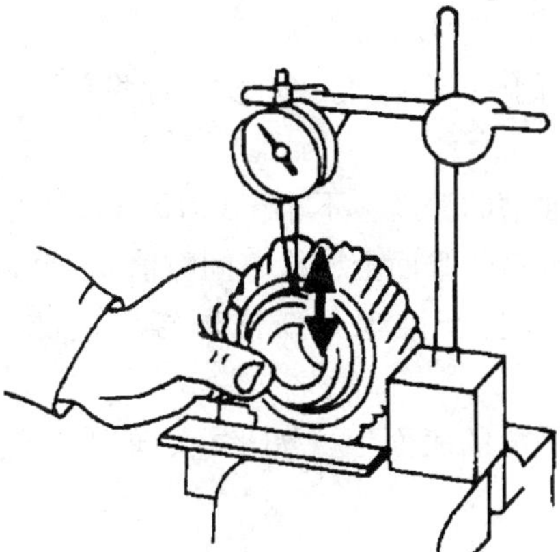

图 1.77　齿轮与内座圈间隙值检测

3. 轴及轴承

（1）拨叉轴的直线度公差为 0.05 mm，轴上定位凹槽的最大磨损量为 0.5 mm，否则应更换。

（2）输入轴、输出轴与中间轴均以两端轴径支承，中部的径向圆跳动公差为 0.03 mm，极限为 0.06 mm。否则，应更换新轴。轴颈的磨损应符合原厂规定。检测方法分别如图 1.78、图 1.79 所示。

（3）轴承应转动灵活，滚动体与内外圈滚道不得有麻点、麻面、斑疤和烧灼磨损等缺陷，保持架完好，径向间隙不得大于 0.10 mm。

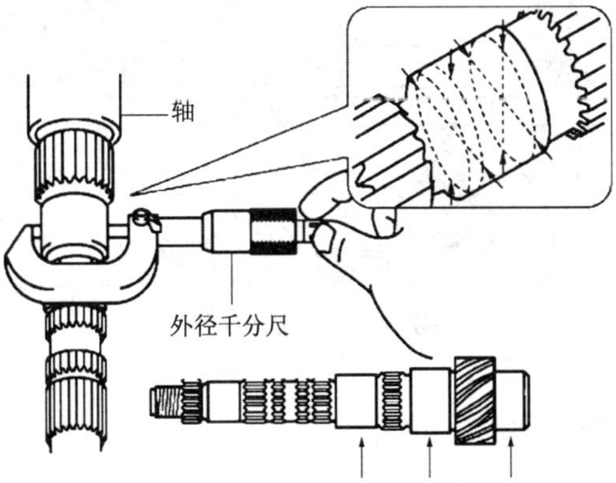

图 1.78　轴颈检测

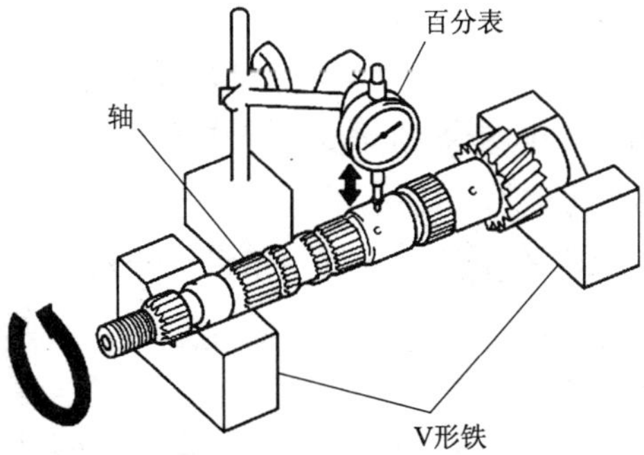

图 1.79　径向圆跳动检测

4. 同步器检修

（1）锥环端面已与锥盘接触、有擦痕、同步过程失效时，允许将锥环端面车削修复，最大车削量为1mm。

（2）锥环斜面上的螺纹油槽的深度应不小于0.10 mm。

（3）将同步环压在各自齿轮的锥面上，检查间隙值 a，间隙值 a 应符合原厂规定。更换新同步器总成后原锥盘可用，且新锥盘与新锥环端面间隙值 a 也应符合原厂规定。如图1.80、图1.81所示。

（4）将同步环放在极其平滑的表面上（如平板、玻璃）进行检查，如果扭曲变形或侧面间隙成椭圆形，应更换同步环。

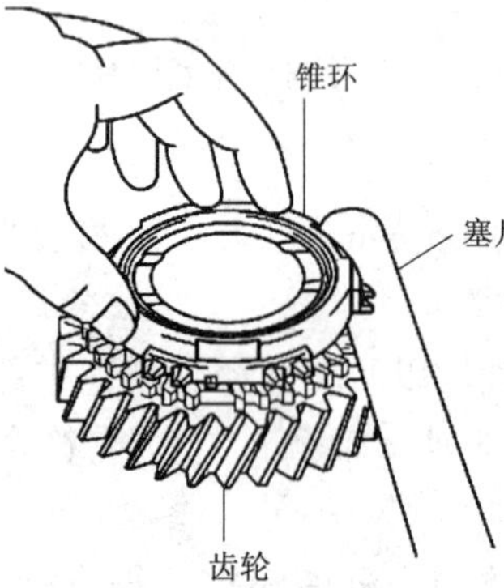

图1.80　锥环检测

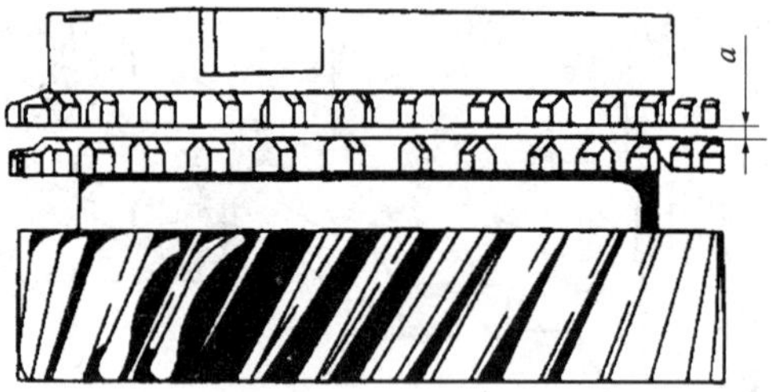

图1.81　端面间隙值

（三）手动变速驱动桥的组装

1. 手动变速驱动桥的组装

（1）安装差速器总成。

（2）安装输出轴，并用40 N·m的力矩拧紧轴承盖螺栓，并装上止推垫片。

（3）装上滚针轴承，在一挡同步器的同步环上装上主动齿轮。

（4）将滑动齿套/同步器花键毂加热到100 ℃，并安装，推到挡块处。

（5）转动同步环，直至把带有锁止挡块的卡槽排成一列。

（6）安装倒挡齿轮。

（7）将滚针轴承内圈推至挡块。

（8）装上二挡齿轮、滚针轴承、同步环齿轮及输出轴上的三挡从动齿轮。

（9）调整三挡齿轮的轴向间隙。

（10）确定弹性挡圈的厚度，并查明是否可以直接安装，然后才可装入。

（11）若不拆散输入轴，压下输出轴的圆锥滚柱轴承。

（12）整体安装不带圆锥滚柱轴承的输入轴总成。

（13）在输出轴上安装四挡从动齿轮，并用弹性挡圈固定。

（14）在变速器壳内压入输出轴的圆锥滚柱轴承。

（15）安装夹紧螺栓，拧紧六角螺母。

（16）把换挡拉杆的下弹簧装入离合器壳内。

（17）安装换挡拨叉。

（18）推入换挡拉杆，并定位换挡拨叉槽口于空挡位置。

（19）定位倒挡齿轮轴。压上变速器壳体之前，应用专用工具 30－211A 及 VW295a 正确支承输入轴。

（20）不允许磁铁从支架上掉下；否则，变速器内换挡操纵机构将被卡住。在维修变速器时，应用壳体密封胶 AMV18820003 进一步固定磁铁。

（21）压下变速器壳体。

（22）安装倒挡齿轮轴的固定螺栓。

（23）拧上壳体的固定螺栓。

（24）用 15 N·m 的力矩拧紧圆锥滚柱轴承锁紧螺栓的六角螺母。

（25）安装驱动法兰盘与弹簧困难时，可用专用工具 VW391 拉入驱动法兰盘。

（26）安装碟形弹簧及弹性挡圈，并拉入驱动法兰盘。

（27）装入弹性挡圈，并压入卡槽内。

（28）压上新的端盖。

（29）将五挡齿轮加热到约 100 ℃并装上，安装位置：槽向上。

（30）安装上止推垫圈和弹性挡圈。

（31）将同步器总成连同五挡齿轮和拨叉一同装入，装上新的轴承止推垫圈。

（32）用专用扳手 3095 向右转动连接管并将其拧入换挡拨叉。

（33）拧动连接管，直至距离 $x=5.0$ mm，如图 1.82 所示。

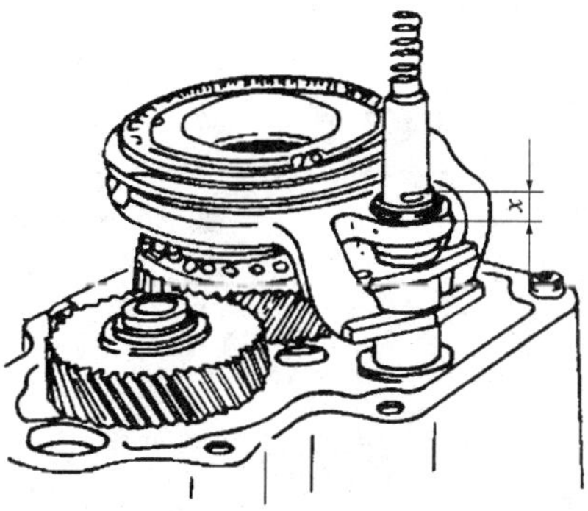

图 1.82　连接管位置

（34）用 50 N·m 的力矩拧紧端盖。

（35）安装变速器开关，用 10 N·m 力矩拧紧螺栓。

（36）用 20 N·m 力矩拧紧选挡换挡轴的锁止螺栓。

（37）装上输入轴的弹性挡圈。

（38）装上带导向轴套的分离轴承。安装分离轴、离合器杠杆及回位弹簧。弹簧的弯曲末端接触壳体壁，定心件挂在离合器杠杆上。

（39）压入分离轴的弹性挡圈。

（40）装上新的密封圈，并拧上盖的固定螺栓。

（41）在离合器压杆末端及轴套区域涂少量润滑脂。

（42）反复选择所有各挡位，检查限位是否适当。

2. 注意事项

（1）必须对零件进行清洗，除去污物、毛刺和铁屑等。

（2）装配各部轴承和键槽时，应涂抹质量优良的润滑油进行预润滑。

（3）总成修理时，应更换所有的滚针轴承。

（4）对零部件的工作表面不得用硬金属直接锤击，避免齿轮出现运转噪声。

（5）注意同步器锁环的装配位置。在变速器解体时，应对同步器各元件做好装配记号，以免装错。

（6）装入油封前，需在油封的刃口涂少量润滑脂，且垂直压入，并使刃口朝向液体方向。

（7）装配密封衬垫时，应在密封衬垫的两侧涂抹密封胶，确保密封效果。

（8）安装变速器盖时，各齿轮和拨叉均应处于空挡位置。必要时，可分别检查各个常用挡的齿轮副是否处于全齿长接合位置。

（9）按规定力矩拧紧全部螺栓。

（四）手动变速驱动桥的油液加注

1. 齿轮油加注

（1）利用举升机将车辆升起。

（2）用工具拧下手动变速器齿轮油油液加注螺丝，如图 1. 83 所示。

图 1. 83　手动变速器齿轮油液加注螺丝

（3）用工具拧松手动变速器底部的放油螺丝，并小心取下放油螺丝，放出旧齿轮油。如图 1. 84、图 1. 85 所示。

图 1.84　拧松放油螺丝

图 1.85　取下放油螺丝

（4）待旧的齿轮油放出后（如图 1.86 所示）装上放油螺丝。

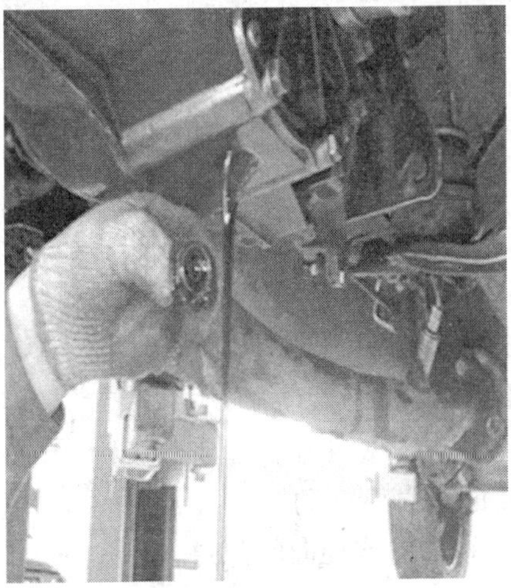

图 1.86　放油

（5）用齿轮油手动加注机（如图 1.87 所示）从加注口加注新的齿轮油（如图 1.88 所示）。

图 1.87　齿轮油手动加注机

图 1.88　加注齿轮油过程

（6）待有少许新的齿轮油开始从加注口溢出时，则加注完毕，安装手动变速器齿轮油油液加注螺丝。

（7）检查变速器是否漏油，用抹布把溢出来的齿轮油擦干净。

（8）放下车辆，整理工具、设备，打扫场地。

2. 注意事项

（1）仔细阅读举升机使用安全规定，注意人身安全。

（2）按厂家规定选择黏度、级别合适的齿轮油。

（3）旧的齿轮油需按环保规定回收，不能随便倾倒。

（4）添加新的齿轮油前，需清洁齿轮油加注机，避免不同规格的齿轮油混用。

（5）工作完毕后，需及时整理工具，清洁作业场地，保持环境卫生。

（五）手动变速驱动桥的故障诊断与排除

变速器的常见故障有掉挡、乱挡、挂挡困难和变速器异响等。

1. 掉挡

1）现象

汽车在加速、减速或爬坡时，变速杆自动跳回空挡位置。

2）原因

（1）自锁装置的钢球未进入凹槽内或挂入挡后齿轮未达到全齿长啮合。

（2）自锁装置的钢球或凹槽磨损严重，自锁弹簧疲劳过软或折断。

（3）齿轮在轴线方向磨损成锥形，在汽车行驶中因振动、速度变化的惯性等，在齿轮轴向方向产生推力，迫使啮合齿轮沿轴线方向脱开。

（4）第一、二轴轴承过于松旷，使第一、二轴和曲轴三者轴线不同心或变速器壳与离合器的接合平面相对曲轴轴线的垂直度变动。

（5）第二轴上的常啮合齿轮轴向或径向间隙过大。

（6）各轴轴向或径向间隙过大。

3）故障诊断与排除方法

先确知掉挡挡位：走热全车后，采用连续加、减速的方法逐挡进行路试便可确定。然后将变速杆挂入掉挡挡位，发动机熄火，小心拆下变速器盖。

（1）观察掉挡齿轮的啮合情况：未达到全长啮合，则故障由此引起。

（2）检查啮合部位磨损情况：磨损成锥形，则故障可能由此引起。

（3）检查第二轴上该挡齿轮和各轴的轴向和径向间隙，若间隙过大，则故障可能由此引起。

（4）检查自锁装置，若自锁装置的止动阻力很少，甚至钢球未插入凹槽（把变速器盖夹在虎钳上，用手摇动换挡杆），则故障为自锁效能不良；否则，故障为离合器壳与变速器接合平面与曲轴轴线垂直变动等引起。

2. 乱挡

1）现象

在离合器技术状况正常的情况下，变速器同时挂上两个挡或挂需要挡位时，结果挂入了别的挡位。

2）原因

（1）互锁装置失效：如拨叉轴、顶销或钢球磨损过甚等。

（2）变速杆下端弧形工作面磨损过大或拨叉轴上导块的导槽磨损过大。

（3）变速杆球头定位销折断或球孔、球头磨损过于松旷。

3）故障诊断与排除方法

（1）挂需要挡位时，结果挂入了别的挡位：摇动变速杆，检查其摆转角度，若超出正常范围，则故障由变速杆下端球头定位销与定位槽配合松旷或球头、球孔磨损过大引起。如果变速杆可以摆转360°则为定位销折断。

（2）如摆转角度正常，仍挂不上或摘不下挡，则故障由变速杆下端从导槽中脱出引起（脱出的原因是下端弧形工作面磨损或导槽磨损）。

（3）同时挂入两个挡：则故障由互锁装置失效引起。

3. 挂挡困难

1）现象

离合器技术状况良好，且变速器操纵机构工作正常，挂挡困难。

2）原因

同步器故障。

3）故障诊断与排除方法

（1）检查同步器锁环的内锥面螺旋槽磨损情况：磨损严重，使同步器锁环内锥面和齿轮外锥面间隙变小，锥面间的摩擦力减小，制动作用减弱，间隙为零时，制动作用消失。

检查同步器的故障，主要检查此间隙。经验检查方法是：在齿轮内斜面上涂上齿轮油，再将它与锁环配合面接触，当两者压紧并用手相对转动时，锁环不应从齿轮的斜面滑出为正常。锁环与齿轮两锥面间隙的大小必须符合汽车制造厂推荐数据。

（2）检查同步器滑块在花键毂内的滑动：以锁环式惯性同步器为例，滑块中部凸起嵌在接合套中部内环槽中，接合套轴向移动带动滑块在花键毂轴向槽中滑动伸入锁环槽（缺口）中，才能挂上挡位。如果滑块与这些槽磨损严重，滑块就难以和锁环正常咬合，引起挂挡困难。所以必须用游标卡尺测量滑块与锁环槽和花键毂槽的配合间隙，其间隙大小必须符合汽车制造厂的规定。如北京 BJ2020 型汽车滑块与锁环槽的配合间隙为 3. 00 ~ 3. 36 mm、滑块与花键毂槽的配合间隙为 0. 170 ~ 0. 265 mm。不符合规定的，必须更换。

（3）检查同步器花键毂与接合套的轴向移动应无卡滞现象：如同步器技术状况良好而仍出现挂挡困难时，则应检查变速器的其他机构。主要原因有：拨叉轴弯曲、锁紧弹簧过硬、钢球损伤也会导致挂挡困难；第一轴花键损伤或第一轴弯曲；变速器操纵机构调整不当或损坏；齿轮油不足或过量、齿轮油不符合规格。

在运行中，空挡滑行，变速器内有“咯吱”响声，在挂挡的瞬间也伴有“咯咯咯”的响声，且挂挡明显困难，这主要是同步器散架引起的。

4. 变速器异响

1）现象

变速器发响是指变速器工作时发出的不均匀的碰撞声。由于变速器内相对运动的机件较多，故发出不均匀的响声也较复杂。

2）原因

（1）齿轮发响：齿轮磨损过甚变薄，间隙过大，运转中有冲击；齿面啮合不良，如修理时没有成对更换齿轮；齿面有金属疲劳剥落或个别齿损坏折断；齿轮与轴上的花键配合松旷，或齿轮的轴向间隙过大；轴弯曲或轴承松旷引起齿轮啮合间隙改变。

（2）轴承响：轴承磨损严重；轴承内（外）座圈与轴颈（孔）配合松动；轴承滚珠碎裂或有烧蚀麻点。

（3）其他原因发响：如变速器内缺油，润滑油过稀、过稠或质量变坏；变速器内掉入异物；某些紧固螺栓松动；里程表软轴或里程表齿轮发响等。

3）故障诊断与排除方法

在诊断发响故障时，要根据响声的不均匀程度、出现的时机和发响的部位来判断响声的原因，然后予以排除。

（1）变速器发出金属干摩擦声，即为缺油和油的质量不好。应加油和检查油的质量，必要时更换。

（2）行驶中若换入某挡时响声明显，即为该挡齿轮轮齿磨损；若发生周期性的响声，则为个别轮齿损坏。

（3）空挡时响，而踏下离合器踏板后响声消失，一般为第一轴前、后轴承或常啮合齿轮响；如换入任何挡都响，多为第二轴后轴承响。

（4）变速器工作时发生突然撞击声，多为轮齿断裂，应及时拆下变速器盖检查，以防机件损坏。

（5）行驶时，变速器只有在换入某挡时齿轮发响，在上述完好的前提下，应检查啮合齿轮是否搭配不当，必要时应重新搭配一对新齿轮。此外，也可能是同步器齿轮磨损或损坏，应视情况修复或更换。

（6）换挡时齿轮相撞击而发响，则可能是离合器不能分离、同步器损坏、怠速过大、变速杆调整不当或导向衬套过紧等。遇到这种情况，先检查离合器能否分离，再分别调整怠速或变速杆位置，检查导向衬套与分离轴承配合的松紧度。

如经上述检查排除后，变速器仍发响，应检查各轴承与轴孔配合情况、轴承本身的技术状况等；如完好，再查看里程表软轴及齿轮是否发响，必要时予以修理或更换。

5. 变速器漏油

1）现象

变速器周围出现齿轮润滑油，变速器齿轮箱的油量减少，则可判断为润滑油泄漏。

2）原因及排除方法

（1）润滑油选用不当，产生过多泡沫，或润滑油量太多，需更换润滑油或调节润滑油量。

（2）侧盖太松、放油塞和变速器箱体及盖的固定螺栓松动，应按规定力矩拧紧。

（3）侧盖密封垫、油封损坏，变速杆油封漏油，应更换新件。

（4）变速器壳体破裂或延伸油封磨损而引起的漏油，必须更换。

（5）里程表齿轮限位器松脱破损，必须锁紧或更换。

五、习题训练

1. 变速器有何功用？有哪些类型？
2. 同步器的作用是什么？由哪些部分组成？说说它的工作原理。
3. 变速器操纵机构的定位锁止装置有哪些？各有何作用？
4. 普通齿轮差速器由哪些组成？说说它的工作原理。

项目三

万向传动装置结构与检修

一、情景导入

一辆2010款奇瑞轿车，当车辆转弯时，半轴处发出异响，直线行驶后，异响渐渐消失。

二、项目要求

（一）能力目标要求

1. 掌握半轴的拆卸与装配步骤
2. 掌握球笼式万向节的检测与维修知识
3. 掌握万向传动装置的故障诊断与维修知识

（二）知识目标要求

1. 掌握万向传动装置的功用与组成
2. 掌握万向节的分类
3. 掌握普通万向节结构与速度分析
4. 掌握等速万向节结构与工作原理
5. 熟悉传动轴与中间支承

三、相关理论知识

（一）万向传动装置的功用与组成

1. 万向传动装置的功用

万向传动装置的功用是能在汽车上任何一对轴间夹角和相对位置经常发生变化的转轴之间传递动力。

2. 万向传动装置的组成

它一般由万向节、伸缩节和传动轴组成，对于传动距离较远的分段式传动轴，为了提高传动轴的刚度，还需设置中间支承。如图 1.89 所示。

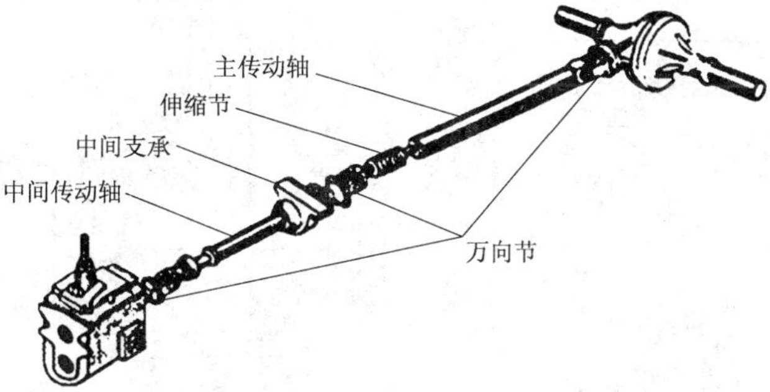

图 1.89　万向传动装置的组成

（二）万向节的分类

按万向节在扭转方向上是否有明显的弹性可分为刚性万向节和挠性万向节。刚性万向节又可分为不等速万向节（如十字轴式万向节）、准等速万向节（如双联式万向节）和等速万向节（如球笼式万向节）三种。

（三）普通万向节结构与速度分析

普通万向节又称普通十字轴式刚性万向节，如图 1.90 所示。它允许相邻两轴的最大交角角度为 15°～20°。十字轴式刚性万向节具有结构简单，传动效率高的优点，因此在汽车上得到了广泛的应用。但在两轴夹角不为零的情况下，不能等角速转动传递力与力矩。

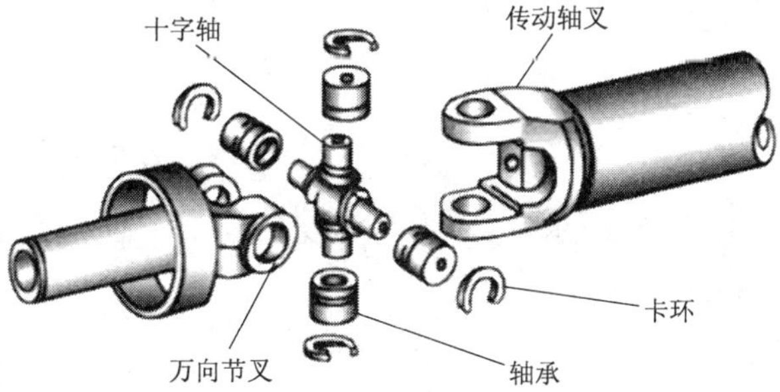

图 1.90　普通十字轴式刚性万向节

1. 普通十字轴式刚性万向节结构

普通十字轴式刚性万向节主要由万向节叉、传动轴叉、十字轴、滚针轴承和卡环等组成。万向节叉和传动轴叉分别活套在十字轴的两对轴颈上。当主动轴转动时，从动轴不仅可以随着转动，还可以绕十字轴中心摆动。十字轴轴颈和万向节叉、传动轴叉之间装有滚针轴承，并用卡环轴向定位。为了润滑轴承，十字轴有油路通向轴颈，润滑油脂从十字轴油嘴处注入十字轴内腔。为了避免油脂进入滚针轴承，在十字轴的轴颈装有油封，如图 1.91 所示。

2. 普通十字轴式刚性万向节速度分析

普通十字轴式刚性万向节在两轴夹角 α 不为零的情况下，不能等角速转动传递动力。其不等速性是指：从动轴在旋转一周中角速度是变化的，若主动轴以等角速度转动，则从动轴

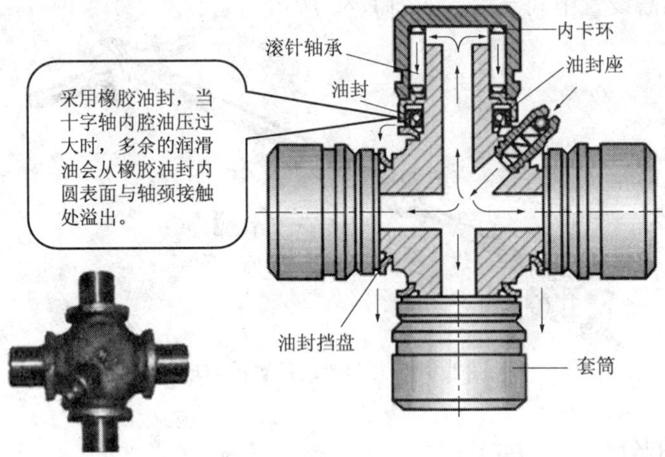

图 1.91　十字轴润滑油道及密封装置

时快时慢，即单个十字轴式万向节在两轴有夹角时传动具有不等速特性。

下面用图 1.92 来分析普通十字轴式刚性万向节运动情况。如果主动轴是等角速度旋转，则从动轴应是不等角速度旋转。两轴交角越大，转速越大，传动轴的不等速性越差。

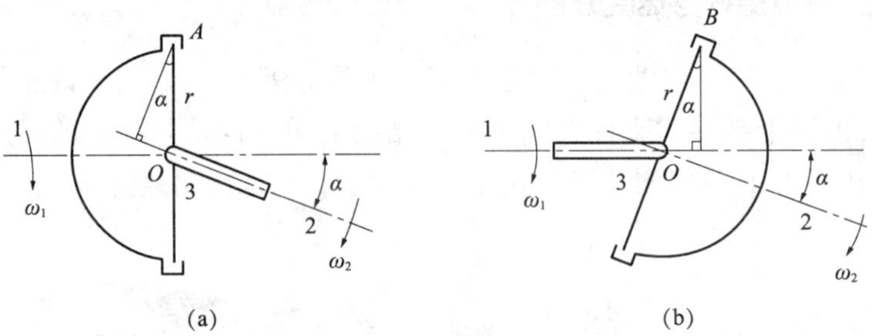

图 1.92　普通十字轴式刚性万向节的速度特性分析

当万向节处于图 1.92（a）所示位置时，主动叉轴与十字轴垂直，设主动叉轴以等角速度 ω_1旋转，A 点的瞬时线速度为：

$$v_A = \omega_1 r = \omega_2 r\cos\alpha$$

则

$$\omega_1 = \omega_2 \cos\alpha$$

即

$$\omega_1 < \omega_2$$

旋转 90°后万向节处于图 1.92（b）所示位置，从动叉轴与十字轴垂直，十字轴上 B 点的瞬时线速度为：

$$v_B = \omega_1 r\cos\alpha = \omega_2 r$$

则

$$\omega_1 \cos\alpha = \omega_2$$

即

$$\omega_1 > \omega_2$$

从上可知，单个十字轴万向节在有夹角传动时，主动叉轴以等角速度旋转时，从动叉轴为不等角速度旋转。从图 1.92（a）所示位置旋转 90°到图 1.92（b）所示位置，从动叉轴的角速度由最小值 $\omega_2\cos\alpha$，变至最大值 ω_2。主动叉轴再旋转 90°，从动叉轴又由最大值变至最小值，即从动叉轴角速度变化周期为 180°。

单个十字轴式万向节不等速性使从动轴及与其相连的传动部件产生扭转振动，从而产生附加的交变载荷及振动噪声，影响部件使用寿命。两轴交角 α 越大，转速越大，传动轴的不等速性越严重。

现代汽车采用双十字轴式万向节串联安装（如图 1.93 所示，用传动轴把两个万向节连接起来）的办法来实现两轴间的等角速传动，但需满足以下两个条件。

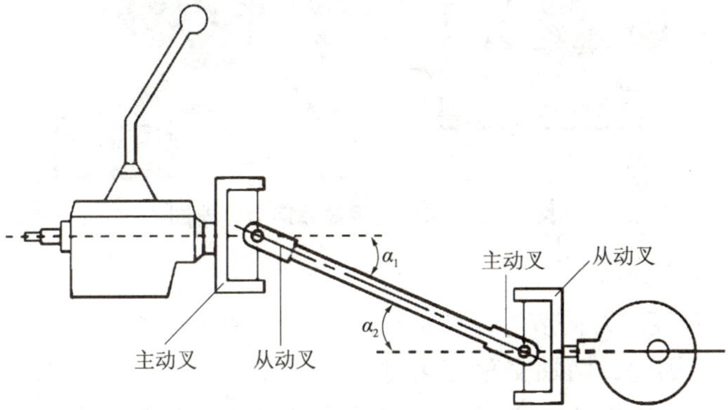

图 1.93　双十字轴式万向节等速传动布置图

（1）第一个万向节的从动叉和第二个万向节的主动叉与传动轴相连，且两个万向节在同一平面。

（2）第一万向节两轴间夹角 α_1 与第二万向节两轴间夹角 α_2 相等。

（四）等速万向节结构与等速特性

等速万向节的基本原理和圆锥齿轮啮合的道理相似，由于传力点的位置总是处于两轴夹角的平分面上，因而保证了两万向节等速运动。其运动过程如图 1.94 所示。

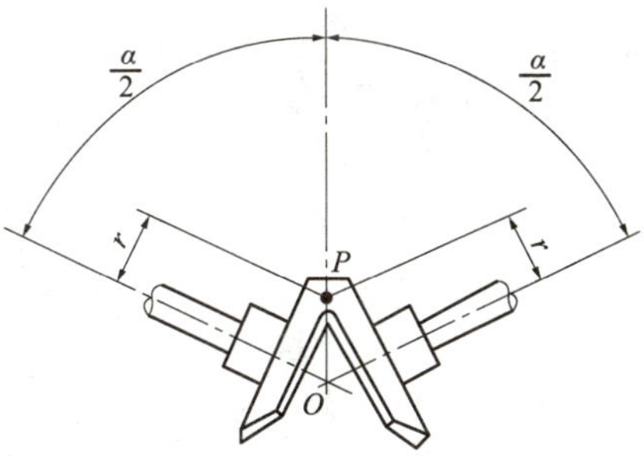

图 1.94　等速万向节等速基本原理图

1. 球笼式等速万向节基本构造

球笼式万向节是目前应用最为广泛的等速万向节。其结构如图 1.95 所示，它主要由球笼（保持架）、星形套（内滚道）、钢球和球形壳（外滚道）等组成。球形壳的内表面和星形套的球表面上各有沿圆周均匀分布的 6 条同心的圆弧滚道，在它们之间装有 6 个传力钢球，这些钢球由球笼保持在同一平面内。动力传递由主动轴经钢球，最后由球形壳输出。球笼式万向节工作时，6 个钢球都参与传力，故其承载能力强、磨损小、寿命长，因而被广泛应用于各种型号的转向驱动桥和独立悬架的驱动桥。

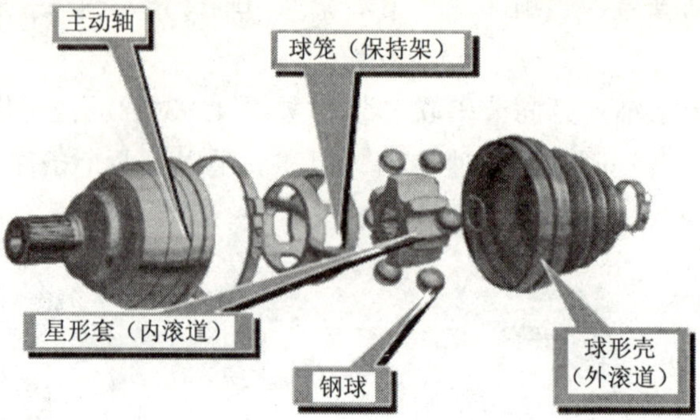

图 1.95　球笼式等速万向节分解图

2. 球笼式万向节等速特性

图 1.96 所示为球笼式万向节等速性示意图。星形套的外球面和球形壳的内球面均以万向节中心 O 为球心。因此，两轴交角变化时，球笼可沿内、外球面滑动，保持钢球在一定位置。外滚道中心 A 和内滚道中心 B 始终位于万向节中心 O 的两边，且距离相等。钢球中心 C 到 A、B 两点的距离也相等。因此，在全等三角形 $\triangle COA$ 和 $\triangle COB$ 中，$\angle COA$ 与 $\angle COB$ 相等，即两轴相交任意角度 α 时，传力钢球始终位于交角平分线上。从而保证了两轴以相等角速度旋转。

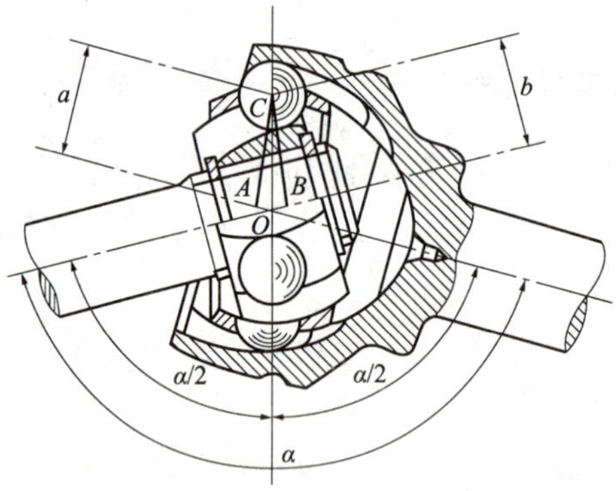

图 1.96　球笼式万向节等速性示意图

O—万向节中心；A—外滚道中心；B—内滚道中心；C—钢球中心；α—两轴交角

（五）传动轴与中间支承

1. 传动轴

传动轴一般较长，转速较高，对于轻型汽车和货车为连接变速器与驱动桥间的传力件，如图 1.97 所示。在转向驱动桥和断开式驱动桥中，传动轴（也称为半轴）用来连接差速器和驱动轮轮毂。它主要由两端焊接的花键轴和万向节叉组成。

传动轴有实心轴与空心轴之分。为了提高传动轴的强度、刚度，并节省材料，减轻质量，传动轴通常为空心轴。一般由厚度为 1.5 ~ 3.0 mm 的钢板卷焊而成，大多数直接采用无缝钢管。转向驱动桥和断开式驱动桥以及微型汽车的传动轴通常做成实心轴。

传动轴过长，自振频率降低，容易产生共振，故将其分为两段并加中间支承。前段称为中间传动轴，后端称为主传动轴。

传动轴两端与万向节装配好后，必须进行动平衡试验，并补焊平衡片，使其动平衡量符合规定值。

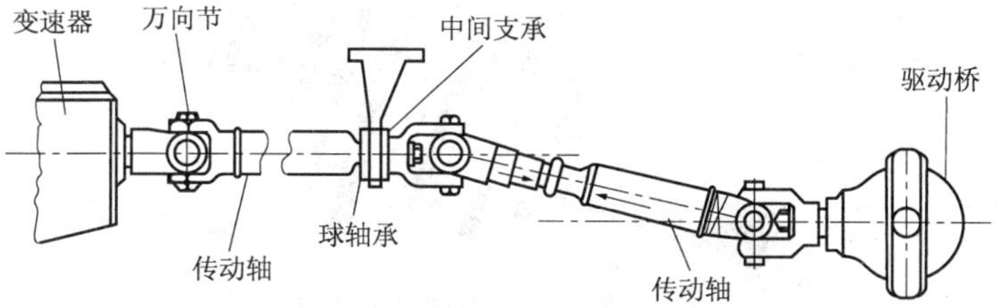

图 1.97　载货汽车的传动轴和中间支承

2. 中间支承

在长轴距汽车上，为了提高传动轴临界转速、避免共振以及考虑整车总体布置上的需要，常将传动轴分段。在轿车中，有时为了提高传动系的弯曲刚度、改善传动系弯曲振动特性、减小噪声，也将传动轴分成两段。当传动轴分段时，需加设中间支承。中间支承通常安装在车架横梁上或车身底架上，以补偿传动轴轴向和角度方向的安装误差以及车辆行驶过程中由于发动机窜动或车架等变形所引起的位移。图 1.98 为目前广泛采用的橡胶弹性中间支承，其结构中采用单列滚珠轴承。橡胶弹性元件能吸收传动轴的振动，降低噪声。这种弹性中间支承不能传递轴向力，它主要承受传动轴不平衡、偏心等因素引起的径向力，以及万向节上的附加弯矩所引起的径向力。当这些周期性变化的作用力的频率等于弹性中间支承的固有频率时，便发生共振。

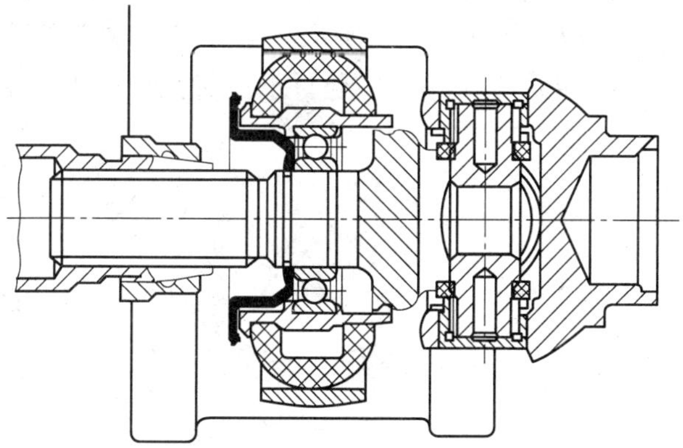

图 1.98　橡胶弹性中间支承

四、项目实施

（一）球笼式万向节的拆卸

1. 准备工作

（1）所需工具：钢锯、组合扳手、钳子、木锤子及专用工具等。

（2）注意环保及安全操作。

2. 拆卸步骤

（1）用钢锯锯开原装卡箍，拆下防尘罩，如图 1.99 所示。

图 1.99　拆下卡箍和防尘罩

（2）万向节内、外圈解体。先拆弹簧卡圈（如图 1.100 所示），再用木槌敲打外万向节使之从传动轴上卸下，然后用专用工具压出内万向节，如图 1.101 所示。

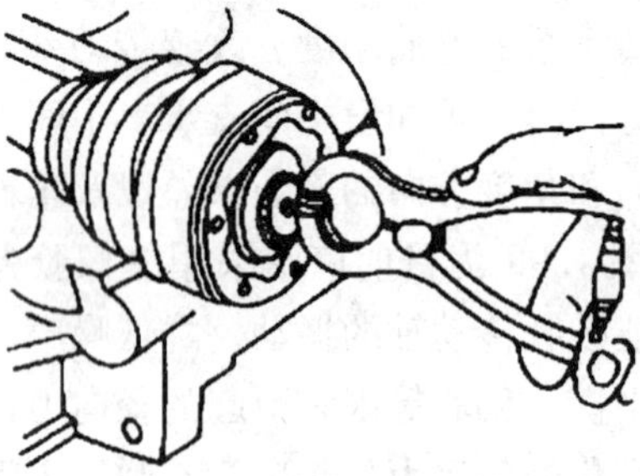

图 1.100　拆卸弹簧卡圈

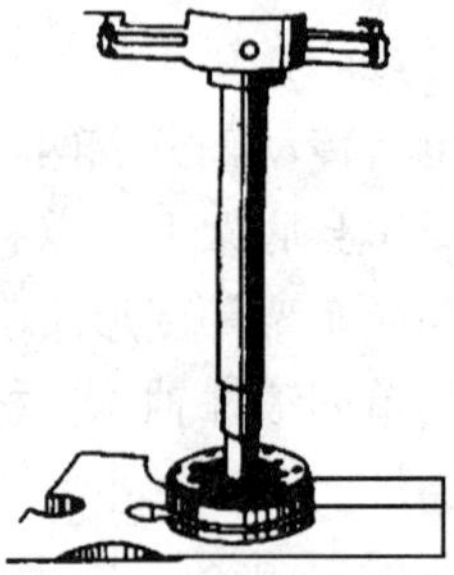

图 1.101　用专用工具压出内万向节

（3）外等速万向节解体。分解前，在钢球球笼和球形壳上标出星形套位置，然后转动星形套与球笼，依次取出钢球，如图 1.102 所示。用力转动球笼使两个方孔与球形壳对上（如图 1.103 箭头所示），将星形套、球笼一起拆下。将星形套上扇形齿旋入球笼的方孔，然后从球笼中取出星形套，如图 1.104 所示。

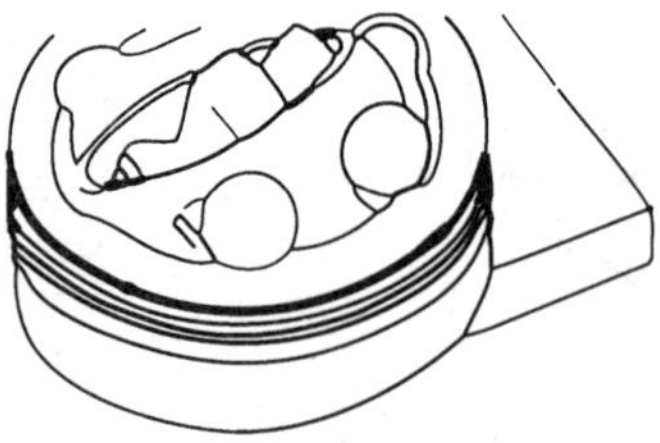

图 1.102　取出钢球

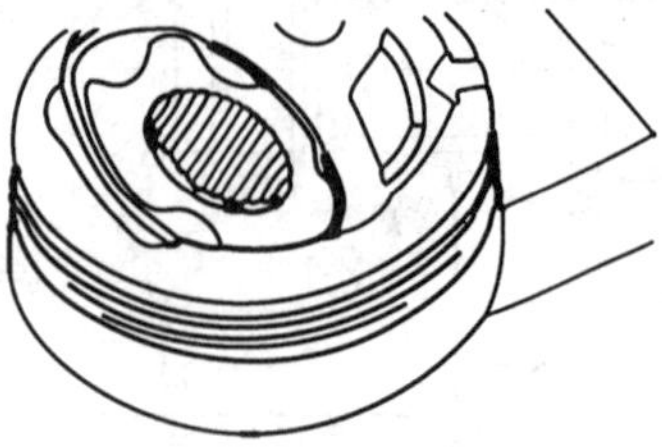

图 1.103　拆下球笼

图 1.104　取出星形套

（4）内等速万向节解体。转动球笼和星形套，按垂直向前的方向压出球笼里的钢球，如图 1.105 箭头所示。从球槽上面取出球笼里的星形套。

3. 注意事项

因星形套与球形壳体是选配的，拆卸时注意将星形套与壳体成对放置，不允许互换。

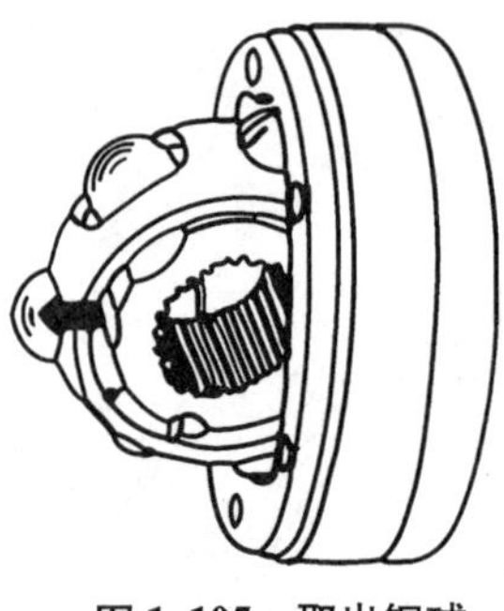

图 1.105　取出钢球

（二）球笼式万向节的检修

主要是检查内、外等速万向节中各部件的磨损情况和装配间隙。一般对于外等速万向节可酌情单件更换。对于内等角速万向节，如某部件磨损严重，则应整体更换。外等速万向节的 6 颗钢球要求有一定的配合公差，并与星形套一起组成配合件。检查轴、球笼、星形套与钢球有无凹陷与磨损，若万向节间隙过大，需更换万向节。对内等速万向节的检修时要检查球形壳、星形套、球笼及钢球有无凹陷与磨损，如磨损严重则应更换。内等速万向节只能整体调换，而绝对不可单独更换。防尘罩及卡箍、弹簧挡圈等损坏时，应予以更换。

（三）球笼式万向节的装配

其球笼式万向节的装配步骤如下：

（1）外等速万向节的装配。用汽油清洗各部件，将 G6 润滑脂总量的一半（45 g）注入到万向节内，将球笼连同星形套一起装入球形壳体。对角交替地压入钢球，必须保持星形套在球笼及球形壳的原先位置。将弹簧挡圈装入星形套，并将剩余的润滑脂压入万向节。

（2）内等速万向节的装配。对准凹槽，将星形套嵌入球笼，再将钢球压入球笼，并注入 G6 润滑脂 90 g。将带钢球的球笼垂直装入球形壳，如图 1. 106 所示。装配时，注意球形壳上的宽间隙 a 应对准星形套上的窄间隙 b，转动球笼以便嵌入到位；转动星形套，星形套就能转出球笼，如图 1. 107 所示。安装时应保证球形壳体中的球槽有足够间隙。用力揿压球笼，如图 1. 108 箭头所示，使装有钢球的球笼完全转入球形壳。最后检查如果用手能将星形套在轴向范围内来回灵活推动，则表明装配正确。

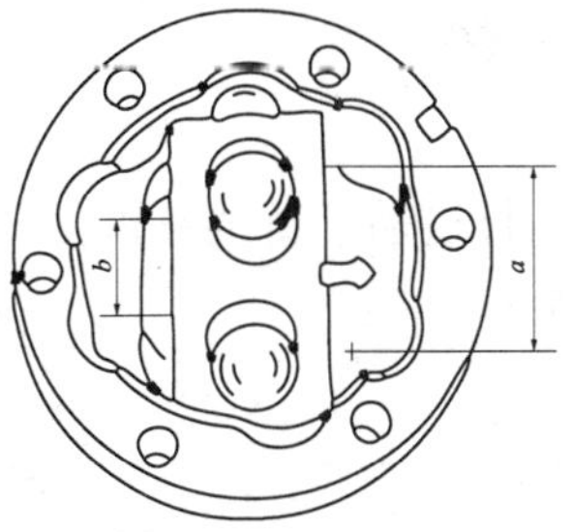

图 1. 106　将球笼垂直装入球形壳

图 1. 107　将星形套转出球笼

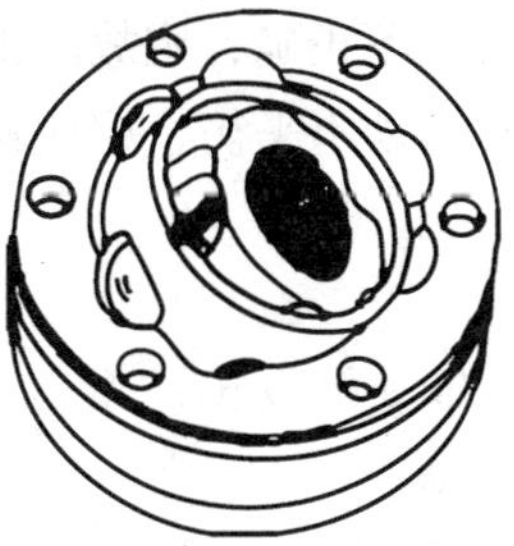

图 1. 108　使球笼完全转入球形壳

（3）碟形座圈的安装。将碟形座圈装在传动轴带齿端配合位置上，其安装位置如图 1. 109 所示。

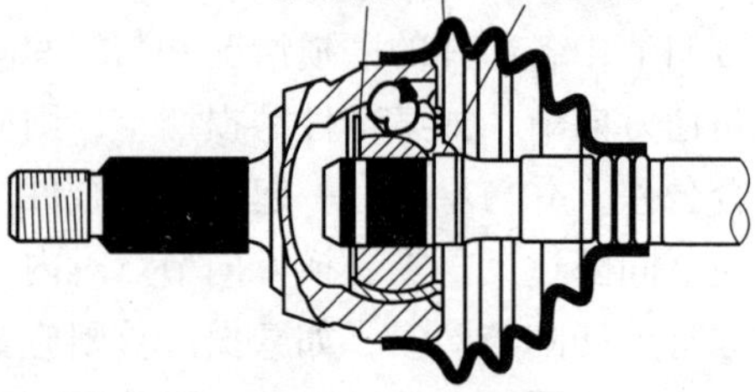

图 1.109　碟形座圈和弹簧卡圈的安装位置

（4）压入内万向节，安装弹簧卡圈，装上外万向节。

（5）安装防尘罩。万向节防尘罩受到挤压后内部将产生真空，所以安装防尘罩小口径后，要稍微充点气，使其压力平衡，不产生皱褶。

（四）万向传动装置的故障诊断与排除

万向传动装置由于经常受汽车在复杂道路上行驶的影响，使传动轴在其角度和长度不断变化情况下传递转矩，因此常出现传动轴动不平衡、万向节与中间支承松旷、发响等故障。

1. 传动轴动不平衡

1）现象

在万向节和伸缩叉技术状况良好时，汽车行驶中发出周期性的响声；速度越高响声越大，甚至伴随有车身振动，握转向盘的手感觉麻木。

2）原因

（1）传动轴上的平衡块脱落。

（2）传动轴弯曲或传动轴管凹陷。

（3）传动轴管与万向节叉焊接不正或传动轴未进行过动平衡试验和校准。

（4）伸缩叉安装错位，造成传动轴两端的万向节叉不在同一平面内，不满足等角速传动条件。

3）故障诊断与排除方法

（1）检查传动轴管是否凹陷，则故障由此引起；无凹陷，则继续检查。

（2）检查传动轴管上的平衡片是否脱落：如脱落，则故障由此引起；否则继续检查。

（3）检查伸缩叉安装是否正确：如不正确，则故障由此引起；否则继续检查。

（4）拆下传动轴进行动平衡试验：动不平衡，则应校准以消除故障。若弯曲应校直。

2. 万向节松旷

1）现象

在汽车起步或突然加、减速时，传动轴发出“哐”的响声；在汽车缓慢行驶时，发出“咣当、咣当”的响声。

2）原因

（1）凸缘盘连接螺栓松动。

（2）万向节主、从动部分游动角度太大。

（3）万向节十字轴磨损严重。

3）故障诊断与排除方法

（1）用榔头轻轻敲击各万向节凸缘盘连接处，检查其松紧度。若太松旷，则故障由连接螺栓松动引起，否则继续检查。

（2）用双手分别握住万向节主、从动部分转动，检查游动角度。若游动角度太大，则故障由此引起。

3. 中间支承松旷

1）现象

汽车运行中出现一种连续的“呜呜”响声，车速越高响声越大。

2）原因

（1）滚动轴承缺油烧蚀或磨损严重。

（2）中间支承安装方法不当，造成附加载荷面产生异常磨损。

（3）橡胶圆环损坏。

（4）车架变形，造成前后连接部分的轴线在水平面内的投影不同线而产生异常磨损。

3）故障诊断与排除方法

（1）给中间支承轴承加注润滑脂，响声消失，则故障由缺油引起；否则继续检查。

（2）松开夹紧橡胶圆环的所有螺钉，待传动轴转动数圈后再拧紧，若响声消失，则故障由中间支承安装方法不当引起。否则故障可能是：橡胶圆环损坏，或滚动轴承技术状况不佳，或车架变形等引起。

4. 万向节和伸缩叉响

1）现象

汽车起步或者突然变换车速，传动装置发出“哐”的响声；缓慢行驶时，发出“呱啦、呱啦”的声音。

2）原因

（1）万向节凸缘盘连接螺栓松动。

（2）万向节轴承磨损松旷。

（3）伸缩叉磨损松旷。

3）故障诊断与排除方法

（1）检查万向节凸缘盘连接螺栓。若松动，则故障由此引起。

（2）用两手分别握住万向节、伸缩叉的主从动部分，检查游动角度。若万向节游动角度太大，则异响由此引起；若伸缩叉游动角度太大，则异响由此引起。

5. 传动轴异响

1）现象

汽车行驶中传动装置发出周期性的响声；车速越高响声越大，严重时伴随有车身振抖。

2）原因

主要原因是传动轴动不平衡；由于变形或平衡块脱落等，其次是中间支承吊架固定螺栓松动或万向节凸缘盘连接螺栓松动，使传动轴偏斜。

3）故障诊断与排除方法

除“传动轴动不平衡”诊断方法外，再检查中间支承吊架固定螺栓和万向节凸缘盘连接螺栓是否松动，若有松动，则异响由此引起。

五、习题训练

1. 万向传动装置由哪几部分组成？其功用是什么？
2. 试述十字轴式万向节传动的不等速性。
3. 万向传动装置有哪些常见故障？如何检修？

学习情境二

汽车行驶系统检修

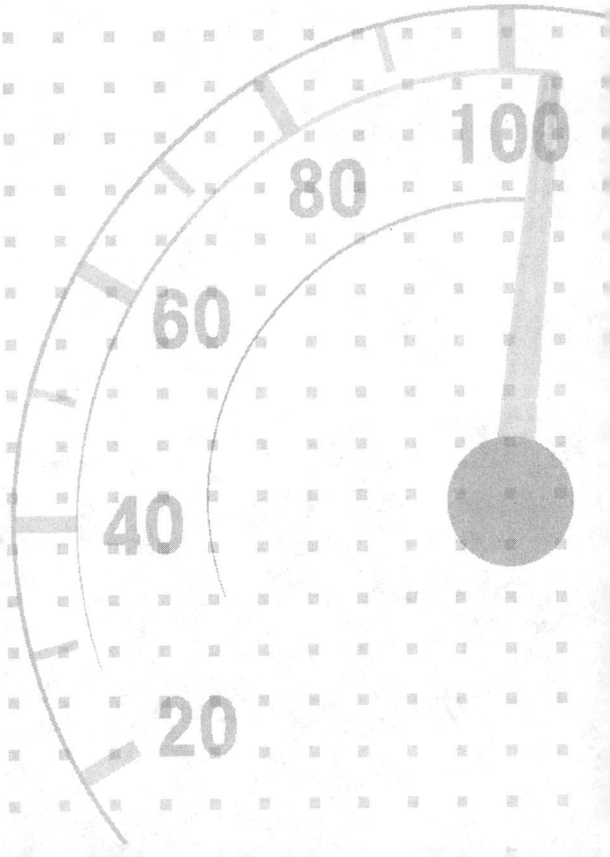

项目一

车桥、轮胎结构与检修

一、情景导入

一辆2010款奇瑞轿车，行驶里程6万千米，直线行驶时发现车辆明显向右跑偏，轮胎出现偏磨损。

二、项目要求

（一）能力目标要求

1. 掌握轮胎检查、拆装与动平衡知识
2. 学会四轮定位仪的使用
3. 掌握车桥、轮胎常见故障诊断与排除方法

（二）知识目标要求

1. 熟悉车架与车桥
2. 熟悉车轮与轮胎
3. 熟悉车轮定位

三、相关理论知识

（一）车架与车桥

1. 车架的功用和要求

1）车架的功用

（1）安装汽车各种总成部件，并使它们保持正确的相对位置。

（2）承受来自车上和地面的各种静、动载荷。

2）对车架的要求

（1）满足汽车总体布置的要求，保证各总成、零部件之间不发生干涉，结构紧凑。

（2）具有足够的强度和刚度，且其质量应尽可能小，以减轻整车自重。

（3）要求车架结构尽可能简单，并有利于降低汽车重心和获得较大的前轮转向角。

2. 车架的类型和构造

汽车常见的车架类型主要有边梁式车架、中梁式车架、综合式车架、平台式车架及承载式车身5种类型。目前，大部分汽车多采用边梁式车架和承载式车身。

1）边梁式车架

边梁式车架由两根位于两边的纵梁和若干道横梁组成，用铆接法或焊接法将纵、横梁连接成坚固的刚性结构，如图2.1所示。

纵梁通常用低合金钢板冲压而成，断面一般为槽形、Z形或箱形断面。因其抗弯强度高，质量小，便于安装总成和各零部件。有的纵梁在受力最大的区段或全长采用封闭式断面（箱形或管形），以提高其抗扭刚度。它可以在水平或纵向平面内作成弯曲的，以及等断面或不等断面形状。

横梁用来连接纵梁，保证车架的抗扭刚度和承载能力，而且还用来支承汽车上的主要部件。车架前端和轿车的前后端装有横梁式保险杠，以防汽车突然发生碰撞时损伤散热器和翼子板等机件。

X形车架（边梁式车架的改进）对于短而宽的汽车车架，为了降低重心高度和提高车架的扭转刚度，通常制成前窄后宽而后部向上弯曲的车架结构，且两根横梁制成X形，故X形车架一般用于轿车车架，如图2.2所示。

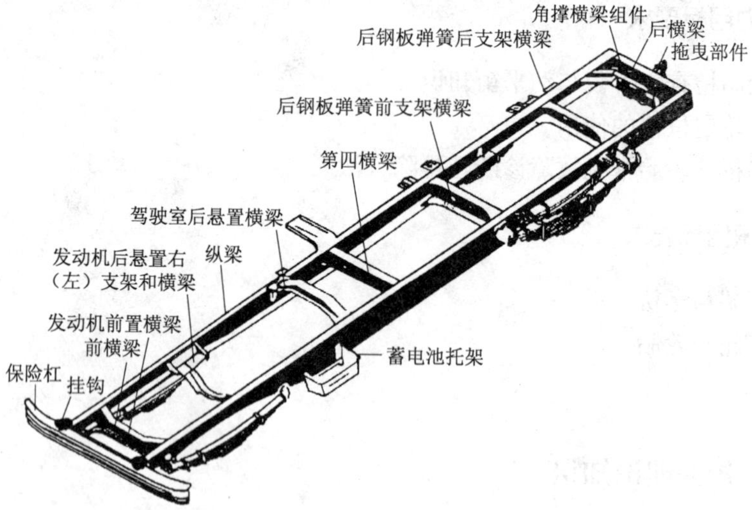

图2.1 边梁式车架

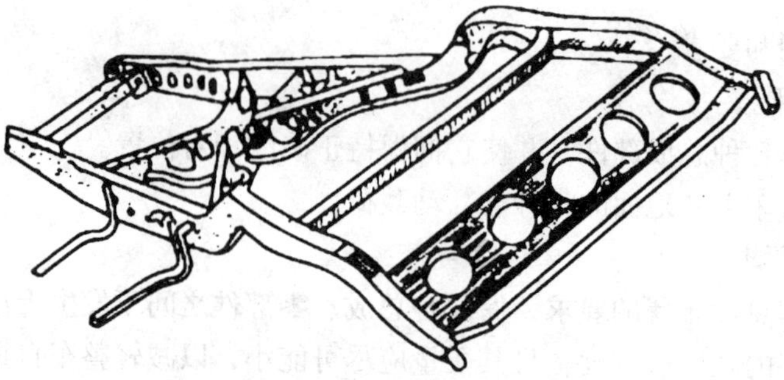

图2.2 X形边梁式车架

2）中梁式车架

中梁式车架只有一根位于中央而贯穿汽车全长的纵梁，亦称为脊骨式车架，如图 2.3 所示。中梁的断面可做成管形、槽形或箱形。中梁的前端做成伸出支架，用以固定发动机，而主减速器壳通常固定在中梁的尾端，形成断开式后驱动桥。中梁上的悬伸托架用以支承汽车车身和安装其他机件。若中梁是管形的，传动轴可在管内穿过。

优点：有较好的抗扭转刚度和较大的前轮转向角，在结构上容许车轮有较大的跳动空间，便于装用独立悬架，从而提高了汽车的越野性；与同吨位的载货汽车相比，其车架轻，整车质量小，同时重心也较低，故行驶稳定性好；车架的强度和刚度较大；脊梁还能起封闭传动轴的防尘罩作用。

缺点：制造工艺复杂，精度要求高，总成安装困难，维护修理也不方便，故目前应用较少。

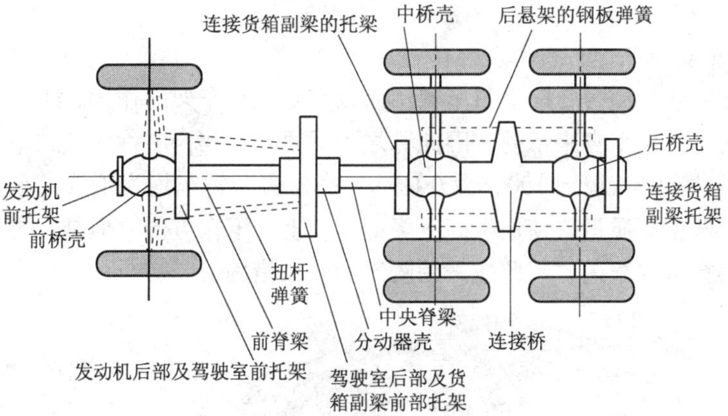

图 2.3　中梁式车架

3）综合式车架

综合式车架是由边梁式和中梁式车架联合构成的，又称复合式车架，如图 2.4 所示。车架的前段或后段是边梁式结构，用以安装发动机或后驱动桥。而车架的另一段是中梁式结构的支架，可以固定车身。传动轴从中梁的中间穿过，使之密封防尘。

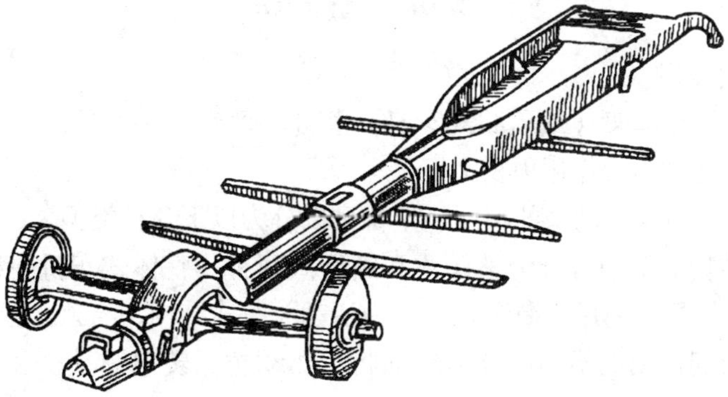

图 2.4　综合式车架

4）平台式车架

平台式车架由车架和车身底板组合而成，如图 2.5 所示。其优点是平台底面平坦，有利于减小空气流动阻力。平台中部是沿纵向凸起部位，它可使传动轴在其中间安放，降低汽车重心，同时还可以加强车架的承载能力。这种车架前后两端纵梁收缩，中部纵梁加宽。其最大特点是前后狭窄段是通过缓冲壁或抗扭盒与中部纵梁焊接相连，可以吸收来自不平路面的冲击和降低车内的噪声。车架中部加宽即提高了刚度，又提高了横向稳定性。但缺点是结构复杂，成本较高。平台式车架适宜做中、高级轿车或货车车架。

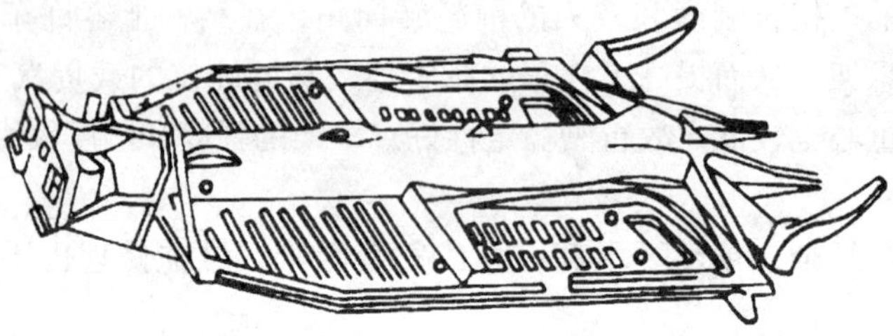

图 2.5　平台式车架

5）承载式车身

部分轿车和一些大型客车取消了车架，而以车身兼起车架的作用，即将所有部件固定在车身上，所有的力也由车身来承受，因此称之为无梁式车架，亦称承载式车身，如图 2.6 所示。如上海桑塔纳、一汽奥迪 100、大众捷达、高尔夫型轿车均为承载式车身。此结构由于无车架，可以减轻整车质量，使地板高度降低，使上、下车方便，但是，传动系统和悬架的振动和噪声会直接传入车内，因此应采用隔声和防振措施。

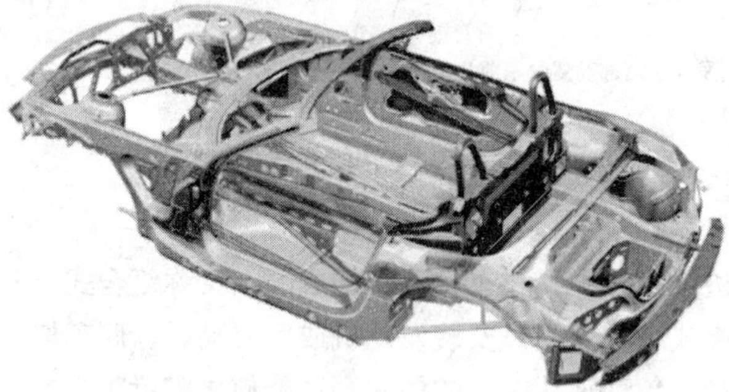

图 2.6　承载式车身

3. 车桥的功用类型

车桥是通过悬架与车架（或承载式车身）相连，两端安装车轮。传递车架（或承载式车身）与车轮之间各方向的作用力及力矩。

根据车辆悬架类型及传动系的不同，车桥可以分为以下几种类型。

（1）按悬架结构的不同可分为整体式和断开式两种。整体式车桥中部是刚性实心或空心梁，与非独立悬架配合使用；断开式车桥为活动关节式结构，与独立悬架配合使用。

（2）按车轮所起作用的不同可分为转向桥、驱动桥、转向驱动桥和支持桥。其中，转向桥、支持桥属于从动桥。

4. 车桥构造

1）转向桥

转向桥能使装在前段的左右车轮偏转一定角度来实现转向，还承受垂直载荷和由路面产生的牵引力、制动力及其这些力所形成的力矩。

转向桥主要由前梁、转向节和主销等组成。转向桥可与独立悬架匹配，也可与非独立悬架匹配，两者在结构上有很大的不同。

（1）与非独立悬架配合使用的转向桥，如图 2.7 所示。

如图 2.8 所示为某汽车转向桥分解图。

前轴是转向桥的主体，其断面形状一般采用工字形或管状，用以提高前轴的抗弯强度，同时减轻自重。一般由中碳钢经模锻造而成。中部加工出两处平台用以支撑钢板弹簧，其上钻了 4 个安装 U 形螺栓的通孔和一个位于中心的钢板弹簧定位凹坑。并且，中部向下弯曲，降低发动机安装位置，扩展驾驶员视野。为提高前轴抗扭强度，其两端加粗并呈拳形，主销插入拳形通孔内，将前轴与转向节连接。在主销孔内侧装有楔形锁销，用以固定主销，使之不能在拳部孔内转动。

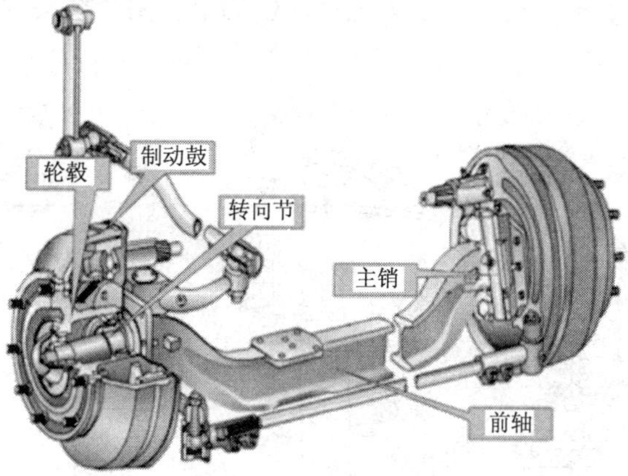

图 2.7　与非独立悬架配合使用的转向桥

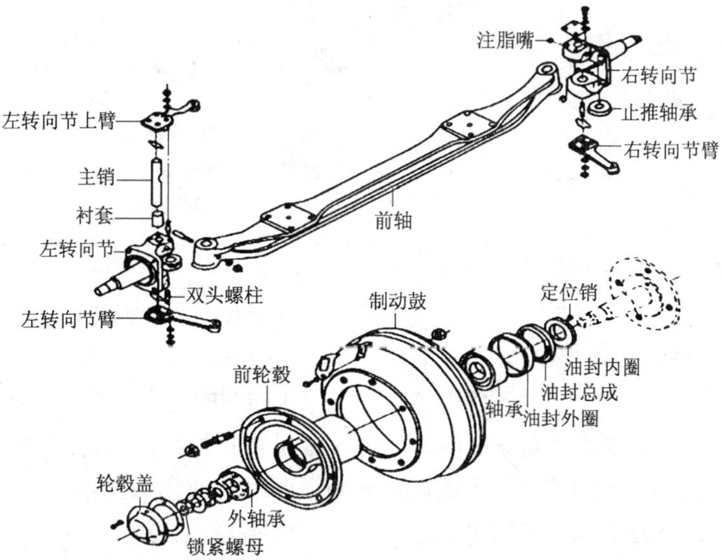

图 2.8　某汽车转向桥分解图

转向节是用中碳合金钢锻造而成的叉形部件。上下两叉制有同轴销孔，通过主销与前轴的拳部通孔相连。前轮可随转向节绕主销偏转，从而实现汽车转向。为了减小磨损，转向节销孔内压装青铜衬套，衬套上的润滑油槽在上面端部是切通的，用装在转向节上的注脂嘴注入润滑脂润滑。为使转向轻便灵活，在转向节下耳与前轴拳部之间装有滚子推力轴承。转向节上还装有限位螺栓，与前轴上的限位凸台相互配合，可以限制并调整转向轮的最大偏转角。

主销的作用是铰接前轴与转向节，使转向节绕着主销摆动，以实现车轮转向。车轮轮毂用以安装车轮，轮毂通过两个轮毂轴承安装在转向节外端的轴颈上，轴承的预紧度可用调整螺母进行调整。轮毂外有金属罩以防泥水和灰尘进入。

(2) 与独立悬架配合使用的转向桥。

独立悬架采用断开式转向桥，图 2.9 所示就是一种典型的轿车转向桥，其转向节分别通过上、下两个球头销与前悬架上、下摆臂相连。汽车转向时，转向节即以此两个球头为支点摆动，它没有实质意义上的主销，属于无主销式转向节，两个球头的中心线可以认为是其几何意义上的主销中心线。

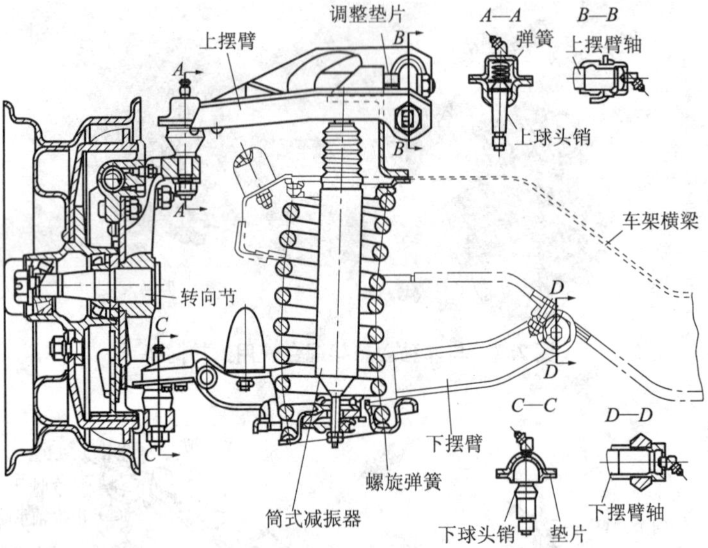

图 2.9　与独立悬架配合使用的转向桥

2）转向驱动桥

(1) 与非独立悬架配合使用的转向驱动桥。

转向驱动桥示意图如图 2.10 所示。越野汽车、前轮驱动汽车和全轮驱动（4WD）汽车的前桥，既起转向桥的作用，又兼起驱动桥的作用，故称为转向驱动桥。它同一般驱动桥一样，由主减速器、差速器、半轴和桥壳组成。但由于转向时转向车轮需要绕主销偏转一个角度，故与转向轮相连的半轴必须分成内外两段（内半轴和外半轴），其间用万向节（一般多用等角速万向节）连接，同时主销也因此而分制成两段（或用球头销代替）。转向节轴颈部分做成中空的，以便外半轴穿过其中。

图 2.11 所示为北京切诺基越野车转向驱动桥。其内半轴和外半轴通过万向节连接，外半轴的外端有花键，与半轴凸缘相啮合传递转矩。当前桥驱动时，转矩由主减速器、差速器传给内半轴、万向节、外半轴、半轴凸缘，最后传到轮毂上而驱动车轮。

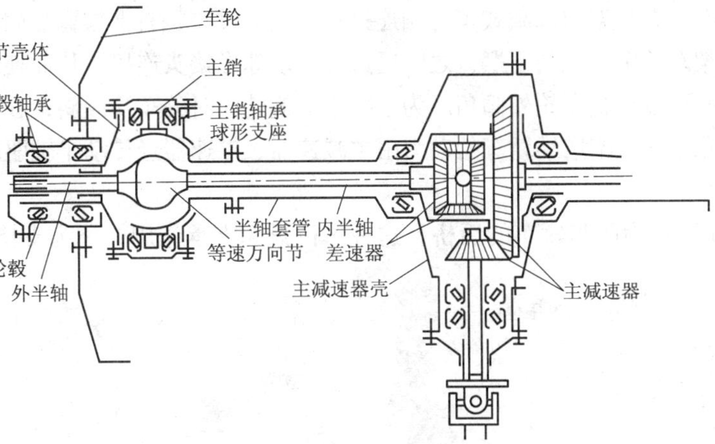

图 2.10　转向驱动桥示意图

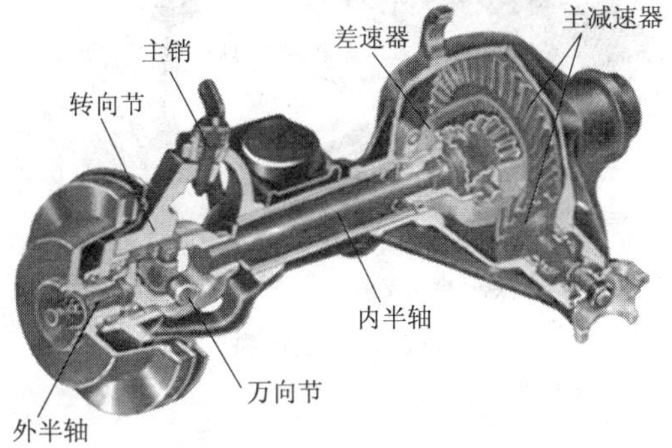

图 2.11　北京切诺基越野车转向驱动桥

（2）与独立悬架配合使用的转向驱动桥。

如图 2.12 所示为桑塔纳 2000 轿车的前桥总成，采用的是断开式、独立悬架转向驱动桥。

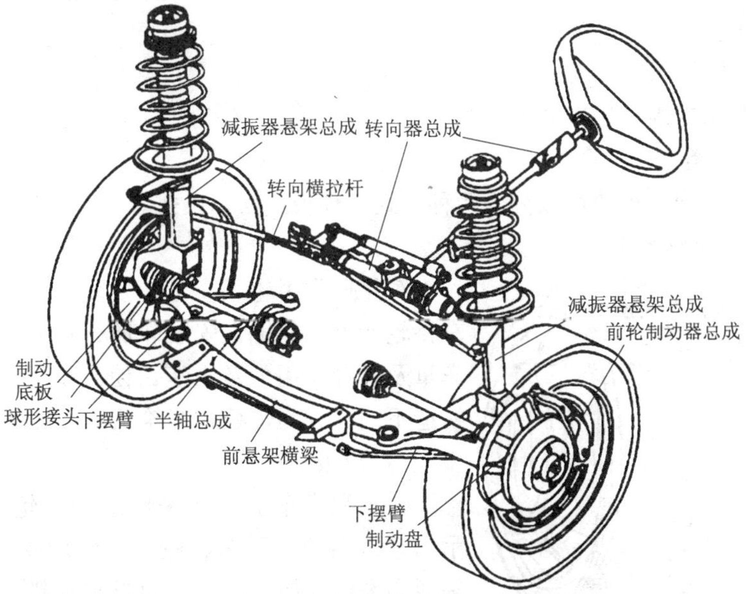

图 2.12　桑塔纳 2000 轿车转向驱动桥

车桥上端通过左、右悬架与承载式车身相连接；下端通过左、右下摆臂与固定在车身上的副车架相连接。悬架车轮轴承壳与下摆臂之间通过可移动球形接头连接，从而使前轮固定，并通过下摆臂上的长孔可以调整车轮外倾角。为了减小车辆转向时的车身倾斜，在副车架与下摆臂之间还装有横向稳定器。桑塔纳轿车的动力由主减速器、差速器经传动半轴驱动车轮旋转。

3）支持桥

如图 2.13 所示为前驱轿车的后桥，这种车桥只起支承作用，称为支持桥。

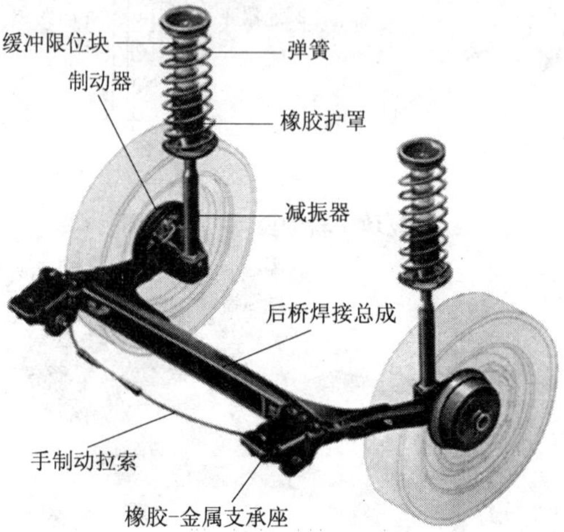

图 2.13　支持桥

（二）车轮与轮胎

1. 车轮的功用、组成及分类

1）车轮的功用

车轮是介于轮胎和车桥之间承受负荷的旋转组件，其功用是安装轮胎，承受轮胎与车桥之间的各种载荷。

2）车轮的组成

车轮一般是由轮毂、轮辋和轮辐组成。

3）车轮的分类

按轮辐结构不同，车轮可以分为两种形式：辐板式和辐条式。

2. 车轮的结构与形式

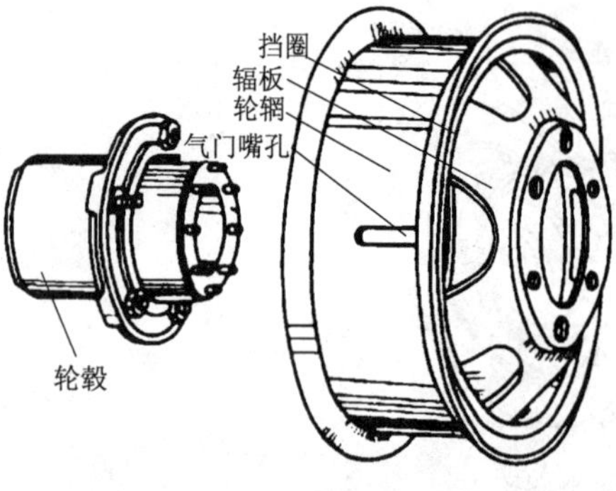

图 2.14　辐板式车轮

车轮通常由轮毂、轮辐及轮辋组成，轮辐固定在车桥轮毂上，轮辋上安装轮胎，它们一起旋转并承受车重及各种作用力及力矩，使汽车平顺行驶。按轮辐构造不同，分为辐板式车轮及辐条式车轮两种。

1）辐板式车轮

轿车和货车上广泛采用这种车轮。如图 2.14 所示，它由挡圈、辐板、轮辋、气门嘴孔、轮毂组成。辐板多采用冲压制成，少数是和轮毂铸成一体的（常用在重型汽车上）。轿车轮辐选用的板料较薄，常常冲压成起伏多变的形状，以确保有足够的刚度；载货汽车的辐板用材较厚，为了减轻质量，其上加工有孔，以利于制动鼓散热和气门芯的安装拆卸。辐板上加工有与轮毂连接的锥形安装孔，一般为 6 个。

由于货车后轴负荷大，后桥车轮多采用双胎式，即在同一轮毂上安装两套辐板和轮辋，如图 2. 15 所示。为了便于互换，辐板的螺栓孔两端都做成锥形。内轮辐板靠在轮毂凸缘的外端面上，用具有锥形端面的特制螺母固定在螺栓上。螺母还具有外螺纹，外轮的辐板紧靠着内轮辐板，并采用锁紧螺母来固定。这种双螺母固定形式，一般汽车两侧车轮螺纹采用不同旋向，主要是防止行驶中螺母自行松脱。有些汽车（如黄河 JN1150 型汽车）上，后桥双胎式车轮采用的是单螺母固定，用球面弹簧垫圈来防止自行松脱，车轮上固定辐板的螺栓都用右旋螺纹，这就提高了标准件的通用性，减少了零件的品种。辐板固定螺栓、螺母主要有双螺母式、单头螺栓式和双头螺栓式等几种。

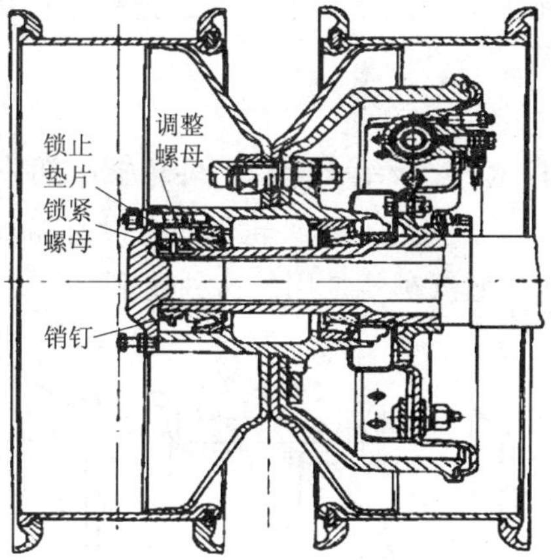

图 2. 15　货车双胎式后轮

2）辐条式车轮

辐条式车轮按辐条结构分为钢丝辐条式和铸造辐条式，钢丝辐条车轮（如图 2. 16（a）所示）一般造价昂贵、维修安装不方便，主要用于赛车和某些高级轿车上；铸造辐条车轮（如图 2. 16（b）所示）常用于重型货车上，辐条和轮毂铸成一体，轮辋是用螺栓和特殊形状的衬块固定在辐条上，为了使轮辋和辐条很好地对中，在轮辋和辐条上都加工出配合锥面。

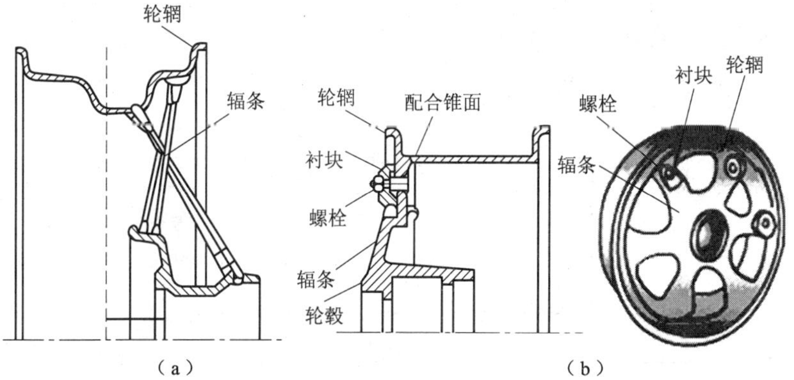

图 2. 16　辐条式车轮

（a）钢丝辐条；（b）铸造辐条

3. 轮辋

常见的轮辋结构有深槽式、平底式、半深槽式、深槽宽轮式、平底宽轮式、全斜底轮式等。

1）深槽轮辋

深槽轮辋结构如图 2.17（a）所示，适用于轿车及轻型越野车，如北京 BJ2020 型越野车和红旗轿车就用这种结构的轮辋。其特点是用以安放外胎的胎圈有带肩的凸缘，肩部略向中间倾斜，倾斜角一般是 5°～10°，倾斜部分的最大直径称为轮胎胎圈与轮辋的着合直径。断面中部制成深凹槽是为了便于外胎拆装。这种轮辋结构简单、质量较小、刚度大，适合小尺寸弹性较大的轮胎。

2）平底轮辋

平底轮辋结构如图 2.17（b）所示，它是国产货车（如解放牌 CA 系列货车）上常用的一种形式（另有多种不同形式）。挡圈做成整体，用带有开口的锁圈来防止其脱落，一般在安装轮胎时，先将轮胎套在轮辋上，然后套上挡圈，把挡圈向内推至轮辋上的环形槽露出，再将弹性锁圈嵌入环槽中即可。

3）对开式轮辋

对开式轮辋结构如图 2.17（c）所示，由内、外轮辋两部分组成，其宽度有相等和不相等两种，二者用螺栓紧固成一体。另外，这种轮辋还有设有挡圈和不设挡圈之分。内轮辋与辐板焊接在一起。东风 EQ2080 型汽车就是用的这种轮辋。

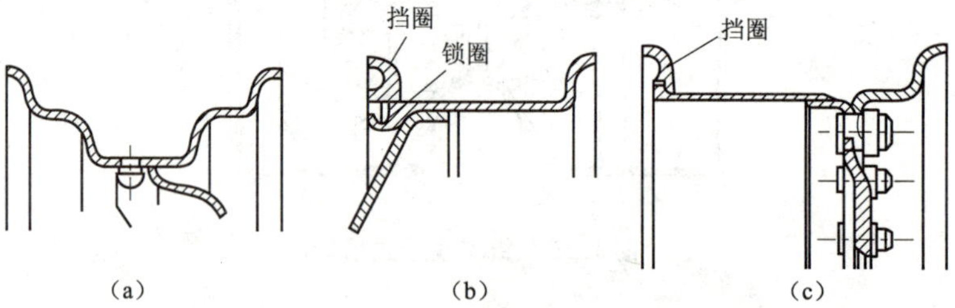

图 2.17　轮辋断面

（a）深槽轮辋；（b）平底轮辋；（c）对开式轮辋

4）国产轮辋规格及其代号

轮辋是安装固定轮胎的基础，直接影响着轮胎的使用寿命，要求每种规格的轮胎最好配用规定的标准轮辋。我国轮辋规格已标准化、系列化，其规格用一组数字、符号和字母表示，各部分的含义及内容如图 2.18 所示。

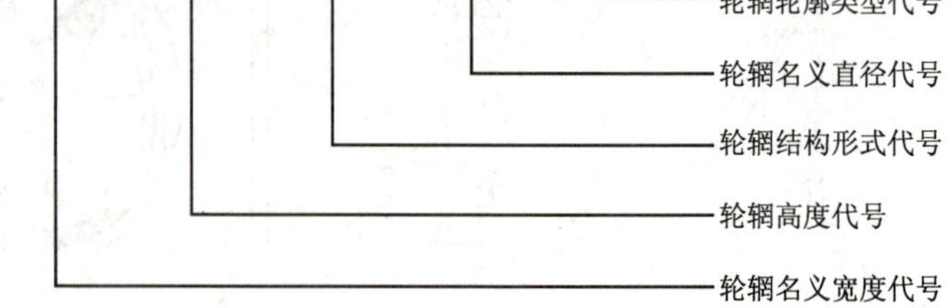

图 2.18　国产轮辋规格

(1) 轮辋名义宽度代号。以数字表示，一般取小数点后两位，单位为英寸[①](in)。

(2) 轮辋高度代号。用一个或几个英文字母表示，如 C、D、E、F、K、L、V 等。

(3) 轮辋结构形式代号。用符号“X”表示一件式轮辋，用“—”表示多件式轮辋。

(4) 轮辋名义直径代号。用数字表示，单位为英寸（in）。

(5) 轮辋轮廓类型代号。用几个英文字母表示，它们所表示的轮辋轮廓类型如图 2.19 所示。

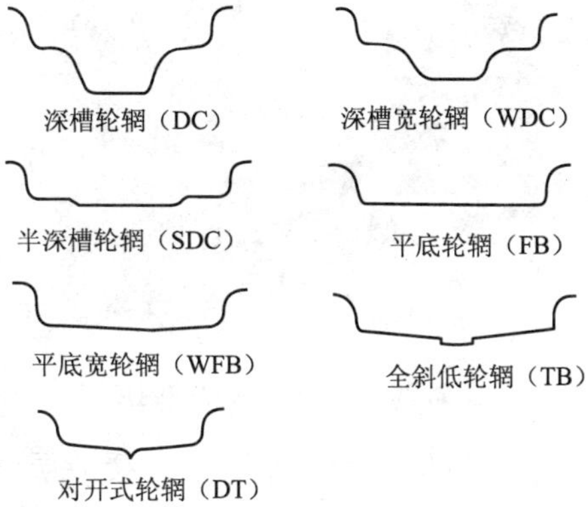

图 2.19　轮辋轮廓类型代号

在实际生产中，对于不同形式的轮辋，以上代号不一定同时出现，如国产解放 CA1092 型汽车轮辋表示为 6.5－20，其含义是名义宽度为 6.5 in、名义直径为 20 in 的多件式轮辋；上海桑塔纳轿车轮辋表示为 5.5JX13，其含义是名义宽度为 5.5 in、名义直径为 13 in、轮辋高度为 17.27 mm 的一件式轮辋。

4. 轮胎的功用和分类

1）轮胎的功用

(1) 支承汽车的质量，承受路面传来的各种载荷。

(2) 和汽车悬架共同来缓和汽车行驶中所受到的冲击，衰减由此而产生的振动，以保证汽车有良好的乘坐舒适性和行驶平顺性。

(3) 保证车轮和路面有良好的附着性，以提高汽车的动力性、制动性和通过性。

2）轮胎的分类

(1) 按轮胎内空气压力的大小，轮胎分为高压胎（0.5～0.7 MPa）、低压胎（0.2～0.5 MPa）、超低压胎（0.2 MPa 以下）三种。低压胎因弹性好，减振性能强，与地面接触面积大，附着性能好而广泛应用于轿车上。超低压胎在松软路面上具有良好的通过能力，多用于越野汽车和部分高级轿车。

(2) 按轮胎有无内胎，轮胎分为有内胎轮胎和无内胎轮胎（俗称真空胎）。目前，轿车上广泛采用无内胎轮胎。

(3) 按胎体帘布层结构的不同，轮胎分为斜交轮胎和子午线轮胎。目前，子午线轮胎在汽车上应用最广。

① 1 英寸＝2.54 厘米。

5. 轮胎的结构

轮胎必须具有较好的弹性和承受载荷的能力，与路面直接接触的胎面还应具有足够的附着性能。为了满足不同需要和适应不同工作条件，轮胎有多种多样的结构和花纹。

1）有内胎轮胎

有内胎轮胎主要由外胎、内胎和垫带等组成，如图 2.20 所示。

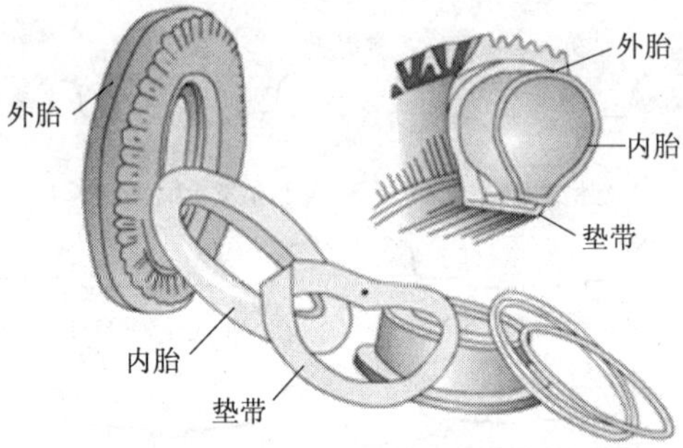

图 2.20　有内胎轮胎的组成

（1）外胎。如图 2.21 所示，包括胎面、帘布层、缓冲层和胎圈。胎面是轮胎的外表面，分为胎冠、胎侧和胎肩三部分；帘布层是外胎的骨架；缓冲层连接胎面和帘布层。

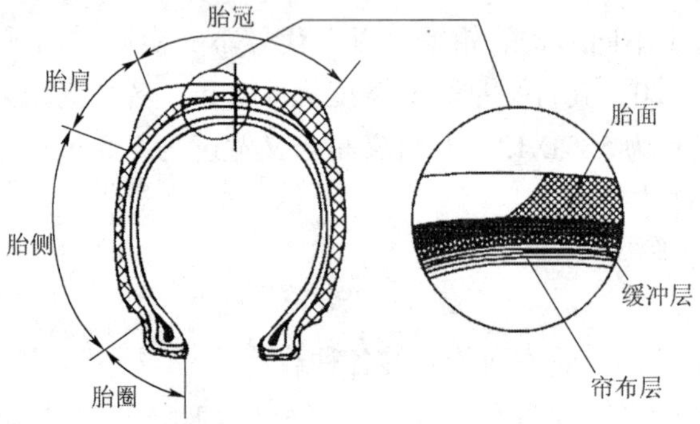

图 2.21　外胎的结构

胎冠用耐磨橡胶制成，它与路面直接接触，并产生摩擦阻力，使车辆行驶和制动；同时，保护帘布层和内胎免受路面造成的磨损。为使轮胎与地面有良好的附着性能，防止纵飞横向滑移，胎面上制有各种形状的花纹，常见的有普通花纹、组合花纹、越野花纹等三种（如图 2.22 所示）。普通花纹的特点是花纹细而浅、花纹块接地面大，因而耐磨和附着性较好，其中普通花纹的纵向折线花纹型（如图 2.22（a）所示）是由几组沿轮胎圆周分布的锯齿形沟槽构成，适合于在较好的硬路面上高速行驶，广泛应用于轿车、客车及货车等各种车辆；横向花纹型（如图 2.22（b）所示）是沿轮胎宽度方向加工成沟槽，适用于货车。组合花纹是由纵向折线花纹和横向花纹组合而成（如图 2.22（c）所示），适宜不同路面，广泛用于客车和货车。越野花纹型（如图 2.22（d）所示）的沟槽深而粗，在软路面上与地面有较好的附着性能，越野能力强，适宜于矿山、建筑工地及其他一些松软地面上使用的越野汽车。

胎侧又称胎壁，是贴在帘布层侧壁的薄橡胶层，用来保护该外帘层不受机械损伤和泥水

（a）　　（b）　　（c）　　（d）

图 2. 22　胎面花纹

（a）纵向折线花纹型；（b）横向花纹型；（c）组合花纹；（d）越野花纹型

侵蚀。

胎肩是比较厚的胎冠与较薄的胎侧间的过渡部分，一般也制有花纹，利于散热。

帘布层是外胎的骨架，为确保外胎的形状和尺寸，必须具有足够的强度。帘布层通常由双数的多层挂胶布用橡胶贴合而成，而且相邻层的帘线交叉排列（它与胎面中心的夹角一般为 48°～55°）。帘布层数越多，轮胎的强度越大，但其弹性将随之下降。目前常用的帘线有棉线、尼龙、钢丝和人造线等。

缓冲层用来连接胎面和帘布层，一般由两层或数层较稀疏的帘布与橡胶制成，有较大的弹性。其作用是加强胎面与帘布层之间的结合强度，防止汽车紧急制动时胎面与帘布层脱离，并缓冲和汽车行驶时所受的冲击力。

胎圈主要是由钢丝、帘布层包边和胎圈包布组成，其刚度和强度很大。作用是使外胎能牢固地安装在轮辋上。

（2）内胎是一个环形的橡胶管，上面装有气门嘴，以便充入或排除空气，为了使内胎在充气状态下不产生褶皱，其尺寸略小于外胎的内壁尺寸。

（3）垫带是一个环形橡胶带，它垫在内胎和轮辋之间，用来保护内胎不被轮辋和胎圈磨伤。

2）无内胎轮胎

如图 2. 23 所示，它没有内胎和衬带，空气直接充入外胎中，主要由外胎、轮辋及两者之间的紧密嵌合来保证密封性。为了提高密封性，其外胎内壁附加了一层厚 2～3 mm 的橡胶层。无内胎轮胎遇刺穿孔时，小刺孔会自行黏住，因此压力不会急剧下降，仍能继续行驶一段距离，可消除爆胎的危险。由于没有内外胎之间的摩擦，且通过轮辋直接散热，所以工作中温度较低，适宜高速行驶。此外，无内胎轮胎结构简单，质量较轻，维修方便。它必须配用深槽轮辋，目前在轿车上应用较多，如上海桑塔纳轿车使用的就是无内胎轮胎。

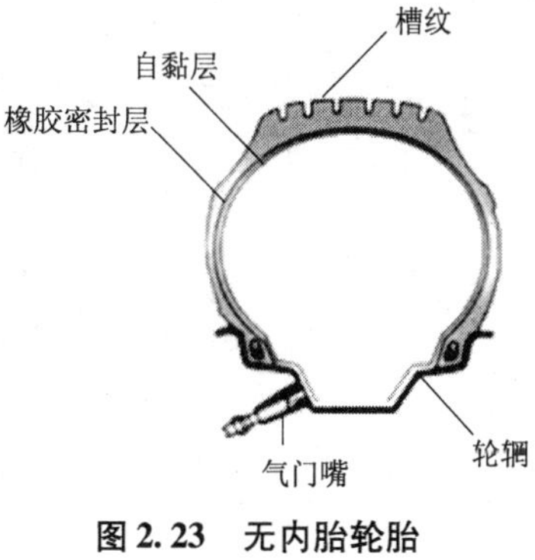

图 2. 23　无内胎轮胎

3）子午线轮胎

按照帘布线排列方式的不同，外胎可以分为子午线轮胎和斜交线轮胎。

子午线轮胎帘布层帘线与胎面中心的夹角接近 90°排列，从一侧胎边穿过胎面到另一侧胎边（像地球仪上的子午线，因此而得名，如图 2. 24（a）所示），帘布层数量可比一般轮胎少 40%～50%。

帘布层和缓冲层各相邻布层帘线交叉，帘布层帘线与轮胎断面的交角一般为 52°～54°，相邻层帘线相交排列，称为普通斜交轮胎，如图 2.24（b）所示。帘布层数越多，强度越大。

子午线轮胎的优点是质量轻，弹性大，减振性能好，附着性好，滚动阻力小，承载能力大，行驶中胎温低，胎面耐刺穿，使用寿命长。缺点是成本高，胎侧变形大，易产生裂口，侧向稳定性差。

子午线轮胎与斜交线轮胎相比较，具有滚动阻力小，节约燃料，承载能力大，减振性能好，附着性好，不易爆胎，行驶里程长等优势，目前在汽车上应用广泛。

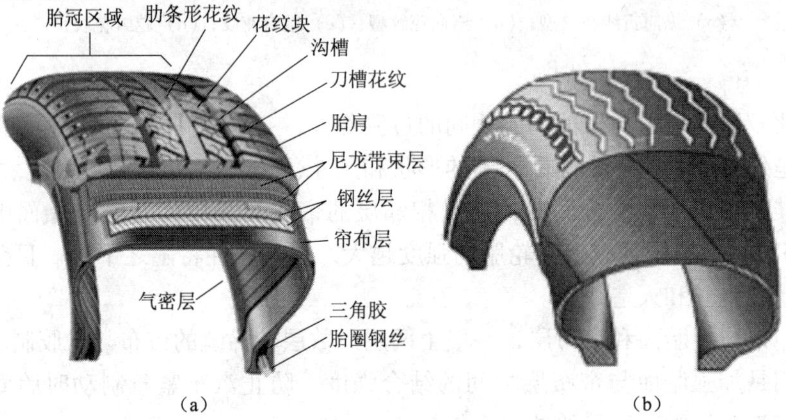

图 2.24　轮胎的结构形式

（a）子午线轮胎；（b）斜交线轮胎

6. 轮胎尺寸规格标记方法

轮胎规格由轮胎外径 D、轮胎内径或轮辋直径 d、轮胎断面宽度 B、轮胎断面高度 H 的名义尺寸等组成，如图 2.25 所示。

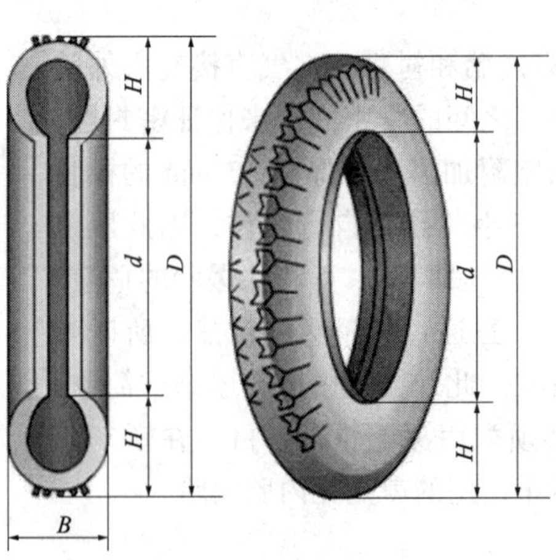

图 2.25　轮胎尺寸标记

1）斜交线轮胎规格

我国同大多数国家一样，高压胎一般用 $D \times B$ 来表示，低压轮胎用 $B-d$ 表示，B 为轮胎断面宽度，d 为轮胎内径，单位为英寸（in）。例如 34 ×7，表示轮胎外径为 34 in、轮胎断面宽度为7 in 的高压轮胎；而9.00－20，表示轮胎内径 d 为20 in、轮胎断面宽度 B 为9 in 的低压轮胎。

2）子午线轮胎规格

子午线轮胎用 BRd 表示，d 的含义与上述相同，R 代表子午线轮胎，B 表示子午线轮胎的断面宽度，但国产轿车上子午线轮胎的 B 采用公制单位 mm，载货汽车上的子午线轮胎 B 有英制和公制两种单位标示方法，使用时应注意与轮辋直径一致；而轮辋直径 d 的单位仍为英寸。

为了适应不同场合使用，轮胎的扁平化趋势越来越大，所以轮胎也有用高宽比来划分系列的。如目前国产轿车子午线轮胎有 80、75、70、65、60 五个系列。数字表示断面高度 H 与断面宽度 B 的百分比（即 80%、75%、70%、65%、60%），数字越小，轮胎越矮，即轮胎越扁平。如轮胎上标志 105/60 * R13，其中 105 为轮胎名义断面宽度代号；60 为轮胎高宽比（%）、13 为轮辋名义直径（in）；“ * ”为速度符号；R 为子午线结构代号。美国规定轿车轮胎标记符号前加“P”，如切诺基轿车的轮胎规格标记为 P215/75R15。如图 2.26 为子午线轮胎规格标记示意图举例。

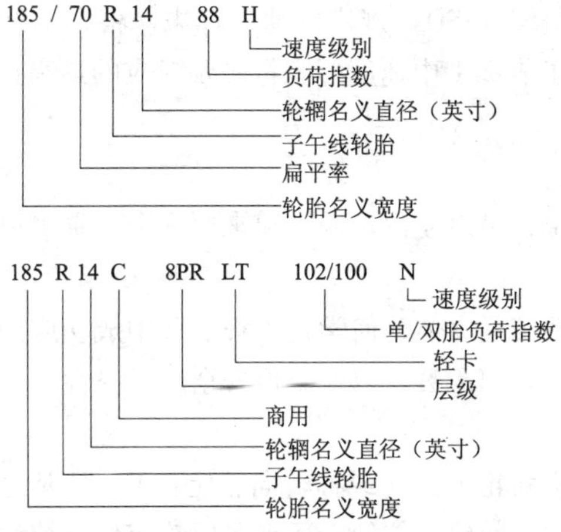

图 2.26　子午线轮胎规格标记示意图

3）无内胎轮胎的规格

无内胎轮胎的规格亦用 BRd 表示，如 8R22.5，其中 8 表示轮胎名义断面宽度为 8 in，R 为子午线结构代号，22.5 表示无内胎轮辋直径为 22.5 in。但有些子午线无内胎轮胎在标记符号后加注“TL”标志，例如 205/70SR15TL 表示轮胎断面宽度为 205 mm，扁平率为70%，即 $H/B \times 100\% = 70$，轮胎最高车速（S）小于等于 180 km/h，R 表示子午线轮胎，轮胎内径或轮辋直径为 15 in，“TL”表示无内胎轮胎。

4）轮胎速度等级

近年来，汽车和轮胎技术发展很快，要求轮胎的速度性能和汽车的最高车速相匹配。为此轮胎需要标明速度等级。国际标准组织（ISO）制定的，并且已为一些国际所采用，速度标志的特点是对各种速度给一个代号，如表 2.1 所示。

表 2.1　速度等级及对应的最高车速

速度等级	最高车速/（$km \cdot h^{-1}$）	速度等级	最高车速/（$km \cdot h^{-1}$）
F	80	R	170
G	90	S	180
J	100	T	190
K	110	U	200
L	120	H	210
M	130	V	240
N	140	Z	240 以上
P	150	W	270 以下
Q	160	Y	300 以下

我国采用了国际标准组织（ISO）规定的速度标志。根据 GB 2978—1989《轿车轮胎系列》规定，轿车轮胎采用了表 2.1 中速度标志符号及对应的最高速度。

（三）车轮定位

给车轮进行正确的定位，可以使汽车操纵起来更安全、乘坐更舒适，并能够最大限度地延长汽车轮胎的使用寿命。

现代汽车转向和悬挂系统是立体几何学在工程实践中成功应用的范例之一。车轮定位整合了转向和悬挂系统的所有几何参数，以便获得安全的操纵性、乘坐的舒适性、路面震动小以及最长的轮胎使用寿命。

通常车轮定位主要是指前轮定位（或称转向轮定位）。但现代轿车由于车速高，要求行驶稳定性有更高的要求，除了前轮定位外，还需要后轮定位，统称为四轮定位。

什么情况下需要进行四轮定位作业？

① 直线行驶困难：方向盘转向沉重、发抖、跑偏、不正、不能自动复位。

② 驾驶时车感飘浮、颠颤、摇摆等不正常的驾驶感觉。

③ 直线行驶时要握紧方向盘。

④ 直行时车辆往左或往右拉。

⑤ 轮胎出现不正常磨损：单边磨损、波状磨损、块状磨损、偏磨损等。

⑥ 汽车更换悬架系统或转向系统有关部件。

⑦ 碰撞事故维修后。

⑧ 新车驾驶 3 000 千米后。

⑨ 每行驶 10 000 千米或六个月后。

⑩ 安装新轮胎后。

1. 前轮定位参数

前轮定位参数包括主销后倾角、主销内倾角、前轮外倾角和前轮前束 4 个参数。

1）主销后倾角 γ

主销装在前轴上后，在纵向平面内，前轴向后倾斜致使主销上端略向后倾斜，这种现象称为主销后倾。在垂直汽车支承平面的纵平面内，主销轴线与汽车支承平面垂直线之间的夹角 γ 叫作主销后倾角，如图 2. 27 所示。现代高速汽车由于轮胎气压降低、弹性增加（因采用扁平低压胎，轮胎变形增加），轮胎与地面接触的几何中心后移，而引起稳定力矩增加，因此主销后倾角 γ 可以减小至接近于零，甚至为负，如图 2. 28 所示。转向主销轴线中心线与地面的交点到轮胎地面接触区中心点的距离叫作主销后倾拖距，即图 2. 27 所示中 a、b 两点的距离。主销后倾角影响直线稳定性，主销后倾拖距影响转弯回正。

主销后倾角的作用是使前轮转弯后自动回正以保证汽车直线行驶的稳定性。主销后倾，使主销轴线的延长线与地面的交点 a 位于车轮与路面接触点 b 之前。假设 b 点到主销轴线延长线之间的距离为 L，汽车直线行驶时，若转向轮偶然收到外力作用而偏转（图 2. 27 中所示为向右偏转），汽车将偏离原来直线行驶方向而向右转弯。由于汽车本身的离心力作用，在轮胎与路面接触 b 点处将产生一个路面对轮胎的侧向反作用力 F_Y，形成一个使车轮绕主销轴线旋转的力矩 F_YL，其方向刚好与车轮偏转方向相反。在此力矩作用下，使轮胎具有回复到原来中间位置的作用，从而保证了汽车直线行驶的稳定性。

主销后倾角越大，车速越快，回正力矩越大，转向轮偏转后自动回正的能力也越强。但此力矩也不宜过大，一般主销后倾角 γ 不超过 2°～3°。主销后倾角过大，在转向时驾驶员为了克服次力矩，必须在转向盘上施加交大的力，即转向沉重。主销后倾角 γ 安装时应予以保证，一般不可调。

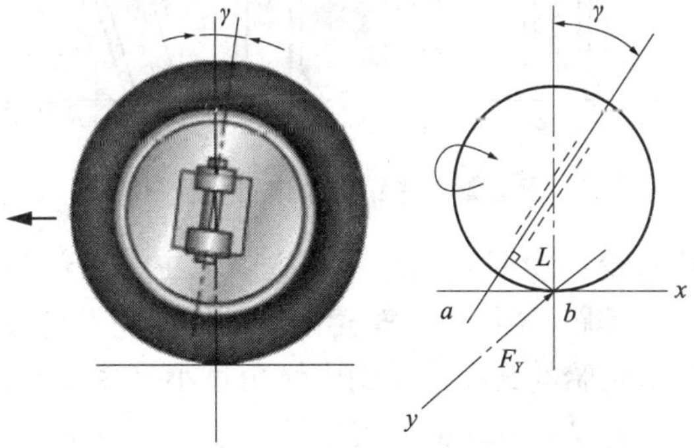

图 2. 27　主销后倾角示意图

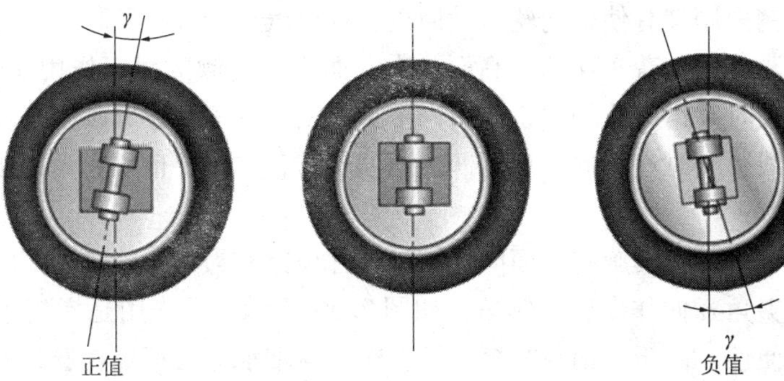

图 2. 28　主销后倾角的类型

2）主销内倾角 β

前轮的主销上端向内侧倾斜，这种现象称为主销内倾。主销内倾是由前轴制造时使主销孔轴线的上端向内倾斜而获得的。从车子的前方看，转向节主销轴线与地面铅垂线所形成的夹角 β 称为主销内倾角，如图 2. 29 所示。车轮向左或向右旋转时的主销轴线叫作“转向主销轴线”。在一些独立悬架轿车上，该轴线在减振器的上支承轴承与下悬臂球形万向节之间绘制成虚线。从转向轴线与地面相交到轮中心线与地面相交的距离 c 被叫作“主销偏距”。主销内倾角的作用是：减小转向操纵力，使转向操作轻便；使前轮自动回正。

如图 2. 29 所示主销内倾后，主销延长线与地面交点到车轮中心平面与地面的交点之间的主销偏距 c 减小，转向时，路面作用在转向轮上的阻力对主销轴线产生的力矩减小，从而减少驾驶员施加在转向盘上的力，使转向操纵轻便。

当转向轮在外力作用下绕主销向右旋转，即由图 2. 29 中左边位置转到右边位置。此时，由于主销内倾，车轮将相对于车身下降一个 h 的距离，致使汽车前部被向上抬起相应高度。车身在汽车本身重力作用下，迫使转向轮自动回到原来的中间位置。

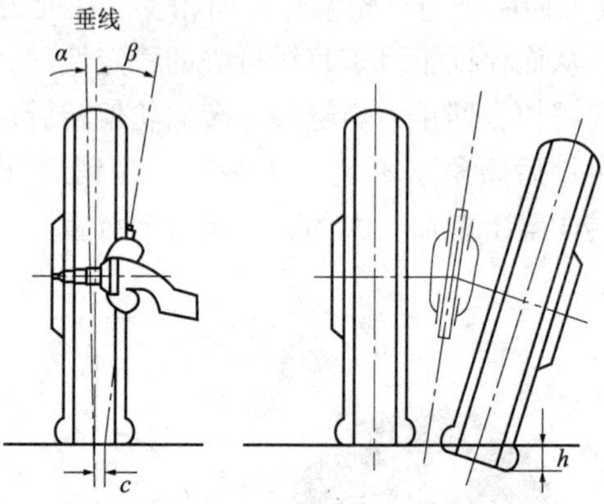

图 2. 29　主销内倾作用示意图

主销内倾角越大，转向轮自动回正作用就越大。但主销内倾角既不宜过大，又不宜过小。主销内倾角过大（主销偏距 c 减小），车轮滚动的同时将与路面产生较大的滑动，这不仅使转向沉重，而且加剧了轮胎的磨损。主销内倾角过小（主销偏距 c 增大），对汽车行驶的稳定性和制动的方向稳定性又不利。故一般主销内倾角控制在 5°～8°为宜，主销偏距 c 一般取值 40～60 mm。

主销后倾和主销内倾都有使转向轮自动回正，保证汽车直线行驶稳定性的作用。其区别在于主销后倾的回正作用随着车速的增高而增大，而主销内倾的回正作用几乎与车速无关。因此，汽车高速行驶时主销后倾的回正作用占主导作用，低速行驶时则主要靠主销内倾起回正作用。此外，直线行驶时汽车偶尔遇到冲击而偏转时，也主要依靠主销内倾起回正作用。

3）前轮外倾角 α

前轮安装在车桥上时，其旋转平面向外倾，这种现象称为车轮外倾。车轮旋转平面与纵向垂直平面之间的夹角 α 叫作车轮外倾角，如图 2. 30 所示。其作用是提高车轮工作的安全性与转向操纵的轻便性，由于主销与衬套之间，轮毂与轴承等处都存在着装配间隙，空载时车轮的安装正好垂直于路面，而满载后，车桥因承载变形，可能出现车轮内倾，这样将会加速汽车轮胎内侧的磨损。另外，车桥内倾将使路面对车轮垂直反作用的轴向分力压向轮毂外端的小轴承，加重了外端小轴承与轮毂之间紧固螺母的负荷，严重时使车轮脱出。因此，为了使轮胎磨损均匀和减轻轮毂外轴承的负荷，安装车轮时要预先留有一定的外倾角，以防止车轮内倾带来上述不良影响。

前轮外倾虽然对安全和操纵有利，但是过大的外倾角 α 将使轮胎横向偏磨加剧，油耗增多，一般前轮外倾角为1°左右。

前轮外倾角是由转向节的结构确定的。当转向节安装到前轴上后，其转向节轴颈相对于水平面向下倾斜，从而使前轮安装后出现前轮外倾。

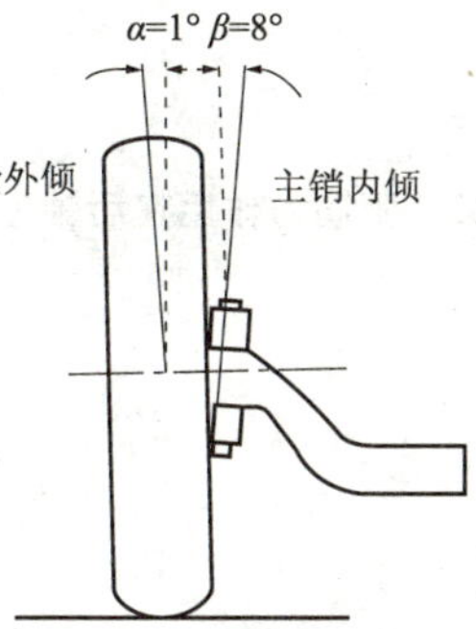

图 2. 30　前轮外倾

4）前轮前束

如图 2. 31 所示，从俯视图看两侧前轮最前端的距离 B 小于后端距离 A，我们将（$A-B$）称为前轮前束。前轮前束的作用是消除汽车行驶过程中因前轮外倾而使两前轮前端向外张开的不利影响。由于前轮外倾，当车轮在地面纯滚动时，车轮将向外侧方向运动，实际上装在汽车上的两个前轮只能向前方滚动，当两车轮具有前束时，两车轮向前滚动时产生内侧的滑动。这样，由外倾和前束产生的滑动方向相反，可以相互抵消，从而使两前轮基本上是纯滚动而无滑动地向前运动。

一般前轮前束值为 0 ~ 12 mm，前轮前束可以通过改变横拉杆的长度来调整。

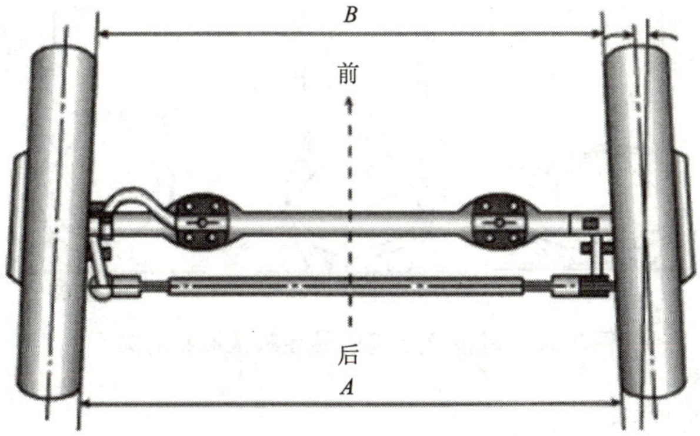

图 2. 31　前轮前束（俯视图）

2. 后轮定位参数

后轮定位参数有：推力角、外倾角和前束。后轮推力角是指其走过的轨迹与汽车纵向中心线的夹角，如图 2. 32 所示，其值应为零。后轮外倾角和前束定义与前轮类似，其作用是：

（1）后轮的负外倾可增加车轮接地点的跨度，增加汽车的横向稳定性。

（2）前束可抵消汽车高速行驶且驱动力 F 较大时，车轮出现负前束（前张），减少轮胎的磨损。

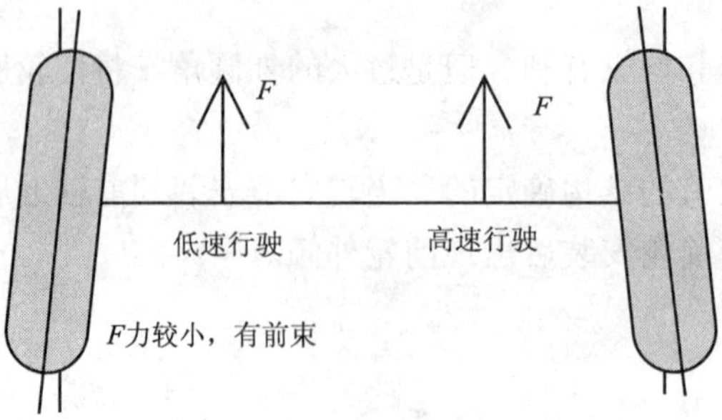

图 2. 32　驱动力作用在后轴上的示意图

四、项目实施

（一）轮胎检查

轮胎的检查主要是检查轮胎气压和轮胎磨损程度，轮胎磨损程度的检查包括胎面花纹深度的检查和轮胎异常磨损的检查。

1. 轮胎气压的检查

不同的轮胎气压，轮胎的承载情况和效率（实际上也是指轮胎的使用寿命）不同，轮胎气压应在轮胎具有环境温度时检查。要特别检查轮胎的气压使之符合规定值。如果气压过高，将影响乘坐的舒适性，并使胎面中间部分过度磨损；如果气压过低，汽车的载荷则不能均匀地分布在整个胎面上，而是集中在胎面的两侧，这就导致了胎面两侧过度磨损，同时也损伤了轮胎的内部结构。两侧轮胎气压的差异，不利于汽车行驶的稳定性和安全性。轮胎气压与轮胎接触地面积的关系如图 2. 33 所示。

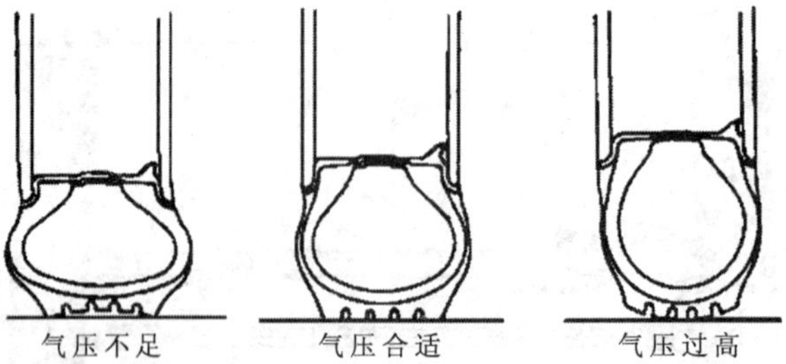

图 2. 33　轮胎气压与轮胎接触地面积的关系

2. 轮胎磨损程度的检查

1）胎面花纹深度的检查

GB 7258—1997《机动车运行安全技术条件》规定，轿车轮胎胎冠上花纹磨损至花纹深度小于 1. 6 mm，载货汽车转向轮胎冠上的花纹深度小于 3. 2 mm，其余轮胎胎冠花纹深度小于 1. 6 mm 时，应停止使用。图 2. 34 为轮胎磨损极限标志。

图 2.34　轮胎磨损极限标志

2）轮胎异常磨损的检查

检查轮胎的异常磨损，可以发现故障的早期征兆和原因，以便及时排除影响轮胎寿命的不良因素，防止早期磨损和损坏。具体内容见下面的轮胎常见故障诊断。

（二）轮胎拆装

1. 操作前检查和调试

（1）检查拆装机（如图 2.35 所示）的电源、气源、机械传动部分是否正常。

（2）踩下和踩回撑夹踏板，检查转盘上夹爪能否张开和闭合。

（3）踩下和松开风压铲踏板，检查风压铲能否动作和复位。

（4）踩下和上抬正反转踏板，检查转盘能否顺时针转动和逆时针转动。

（5）检查锁紧杠杆是否锁紧垂直轴。

图 2.35　轮胎拆装机

2. 轮胎拆装方法与步骤

（1）放掉轮胎中的空气。

（2）卸掉钢圈上的平衡块。

（3）将轮胎置于风压铲和橡胶板之间，使风压铲置于钢圈边与轮胎之间，离钢圈边大约 1 cm 处。然后踩风压踏板，使钢圈边与胎边分离。

（4）锁定轮胎（锁定方式包括内锁定、外锁定）。

（5）将垂直轴置于工作位置，使拆装机头靠近钢边，使拆装机头内锥滚离钢边大约有 3 mm距离，避免划伤钢边，并用锁紧杠杆锁紧。

（6）用撬棍把胎边撬在拆装机头上，撬棍不必抽出，点踩踏板，让转盘顺时针旋转，即可拆下轮胎。用同样的方法可以把轮胎的另一侧拆下。

3. 技术要求及注意事项

（1）靠胎时，应使用毛刷在胎边涂上润滑油剂，否则拆胎时可能会造成胎边严重磨损。

（2）如拆胎受阻，应立即停，用脚面上抬踏板，让转盘逆时针转动，消除障碍。

4. 轮胎安装方法与步骤

（1）先在轮胎内侧边缘涂上润滑脂。

（2）用拆胎的方法将钢圈固定在工作转盘上。

（3）将胎边缘置于拆装机头上（左端向上），同时压低胎侧，点踩踏板上，使工作转盘顺时针旋转直到让胎边落入钢圈内。

（4）用相同方法装另一边缘，同时使用撬棍压低胎侧，再踩踏板。

（5）松开锁紧杆，然后向外移动手臂即可。

（6）安装轮胎之前，检查轮胎和钢圈尺寸是否相同。

（三）轮胎动平衡

其操作步骤如下。

（1）清洗轮胎并拆除旧平衡块，如图 2.36 所示。

图 2.36　轮胎表面清洁和拆除旧平衡块

技术要求及注意事项：

① 对被测轮胎进行清洗，去掉泥沙、沙石等。

② 拆掉旧平衡块，拆完后不可随便丢弃。

（2）检测轮胎胎压并调整，如图 2.37 所示。

图 2.37　胎压检测

技术要求及注意事项：

① 检查轮胎压力，若胎压过低，则将轮胎充气至规定值。

② 在轮胎上找出轮胎允许的最大充气压力值。

（3）固定车轮并测量数据，如图 2.38 所示。

技术要求及注意事项：

① 用锥度盘和夹具将轮胎固定，保证固定后轮胎不左右摇晃，保证轮胎不偏心。

图 2.38　数据测量

② 分别测量轮辋边缘到机箱的距离、轮辋宽度和轮辋直径（轮辋直径可以直接读取）。

（4）打开仪器电源，输入数据，如图 2.39 所示。

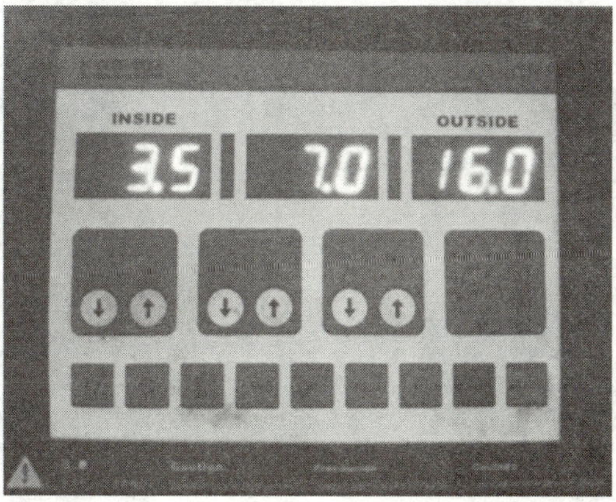

图 2.39　数据输入

技术要求及注意事项：

① 打开电源开关，检查仪器指示装置是否显示正常。

② 输入刚刚测量的三个数据。

（5）按下启动键，粗调不平衡量。

技术要求及注意事项：

① 当车轮自动停止转动后，从指示装置读出车轮内、外动不平衡量。

② 慢慢旋转轮胎，直到动平衡机指示灯全亮，停止转动车轮。

③ 将动平衡机显示的动不平衡量按内、外位置，置于车轮十二点位置的轮辋边缘并装卡牢固。

（6）再调动不平衡量。

技术要求及注意事项：

① 安装平衡块后有可能产生新的动不平衡量，重新启动动平衡机进行动平衡试验，直至动平衡量≤5 g，合格。

② 平衡块不能过多。

（7）测试完毕，拆下所有设备并归位。

技术要求及注意事项：

① 取下车轮，关闭电源。

② 清理场地，测试结束。

（四）四轮定位

1. 四轮定位调整的部位及方法

1）主销后倾角、内倾角的调整

现代轿车主销后倾角和内倾角是设计结构上保证的，使用中无须调整。如果参数超出规定范围，只能更换转向节。

2）外倾角的调整

以奇瑞 A3 轿车为例，若发现前轮外倾角超差，松开前减振器与转向节的连接螺栓，搬动车轮加以矫正，如图 2. 40 所示。如发现后轮外倾不符合要求，可用图 2. 41 中箭头所指示的调整螺栓进行调整。松开螺母，注意调整垫片不要从槽内脱出，旋动调整螺栓以改变后轮外倾值，直到符合要求，拧紧螺母到规定力矩。

图 2. 40　前轮外倾角的调整

图 2. 41　后轮外倾角的调整

3）前束的调整

（1）前轮前束的调整。

调整可调式横拉杆，在调整前先将左、右两边吞并头锁止螺栓松开，如图 2. 42 所示，夹紧方向盘在正中位置（实际上应该是转向器的齿轮在齿条的中间位置，这样才能使汽车往左转弯的角度与往右转弯的角度大体相等，若齿轮不在齿条的中间位置，应左、右分别将方向盘打到底，记下总圈数，平分总圈数，记住这个位置就是齿轮在齿条的中间位置，这时方向盘不正，应拨正，或先不管它，就在这个位置将方向盘固定，调好前轮前束再拨正），松开转向横拉杆的锁紧螺母及弹性护套卡环，根据需要拧动前束调整杆调整长度，直到规定数值。

图 2.42　前轮前束调整

（2）后轮前束的调整。

如发现后轮前束不符合要求，可用图 2.41 中箭头所指示的调整螺栓进行调整。松开螺母，注意调整垫片不要从槽内脱出，旋动调整螺栓以改变后轮前束值，直到符合要求，拧紧螺母到规定力矩。

2. 四轮定位调车步骤

1）引导客户开车上举升台

（1）将举升平台放下。

（2）通知客户将车对正举升平台，将车缓慢开上平台，快到转角盘位置时，操作者需将转角盘对正车轮。开车继续向前使车轮中心对正转角盘中心，让客户停车。

（3）拔掉转角盘以及后轮侧滑板上的插销。

（4）将汽车后轮用楔形块塞住，通知客户下车。

（5）安装好刹车固定器。

（6）将举升平台升到离地 80 cm 左右合适测量定位的位置。

2）调车前的检查

（1）检查四个车轮气压是否符合标准，主要是左右轮胎气压是否相等（不相等会造成跑偏）。

（2）将举升平台的子机举起使四个车轮都悬空。

（3）左右晃动车轮看有无间隙，晃动量太大则为拉杆球头松动；上下晃动车轮看有无间隙，晃动量太大则为车轮轮轴轴承松动，应更换。否则测量时数据变化大，且汽车行驶时会有漂浮不定的感觉，尤其是在不平的路面上更为明显。

（4）检查轮胎的规格尺寸，新旧程度，花纹是否有明显的损伤等。如有，应同时更换两个新胎，尤其是前轮。轮胎规格不一致，新旧程度不一致或花纹不一致的，以及一侧有明显损伤的都会引起行驶跑偏。

（5）检查各个拉杆胶套、衬垫是否松旷。若松旷则要更换。尤其在高速行车时胶套松旷会使行车不稳。

（6）松开刹车固定器，松开手刹，转动一下车轮，若感觉车轮运转有阻滞，应调整。一般为刹车间隙太小或者没有，也有可能是轮轴轴承烧结，运转不灵活，这样会引起行车跑偏。

（7）观察减振器有无漏油、减振弹簧间距是否一致、减振器漏油失效、行车不舒适等；减振弹簧间距不一致会使车高不一致，有倾斜感。

3）与客户交流

（1）询问客户行车时主要有哪些问题。

（2）掌握客户的时间安排，他要在现场等候取车还是过一段时间来取车，从而决定调车时的速度。

（3）告诉客户主要问题可能的原因，解决方法，哪些部位需要更换，应征询客户同意。

4）定位角度的测量

（1）降下举升平台的子机。

（2）打开定位仪电源总开关，打开电脑主机开关，启动电脑，进入定位测量程序。

（3）装好四个夹具，夹具安装时应避开平衡块还有轮辋上有缺陷的部位，否则会影响测量精度。

（4）装好四个机头，将四个机头调水平，打开机头开关。

（5）操作定位软件进行角度测量。可以测量主销后倾角进行全面测量，也可以不测主销进行快速定位测量。

5）调整的注意事项

（1）严格按照定位仪指示的标准角度进行调整。不能因为该车有故障就随意改变某一角度超出标准范围。如因为行驶跑偏而将前束调整得过大，车虽然不跑偏了，但轮胎会很快磨损，行驶阻力增大且费油。还有因为行驶跑偏而将外倾角调整出标准范围，虽然也可纠正跑偏但轮胎还是会单边磨损严重。一般来说，跑偏与轮胎状况还有后轮前束形成的推力角、主销后倾的大小以及轴距都有很大关系，与前束的大小无关。

（2）有的汽车可能很多定位角度都不合适，只要抓住其中的主要矛盾来解决（检查汽车的底盘状况是否变形，轮胎平衡等）。如有的事故车或车况太差的车，应先做大梁校正以及轮胎平衡（轮胎不好的要更换），只有将前面的检查工作做得仔细到位才能将一台车调整到最佳状况。

6）调整定位

（1）调整时先调后轮外倾、后轮前束，再调整前轮。

（2）先调整前轮主销后倾角，再调前轮外倾角，最后调整前轮前束。

7）试车、交车

（1）调整完毕试车，主要看行驶有无跑偏，方向盘位置是否正确，转向力度以及自动回正功能是否合适。

（2）行驶一段距离，放开方向盘并在平直路面上缓缓停止，下车检查轮胎胎面粘的土或小颗粒是否均匀，若均匀且无横向划擦的痕迹则前束调整成功。

（3）若以上情况均完好，则可以向客户交车。

（4）若有跑偏情况，首先将左右两侧轮胎全部左右互换，再试车。若原来往右跑偏的车仍然往右跑偏，则是定位角度的问题。若改为往左偏或不跑偏了，则是轮胎引起的，办法是调整轮胎的气压使之不跑偏，当然气压也应在合格范围内调整。

（5）调整完毕即可交车了。

（6）提醒客户以后开车时注意上“马路沿”时不要太猛、注意行车安全、保修时间的长短等；可以随时来复检。

（五）轮胎常见故障诊断与排除

1. 车轮常见故障诊断

车轮常见故障为轮毂轴承过松或过紧。

轮毂轴承过松，会造成车轮摆振及行驶不稳，严重时还会使车轮甩出。此时，可将车轮支起，用手横向摇晃车轮，即可诊断出车轮轴承是否松旷。一旦发现轴承松旷，必须立即修理。

轮毂轴承过紧，会造成汽车行驶跑偏，汽车滑行距离明显下降，轮毂处温度明显上升，有时甚至使润滑脂融化甩入制动鼓内。检查时将车轮支起，转动车轮感觉其阻力大小，轮毂轴承过紧应进行调整。

2. 轮胎常见故障诊断

轮胎的故障与车轮、转向系、悬架以及轮胎本身的使用与保养有关。轮胎的主要故障是不正常磨损。

1）胎肩或胎面中间磨损

（1）现象：

如图 2. 43 所示，轮胎的胎肩和胎面出现了磨损。

（2）原因：

集中在胎肩上或胎面中间的磨损，主要是由于未能正确保持充气压力所致。

① 充气压力过低，轮胎的中间便凹入，将载荷转移到胎肩上，使胎肩磨损快于胎面中间。

② 充气压力过高，轮胎中间便会凸出，承受了较大的载荷，使轮胎胎面中间磨损快丁胎肩。

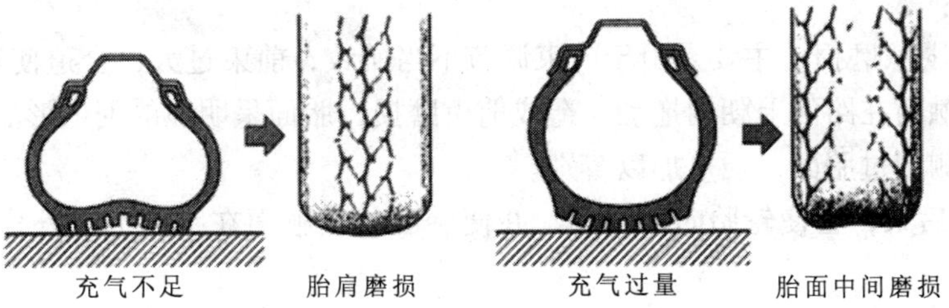

图 2. 43　胎肩和胎面中间磨损

（3）故障排除步骤：

① 检查驾驶条件，如果超载则可向驾驶员提出。

② 检查充气压力。如果充气过量或充气不足，应调整充气压力。

③ 调换轮胎位置。

2）内侧磨损或外侧磨损

（1）现象：

如图 2. 44 所示，轮胎的内侧或外侧磨损。

（2）原因：

① 在过高的车速下转弯会造成转弯磨损。转弯时轮胎滑动，便产生了斜形磨损。

② 悬架部件变形或间隙过大，会影响前轮定位，造成不正常的轮胎磨损。

③ 如果轮胎面某一侧的磨损快于另一侧的磨损，其主要原因是外倾角不正确。由于轮胎与路面接触面积大小因载荷而异，对具有正外倾角的轮胎而言，其外侧直径要小于其内侧直径。因此胎面必须在路面上滑动，以便其转动距离与胎面的内侧相等。这种滑动便造成了外侧胎面的过量磨损。反之，具有负外倾角度的轮胎，其内侧胎面磨损较快。

（3）故障排除步骤：

① 检查驾驶条件，如出现转弯磨损，应向驾驶员提出。

② 检查悬架部件。如松动则将其紧固；如变形和磨损，应修理或更换。

③ 检查外倾角。如不正常，应校正。

④ 调换轮胎位置。

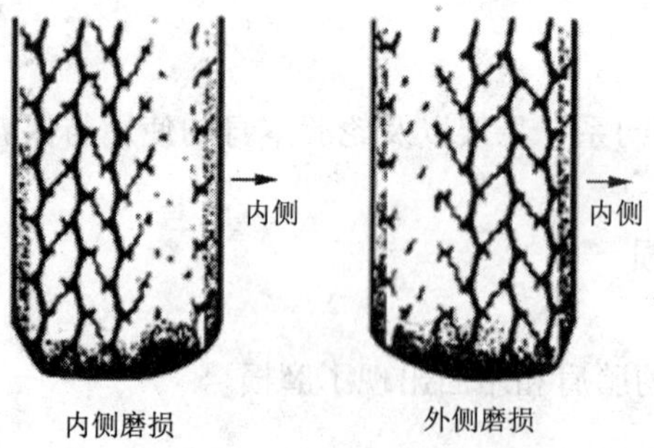

图 2.44　轮胎的内侧与外侧磨损

3）前束磨损和后束磨损（羽状磨损）

（1）现象：

某汽车车轮出现了前束磨损和后束磨损。

（2）原因：

① 胎面的羽状磨损，主要是由于前束调节不当所致，前束过大，会迫使轮胎向外滑动，并使胎面的接触面在路面上朝内拖动，造成前束磨损，胎面呈明显的羽毛形。若用手指从轮胎的内侧至外侧划过胎面，便可加以辨别。

② 过量的后束，会使轮胎向内滑动，并使胎面的接触面在路面上朝外拖动，造成后束磨损。

（3）故障排除步骤：

① 检查前束值。如果前束值不正确应予以调整。

② 调换轮胎位置。

4）前端和后端磨损

（1）现象：

某汽车轮胎的前端和后端磨损。

（2）原因：

① 前端和后端磨损是一种局部磨损，常常出现具有横向花纹和区间花纹的轮胎上，胎面上的区间发生斜向磨损（与鞋跟的磨损方式相同），最终变成锯齿状。

如车辆经常在铺路道路上行驶，轮胎磨损较快。这是由于轮胎向上转动并离开铺面路时，胎面区间在刹那间打滑所致（由于铺面路很坚硬，当胎面区间试图掘入地面时，道路铺面不凹陷)。因此最后离开路面的胎面区间部分受到较大的磨损。

② 具有纵向折线花纹的胎面，磨损时会产生波状花纹。

③ 非驱动轮的轮胎只受制动力的影响，而不受驱动力的影响，因此往往会有前后端形式的磨损，如反复使用和放开制动器，便会使轮胎每次发生短距离滑动而磨损，前后端磨损的形式便与这种磨损相似。

④ 另一方面，如果是驱动轮的轮胎，则驱动力所造成的磨损，会在制动力所造成的磨损的相反方向上出现，所以驱动轮胎极少出现前后端磨损。大客车和重型货车，由于制动时产生很大的摩擦力，故具有横向花纹的轮胎，便会出现与非驱动轮相似的前后端磨损。

(3) 故障排除步骤：

① 检查充气压力。如果充气不足，就将其充至规定值。

② 检查车轮轴承。如果磨损或松动，应更换或调整。

③ 检查外倾角和前束。如果不正确，应加以调整。

④ 检查轴颈或悬架部件。如果损坏，应修理或更换。

⑤ 调换轮胎位置。

五、习题训练

1. 如何正确识读轮胎规格和标记?
2. 子午线轮胎有哪些优点?
3. 如何延长轮胎的使用寿命?
4. 如何进行车轮动平衡? 在做车轮动平衡时应注意哪些问题?
5. 四轮定位的概念是什么? 前轮定位的参数有哪些? 各自的定义和功用是什么?

项目二 悬架结构与检修

一、情景导入

一辆2010款奇瑞轿车，行驶里程6万千米，该车辆在驶过减速带或坑洼路段时，听到底盘车轴处出现异响，行驶平顺性明显下降，平坦路面行驶时异响减小或消失。经维修人员检查确认需对悬架装置进行检修。

二、项目要求

（一）能力目标要求

1. 掌握悬架的拆装与减振器更换的步骤
2. 掌握悬架零部件的检测方法
3. 掌握悬架系统常见故障诊断与维修知识

（二）知识目标要求

1. 掌握悬架的功用、组成与类型
2. 掌握弹性元件的种类及特点
3. 掌握减振器的结构及工作原理
4. 掌握横向稳定器的结构及工作原理
5. 熟悉典型悬架结构

三、相关理论知识

（一）悬架的功用、组成与类型

1. 悬架的功用

汽车悬架是车架（或承载式车身）与车桥（或车轮）之间一切传力装置的总称。它具有以下功用：

（1）吸收和减缓汽车行驶中不平整路面所造成的各种摇摆和振动等。从而保障乘客和货物的安全，并提高驾驶稳定性。

（2）将路面与车轮之间的摩擦所产生的驱动制动力，传输至底盘和车身。

（3）支承车桥上的车身，并使车身与车轮之间保持适当的几何关系。

2. 悬架的组成

悬架系统由弹性元件、减振器、导向装置和横向稳定杆组成，如图 2.45 所示。

（1）弹性元件：承受并传递垂直载荷，缓和不平路面引起的冲击，使车架（或承载式车身）与车桥（或车轮）之间保持弹性连接。

（2）减振器：用于限制弹性元件的自由振荡，吸收和衰减振动，提高乘坐舒适性。

（3）导向装置（包括横向导杆和纵向推力杆）：导向装置用来传递除垂直力以外的各种力和力矩，并确定车轮相对于车架（或车身）的运动轨迹。

（4）横向稳定杆：又称防倾杆，是悬架中的一种辅助弹性元件。当车身侧倾时，两侧悬架跳动不一致，横向稳定杆发生扭转，杆身的弹力成为继续侧倾的阻力，起到横向稳定的作用。

上述装置所起作用侧重点不同，分别是缓冲、减振、导向和防侧倾，但共同的任务是传递车轮与车架之间的各种力和力矩，控制车身的各种振动。

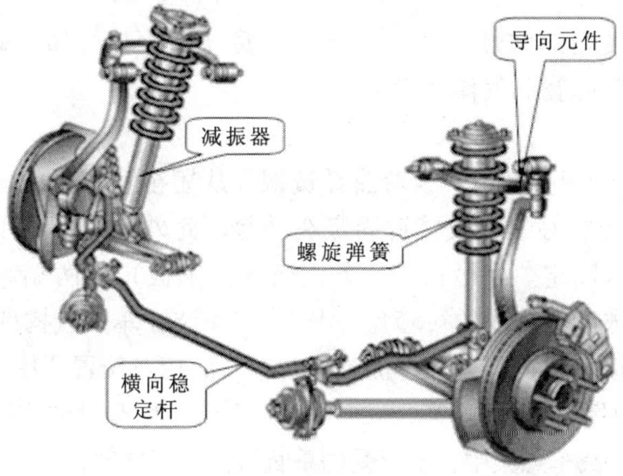

图 2.45　悬架系统组成

3. 悬架的类型

汽车悬架可分为两大类：非独立悬架和独立悬架。

1）非独立悬架

非独立悬架的结构特点是两侧车轮安装在一根整体式车桥车上，车轮和车桥一起通过弹性元件悬挂在车架（或车身）下面。当一侧车轮因路面不平等原因相对于车架（或车身）的位置发生变化时（如图 2.46 中右侧车轮跳动），另一侧车轮的位置也随之发生变化（图 2.46 中左侧车轮摆动）。

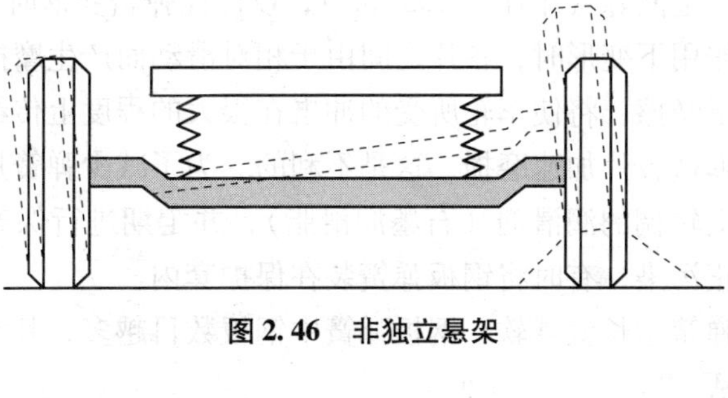

图 2.46　非独立悬架

2）独立悬架

如图 2. 47 所示，独立悬架则是两侧车轮各自独立地通过弹性元件悬挂在车架（或车身）下面，其配用的车桥都是断开式车桥。这样，当一侧车轮相对于车架（或车身）位置发生变化时，对另一侧车轮几乎不产生影响。

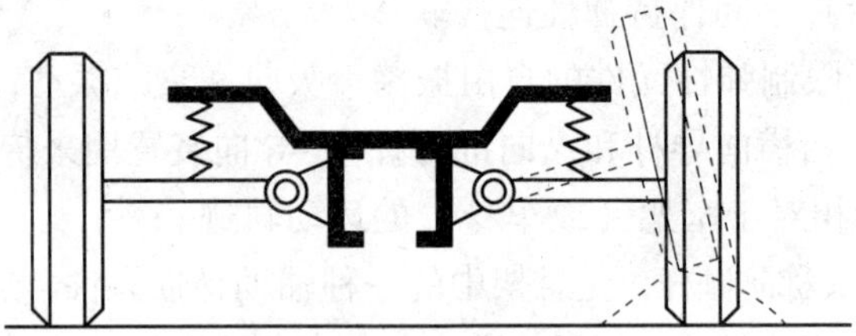

图 2. 47　独立悬架

（二）弹性元件

汽车悬架系统所使用的弹性元件分为金属弹簧（如钢板弹簧、螺旋弹簧和扭杆弹簧）和非金属弹簧（如橡胶弹簧和气体弹簧）。

1. 钢板弹簧

如图 2. 48 所示，钢板弹簧由一组弯曲弹簧钢片从短至长依次叠放而组成。这些重叠钢板在中心点用一根 U 形中心螺栓或铆钉固定在一起。此外，为了防止钢板滑出原位，还用弹簧夹在几个地方将其固定。将最长的一条钢板（主钢板）的两端弯成弹簧卷耳（内装青铜或塑料、橡胶、粉末冶金制成的衬套），用于将弹簧装在车架或构件（如纵梁上）上。

中心螺栓用以连接各弹簧片，并保证装配时各片的相对位置。中心螺栓距两端卷耳中心的距离可以相等（称对称式钢板弹簧），也可以不相等（称非对称式钢板弹簧）。

当钢板弹簧安装在汽车悬架中，所承受的垂直载荷为正向时，各弹簧钢板都受力变形，有向上拱起的趋势。这时，车桥和车架便互相靠近。当车桥与车架互相离开时，钢板弹簧所受的正向垂直载荷和变形逐渐减小，有时甚至会反向。

主片卷耳受力较大，是钢板弹簧的薄弱处，为改善主片卷耳的受力情况，常将第二片卷耳末端也弯成卷耳，包在主片卷耳的外面（亦称包耳）。为了使在弹簧变形时各片有相对滑动的可能，在主片卷耳与第二片包耳之间留有较大的空隙。

连接各片的构件，除中心螺栓以外，还有若干个弹簧夹，其主要作用是当钢板弹簧反向变形，使各片不致互相分开 ，以免主片单独承载。此外，还可防止各片之间扇形错位。弹簧的两边用螺栓连接，在螺栓上由套管顶住弹簧夹的两边，以免将弹簧片夹得过紧。在螺栓套管与弹簧片之间有一定间隙（不小于 1. 5 mm），以保证弹簧变形时，各片可以相互滑动。

钢板弹簧在载荷作用下变形时，各片之间由于相对滑动而产生摩擦，可以帮助衰减车架的振动。但各片间的干摩擦，将使车轮所受的冲击在很大的程度上传给车架，降低了悬架缓和冲击的能力，并使弹簧各片加速磨损，这是不利的。为了减少弹簧片的磨损。在装合钢板弹簧时，各片部须涂上较稠的润滑剂（石墨润滑脂），并定期进行保养。为了在使用期间内长期储存润滑脂和防止污染，有时将钢板弹簧装在保护套内。

一般来说，钢板弹簧越长就越软。钢板弹簧中钢板数目越多，其承重能力越强，但弹簧会变硬而有损乘坐舒适。

在载荷变化很大的货车及许多其他车辆中，都使用了副钢板弹簧。副钢板弹簧安装在主钢板弹簧上面。在轻载荷时，只有主弹簧工作；当载荷超过一定数量时，主、副弹簧一起工作。

钢板弹簧具有如下特点：由于弹簧有足够的刚性使车桥适当定位，所以不需要导向装置；钢板之间的摩擦可控制弹簧自身的振荡；适用于重载，寿命长；由于片间的摩擦，很难吸收来自路面的微小振颤。所以，钢板弹簧一般用在货车和大型客车上。

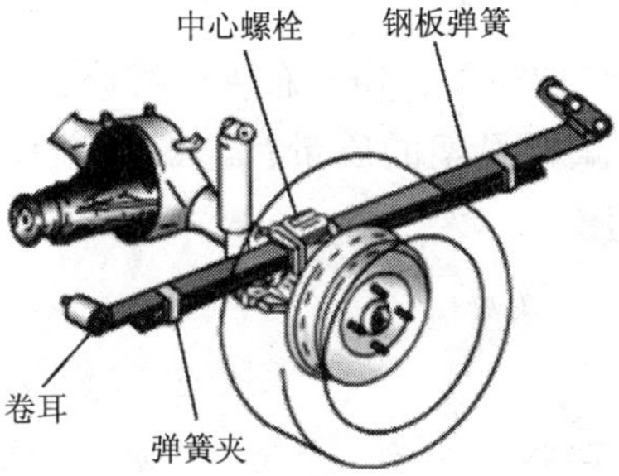

图 2. 48　钢板弹簧

2. 螺旋弹簧

螺旋弹簧广泛用于独立悬架。但有些桥车，其后轮非独立悬架也采用螺旋弹簧作为弹性元件。

如图 2. 49 所示，螺旋弹簧是由特殊的弹簧钢板卷制而成。可以做成圆柱形或圆锥形，也可以做成等螺距或不等螺距。

圆柱形等螺距螺旋弹簧的刚度不变，圆锥形或不等螺距螺旋弹簧的刚度是可变的。在螺旋弹簧上施加载荷时，随着弹簧的收缩，整条钢杆扭曲。这样便储存了外力的能量，缓和了冲击。

与钢板弹簧相比，螺旋弹簧无须润滑，防污能力强，质量小，单位重量的能量吸收率较高；螺旋弹簧本身没有减振作用，因此在螺旋弹簧悬架中必须另装减振器；螺旋弹簧只能承受垂直载荷，故必须装设导向装置，以传递垂直以外的各种力和力矩。

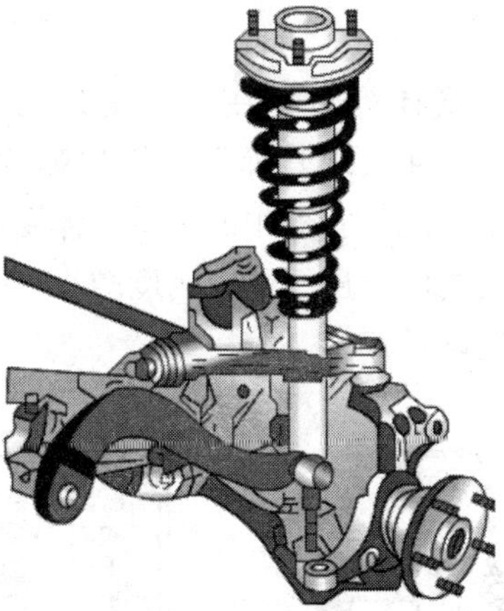

图 2. 49　螺旋弹簧

3. 扭杆弹簧

如图 2. 50 所示，扭杆弹簧一般是用弹簧钢制成的杆件，其截面多为圆形，少数为矩形或方形。扭杆弹簧两端可以做成花键、方形、六角形或带平面的圆柱形等，以便一端固定在车架或车身上，另一端固定在悬架的摆臂上。摆臂则与车轮相连。当车轮跳动时，摆臂便绕着扭杆曲线而摆动，使扭杆产生扭转弹性变形，来保证车轮与车架的弹性关系。有的扭杆由一些矩形断面的薄条（扭片）组合而成，这样，弹簧更为柔软。

扭杆本身的扭转刚度虽然是常数，但采用扭杆的悬架刚度却是可变的。

若将扭杆的固定端转过一个角度，则摆臂的初始位置将改变，借此可调节车架与车轮之间的距离，即调节车身高度。

扭杆弹簧具有如下特点：结构简单，便于布置，维修方便；与其他弹簧相比，其单位重量的能量吸收率较高，所以可减轻悬架的质量；与螺旋弹簧一样，扭杆弹簧也没有减振作用，所以需要与减振器一起使用。

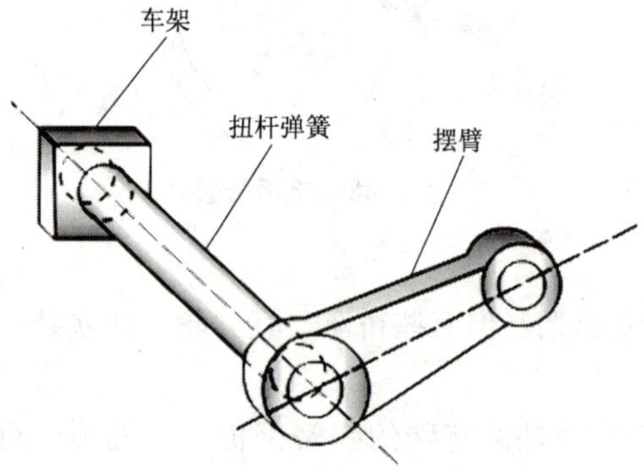

图 2.50　扭杆弹簧

4. 橡胶弹簧

橡胶弹簧是利用橡胶本身的弹性来起作用的弹性元件。它可以承受压缩载荷和扭转载荷。当橡胶弹簧在外力作用下而变形时，便产生内部摩擦，以吸收振动。橡胶弹簧的优点是：可以制成任何形状；使用时无噪声；不需要润滑。但橡胶弹簧不适于支承重载荷。所以橡胶弹簧主要用作辅助弹簧，或用作悬架部件的衬套、垫片、垫块、挡块及其他支承件。

5. 气体弹簧

如图 2. 51 ~ 图 2. 52 所示，气体弹簧是在一个密封的容器中充入压缩气体（气压为 0. 5 ~ 1 MPa），利用气体的可压缩性实现其弹簧作用的弹性元件。这种弹簧的刚度是可变的，因为作用在弹簧上的载荷增加时，容器中的定量气体受压缩，气压升高，弹簧的刚度增大；反之，当载荷减小时，弹簧内的气压下降，刚度减小，故它具有较理想的弹性特性。气体弹簧分为空气弹簧和油气弹簧两种。

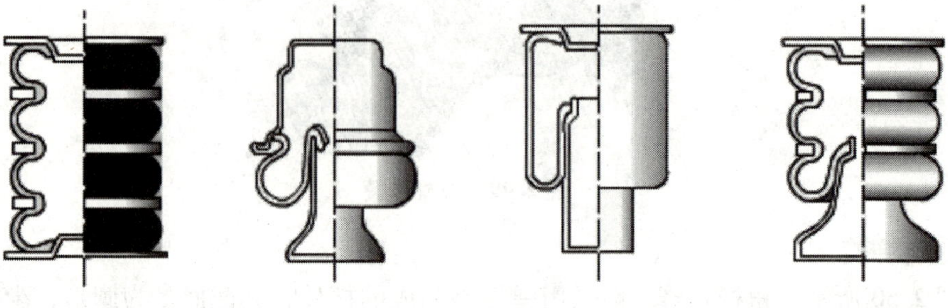

图 2.51　空气弹簧

图 2.52 空气弹簧悬架

（三）横向稳定装置

横向稳定装置的作用是防止车身在转弯时发生过大的横向侧倾，目的是防止汽车横向倾翻和改善平顺性。如图 2.53 所示，横向稳定杆是用弹簧钢制成的扭杆弹簧，形状呈 U 形，横置在汽车的前端和后端。杆身的中部，用套筒与车架铰接，杆的两端分别固定在左右悬架上。当车身只作垂直运动时，两侧悬架变形相同，横向稳定杆不起作用。

现代轿车悬架很软，即固有频率很低，为提高悬架的侧倾角刚度，减小横向倾斜，常在悬架中添设横向稳定器（杆），保证良好操纵稳定性。

图 2.53 带有横向稳定杆的悬架

（四）减振器

1. 减振器概述

汽车受到路面的冲击而产生振动时，这种振动将持续到冲击能量完全耗尽为止。为了迅速衰减车架和车身振动，在大多数悬架中装设了减振器。减振器和弹性元件是并联的：减振器不仅可以提高乘坐舒适性，还可提高轮胎的方向稳定性及转向稳定性。图 2.54 ~ 图 2.55 画出了减振器和弹性元件的安装示意图和实体图。

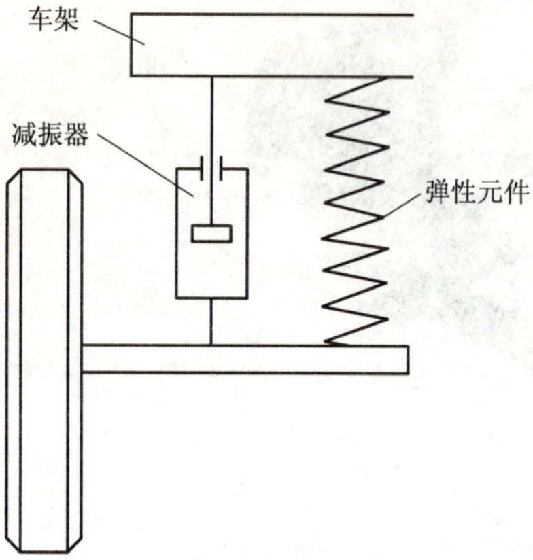

图 2.54　减振器和弹性元件的安装示意图

图 2.55　减振器和弹性元件的安装实体图

2. 减振器的基本工作原理

在汽车中广泛使用液力减振器。图 2.56 ~ 图 2.57 所示为一种液力减振器的工作原理示意图。其基本工作原理是利用油液流动产生的阻力来消耗冲击振动的能量。当车架与车桥作往复相对运动时，减振器内的油液反复地从一个腔室通过一些窄小的孔隙流入另一个腔室。此时，孔隙与油液间的摩擦以及油液分子间的内摩擦便形成了对车架振动的阻尼力，从而使车架、车身的振动能量转化为热能，并被油液和减振器壳体所吸收，然后散发到大气中。阻尼力的大小随着车架与车桥相对运动速度的增减而增减，并且与油液黏度、孔道的多少及孔道截面积等因素有关。

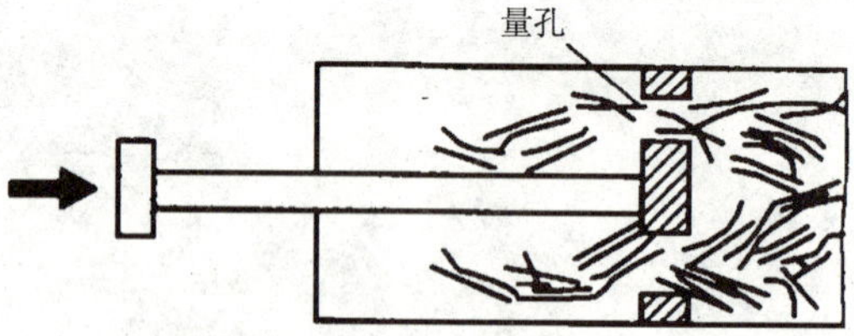

图 2.56　压缩行程

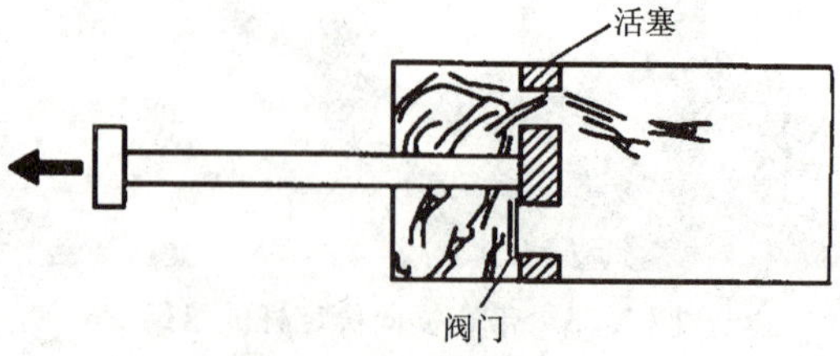

图 2.57　伸张行程

阻尼力越大，振动衰减得也越快，但使与其并联安装的弹性元件的缓冲作用不能充分发挥。另外，过大的阻尼力还可能导致减振器连接零件及车架损坏。为解决弹性元件和减振器之间的这一矛盾，对减振器作如下要求：

（1）在悬架压缩行程（车桥与车架互相移近的行程）内，减振器阻尼力应较小，以便充分利用弹性元件的弹性，以缓和冲击。

（2）在悬架伸张行程（车架与车桥相对远离的行程）内，减振器的阻尼力应较大，以便迅速减振。

（3）当车桥（或车轮）与车架的相对速度过大时，减振器应当能自动加大液流通道截面积，使阻尼力始终保持在一定限度内，以避免承受过大的冲击载荷。

3. 减振器的类型

减振器按工作原理分为单向作用式减振器和双向作用式减振器。在压缩和伸张两个行程中均能起减振作用的减振器称为双向作用式减振器，只在伸张行程中起减振作用的减振器称为单向作用式减振器。

按结构可分为双筒式减振器和单筒式减振器。

按工作介质可分为液压式减振器和充气式减振器。

目前，汽车大多采用具有双向作用式原理的双筒或单筒式结构的液压减振器。

4. 双向作用筒式减振器的工作原理

图 2. 58 所示为双向作用筒式减振器的工作原理图。它有三个同心钢筒，外面的钢筒是防尘罩，其上部的吊耳与车架相连。中间是储油缸筒，内装有一定量的油液（不装满），其下端的吊耳与车桥相连。里面是工作筒，其内装满油液。它还有 4 个阀，即压缩阀、伸张阀、流通阀和补偿阀。流通阀和补偿阀是一般的单向阀，其弹簧很弱，当阀上的油压作用力与弹簧弹力同向时，阀处于关闭状态，完全不通油液；而当油压作用力与弹簧弹力反向时，只要很小的油压，阀便能开启。压缩阀和伸张阀是卸载阀，其弹簧较强，预紧力较大，只有当油压增高到一定程度时，阀才能开启；而当油压减低到一定程度时，阀即自行关闭。

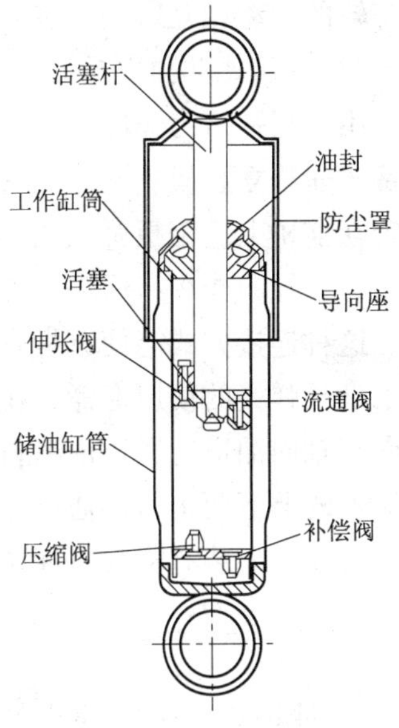

图 2. 58　双向作用筒式减振器的工作原理示意图

双向作用筒式减振器的工作原理可用压缩和伸张两个行程加以说明。

（1）压缩行程：当车桥移近车架（或车身）时，减振器受压缩，活塞下移，使其下方腔室容积减小，油压升高。具有一定压力的油液顶开流通阀进入活塞上方腔室。由于活塞杆占去上腔室的部分容积，使上腔室增加的容积小于下腔室减小的容积，因此还有一部分油液不能进入上腔室而只能压开压缩阀，流回储油缸筒。油液流经上述阀孔时，受到一定的节流阻力，为克服这种阻力而消耗了振动能量，使振动衰减。当车身振动剧烈，活塞高速运动时，活塞下腔室油压骤增，压缩阀的开度增大，油液能迅速通过较大的通道流回储油缸筒，这样，油压和阻尼力都不致过大，使压缩行程中弹性元件的缓冲作用能充分发挥。

（2）伸张行程：当车桥相对远离车架（或车身）时，减振器受拉伸，活塞上移，使其上腔室油压升高。上腔室的油液便推开伸张阀流入下腔室。同样由于活塞杆的存在，上腔室减小的容积小于下腔室增力的容积，因而从上腔室流出来的油液不足以充满下腔室所增加的容积，使下腔室产生一定的真空度，这时储油缸筒中的油液在真空度作用下推开补偿阀流进下腔室进行补充。

由于伸张阀上弹簧的刚度和预紧力比压缩阀的大，而且伸张行程时油液的通道截面也比压缩行程时小，所以减振器在伸张行程产生的阻尼力比压缩行程内产生的阻尼力大得多。

（五）典型悬架

1. 非独立悬架

非独立悬架结构简单，工作可靠，广泛应用于货车的前、后悬架。在轿车中，非独立悬架一般用于后桥。悬架的结构，特别是导向机构的结构，随所采用的弹性元件的不同而有差异。在非独立悬架中大多数采用钢板弹簧作为弹性元件。

非独立悬架有如下特点：组成悬架的构件少，结构简单，易于维修，寿命长，适合重载；转弯时车身倾斜度小，车轮定位几乎不因其上、下运动而改变，轮胎磨损较小；缺点是左、右车轮的运动相互影响，容易产生跳动和摇摆现象。

1）钢板弹簧式非独立悬架

在采用钢板弹簧为弹性元件的非独立悬架中，通常是将钢板弹簧纵向布置，故也称之为纵置板簧式非独立悬架。图 2. 59 ~ 图 2. 60 所示为某汽车前悬架。钢板弹簧中部用两个 U 形螺栓固定在前桥上。钢板弹簧的前端卷耳用钢板弹簧销与前支架相连，形成固定式铰接支点，起传力和导向作用；后端卷耳则用吊耳销与可在车架上摆动的吊耳相连，形成摆动式铰接支点。这种连接方式能使钢板弹簧变形时，两端卷耳中心线间的距离作相应改变。

为了延长弹簧的使用寿命，在两端卷耳内压入衬套，使其与钢板弹簧销滑动配合，销上钻有径向和轴向油道，通过油嘴将润滑脂注入衬套进行润滑。

减振器的上下两个吊环通过橡胶衬套和连接销分别与车架上的上支架和车桥上的下支架相连接。在盖板上装有橡胶缓冲块，以限制弹簧的最大变形并防止弹簧直接碰撞车架。

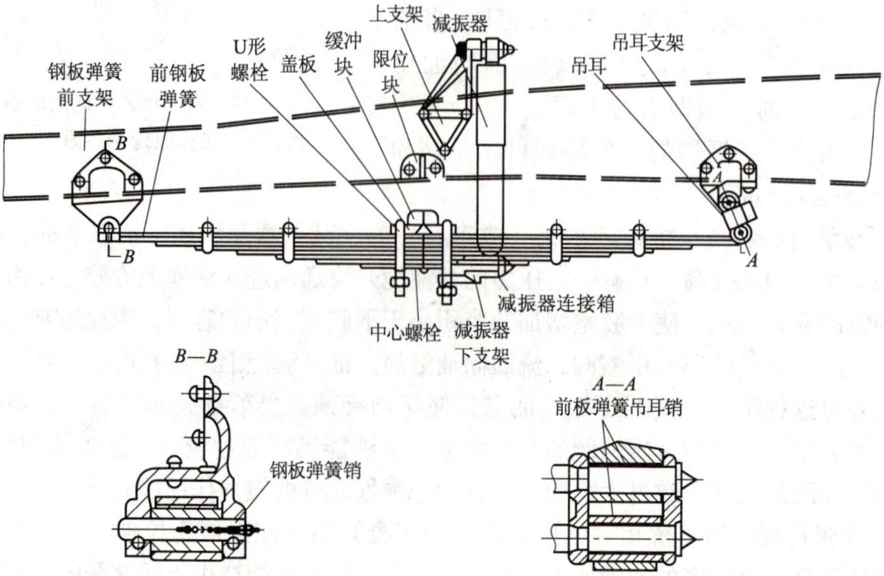

图 2. 59　钢板弹簧式非独立悬架（一）

图 2.60　钢板弹簧式非独立悬架（二）

2）螺旋弹簧式非独立悬架

螺旋弹簧式非独立悬架多用于轿车的后悬架。图 2.61 所示为某轿车后悬架。两根纵向推力杆（其形状为变截面管轴）的中部与后桥焊接为一体，其前端通过带橡胶的支承座与车身作铰链连接，后端与轮毂相连接：纵向推力杆用以传递纵向力及其力矩。整个后桥、纵向推力杆及车轮可以绕支承座的铰支点连线相对于车身做上下纵声摆动。螺旋弹簧的上端装在弹簧上座中，下端则支承在减振器外壳上的弹簧下座上，它只承受垂直力。减振器的上端与弹簧上座一起装在车身底部的悬架支座中，下端则与纵向推力杆相连接。采用这种结构，当两侧车轮上的螺旋弹簧因路面不平而产生不同的变形量时，后桥会发生相应的扭转变形，从而起到横向稳定器的作用。

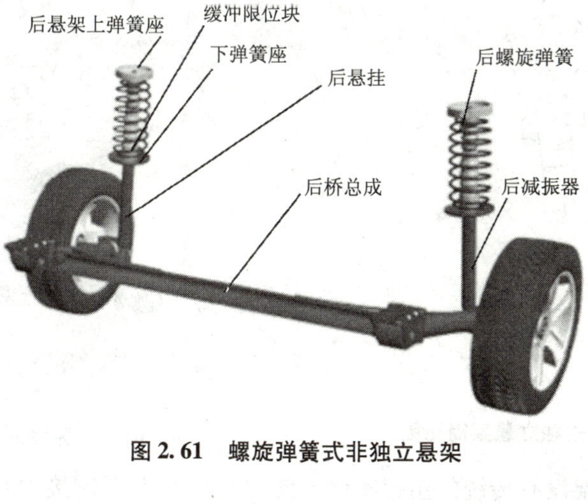

图 2.61　螺旋弹簧式非独立悬架

2. 独立悬架

现代汽车，特别是轿车上广泛采用独立悬架，有的轿车全部车轮都采用独立悬架。独立悬架能使两侧车轮各自独立地与车架或车身弹性连接。与非独立悬架相比，它具有以下优点：

① 在悬架弹性元件一定的变形范围内，两侧车轮可以单独运动，互不影响，可减小行驶时车架和车身的振动，而且可以防止转向轮的偏摆。

② 汽车的非簧载质量小。汽车上凡由弹性元件支承的质量称为簧载质量，如车架、车身等都属于簧载质量；而不由弹性元件支承的质量则称为非簧载质量。采用非独立悬架时，整个车桥和车轮都属于非簧载质量部分。采用独立悬架时，对驱动桥而言，由于主减速器、差速器及其外壳都固定在车架上，成了簧载质量；对于转向桥而言，仅有转向节和主销。所以在采用独立悬架时，非簧载质量只包括车轮质量和悬架系统中部分零件的质量，比非独立悬架的非簧载质量小。在道路条件和车速相同时，非簧载质量越小，悬架所受到的冲击载荷也越小。故采用独立悬架可以提高汽车的行驶平顺性。

③ 与独立悬架相配用的是断开式车桥，发动机总成的位置便可以降低和前移，使汽车重心下降，提高汽车的行驶稳定性。同时还能给予车轮较大的上下运动空间，因而可以将悬架刚度设计得较小，以降低车身振动频率，从而改善汽车的行驶平顺性。

但是，独立悬架的结构复杂，制造成本高，维修不便。在一般情况下车轮跳动时，由于车轮外倾角和轮距变化较大，轮胎磨损较严重。在独立悬架中，多采用螺旋弹簧和扭杆弹簧作为弹性元件，其他形式的弹性元件用得很少。

1）麦弗逊式独立悬架

麦弗逊式独立悬架是目前轿车广泛使用的一种悬架，其结构如图 2. 62 ~ 图 2. 63 所示。麦弗逊式悬架由减振器、螺旋弹簧、横摆臂、横向稳定杆（图中未画出）等组成。减振器与螺旋弹簧组合为一体，构成悬架的弹性支柱，支柱上端与车身挠性连接（即允许支柱以外的铰支点 A 为中心摆动），支柱的下端与转向节刚性连接。横摆臂的外端通过球头销 B 与转向节的下部连接，内端与车身铰接。车轮所受的侧向力经转向节大部分由横摆臂承受，其余部分由减振器承受。与烛式悬架相比，减小了滑动磨损。

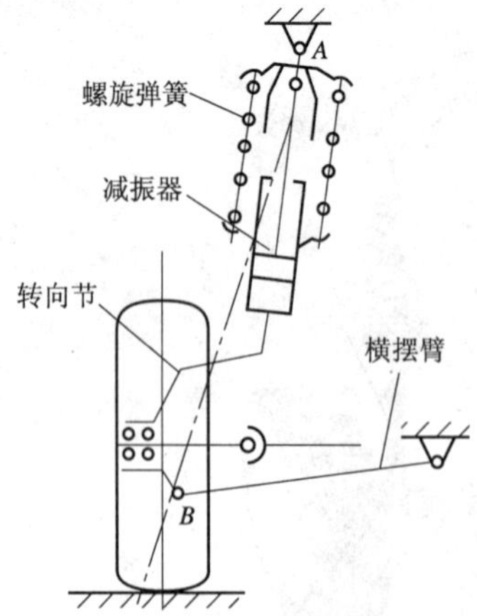

图 2. 62　麦弗逊式独立悬架简化图

图2. 63　麦弗逊式独立悬架实体图

麦弗逊式独立悬架没有传统的主销实体，转向轴线为上下铰接中心的连线 AB（一般与弹性支柱的轴线重合）。当车轮上下跳动时，B 点随横摆臂摆动，因而主销轴线 A 也随之摆动（弹性支柱也摆动）。这说明车轮沿着摆动的主销轴线而运动。因此，当这种悬架变形时，车轮、主销的倾角和轮距都会有些变化。但合理的杆系布置和调整可将这些变化控制在很小的范围内。麦弗逊式独立悬架结构较简单，布置紧凑。用于前悬架时能增大两前轮内侧的空间，故多用于发动机前置、前轮驱动的轿车上。麦弗逊式独立悬架由于横向刚性较小，所以经常会和横向稳定杆或副车架配用，如图 2. 64 所示。

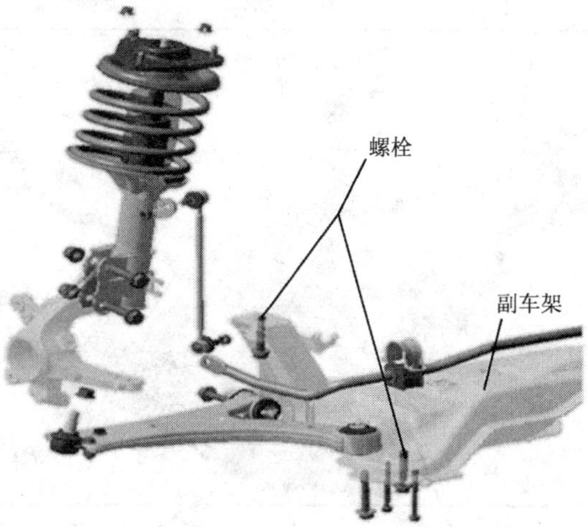

图 2.64　奇瑞 A3 前悬架、副车架分解图

2）多连杆式独立悬架

多连杆式独立悬架就是指由三根或三根以上连接拉杆构成，并且能提供多个方向的控制力，使轮胎具有更加可靠的行驶轨迹的悬架结构。由于三连杆结构已不能满足人们对于底盘操控性能的更高要求，只有结构更为精确、定位更加准确的四连杆式和五连杆式悬架才能称得上是真正的多连杆式，这两种悬架结构通常分别应用于前轮和后轮。以常运用于后轮的五连杆式悬架为例，五根连杆分别指主控制臂、前置定位臂、后置定位臂、上臂和下臂，其中，主控制臂可以起到调整后轮前束的作用，以提高车辆行驶稳定性，有效降低轮胎的摩擦。多连杆独立悬挂，可分为多连杆前悬挂和多连杆后悬挂系统。其中前悬挂一般为三连杆或四连杆式独立悬挂；后悬挂则一般为四连杆或五连杆式后悬挂系统，其中五连杆式后悬挂应用较为广泛。多连杆独立悬挂不仅可以保证拥有一定的舒适性，而且由于连杆较多，可以使车轮和地面尽最大可能保持垂直，尽最大可能减小车身的倾斜。最大可能维持轮胎的贴地性。其操控性能和双叉臂式悬挂难分伯仲，高档轿车由于空间充裕，且注重舒适性能和操控稳定性，所以大多使用多连杆悬挂，可以说多连杆悬挂是高档轿车的绝佳搭档。

多连杆悬挂结构相对复杂，材料成本、研发实验成本以及制造成本远高于其他类型的悬挂，而且其占用空间大。中小型车出于成本和空间考虑极少使用这种悬挂。国内前后悬挂均采用多连杆的车型有：北奔－戴克奔驰 E 级轿车、华晨宝马的 3 系及 5 系轿车、一汽大众奥迪 A4 及 A6L；采用多连杆前悬挂的车型有上海大众的帕萨特领域驭；采用多连杆后悬挂的有东南汽车三菱翼神、戈蓝、蓝瑟、V3 菱悦、广汽传祺、广汽传祺 GS5、长安福特福克斯、广州本田雅阁、上海通用君越、斯柯达明锐、一汽丰田皇冠及锐志、一汽轿车马自达 6、奇瑞 A3（如图 2.65 所示）等。

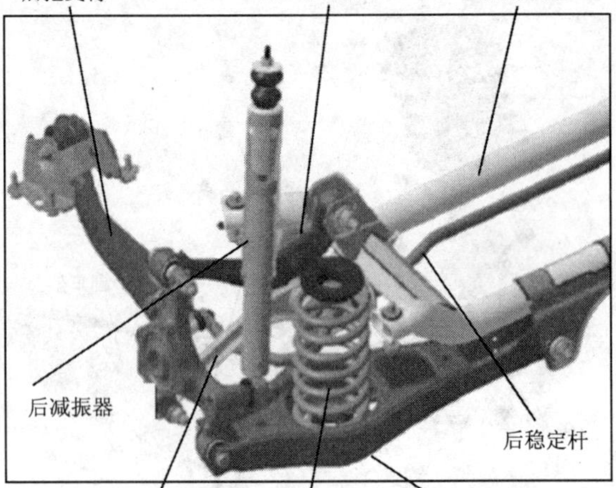

图 2. 65　奇瑞 A3 轿车四连杆后悬架结构

四、项目实施

(一) 悬架技术状况的检查

在汽车悬架检测台出现前主要是通过人工诊断法对汽车悬架进行检测。它又分为人工外观检查和按压车体法两种方式。

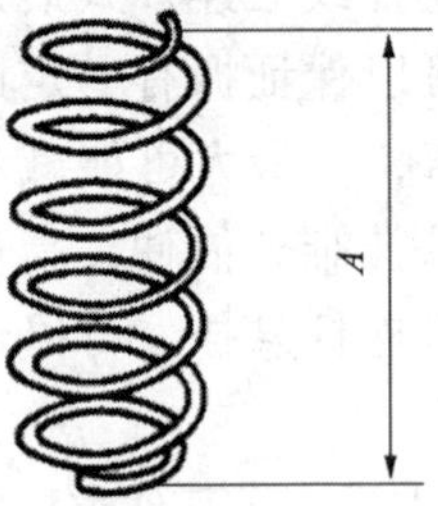

图 2. 66　螺旋弹簧的自由长度

1. 人工外观检查

汽车悬架弹簧不易损坏，且出现故障易目视察觉。当汽车车身高度过度降低，或发现螺旋弹簧有裂纹和变形，叶片弹簧有断片、缺片、裂纹、变形和磨损等的时候，可对悬架弹簧加以及时更换。如测量螺旋弹簧的自由长度（如图 2. 66 所示），若比标准弹簧长度减少 5%，即表示螺旋弹簧已产生永久变形，必须更换。

汽车减振器为易损部件，其安装在汽车上后，会在使用过程中逐步磨损和损坏，从而减振效能不可避免地会降低。一般来说，减振器很少能持续汽车的整个工作寿命周期，通常前轮的减振器比后轮的更易磨损。减振器的常见故障为漏油、磨损、腐蚀和异响等，其中漏油、磨损会导致减振器的减振效能的降低，并最终影响汽车的乘坐舒适性和行驶安全性。

减振器的两个检查方法：

（1）急加速时仰头较大、急刹车时前倾较大，或连续行驶后，用手触摸减振器外表其温度较低，说明可能减振器失效；汽车运行一段时间停车后迅速用手触摸减振器筒体，如果感到筒体发热、烫手，说明减振器工作正常。

（2）拆下减振器将其直立（如图 2. 67 所示），并把下端连接环夹于台钳上，用力拉压减振杆数次，此时应有稳定的阻力，往上拉的阻力应大于向下压的阻力，若阻力过大，应检查活塞杆是否弯曲。若阻力过小或无阻力，可能是减振器内部缺油或阀门零件损坏，应进行修复或更换。

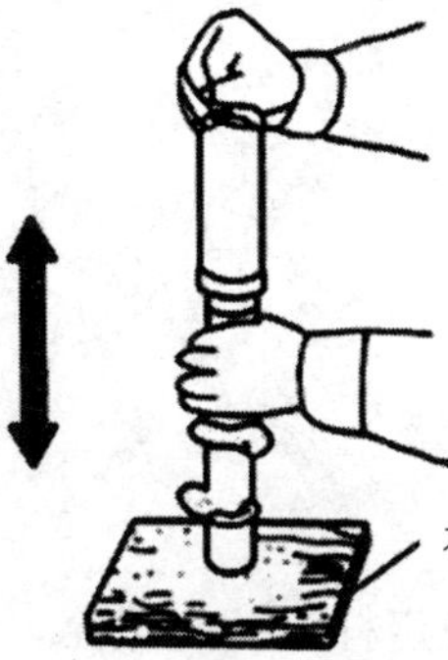

图 2.67　减振器性能检查

汽车悬架系统中的其他零件大多也可通过外观检查发现其是否失效，如悬架支座橡胶是否老化、缓冲块有无工作失效、弹簧和导向装置的连接紧固螺栓是否松动等。

2. 按压车体法

该方法是传统的悬架减振器检查方法。如图 2.68 所示，维修人员用力压下车身，然后突然松开，观察车身的上下运动。如果汽车跳跃少于 2 ~3 次，则说明减振器工作良好。如果车身的上下振动不能很快停止，则应更换减振器。

图 2.68　按压车体

（二）前悬架拆装

1. 准备工作

（1）所需工具：梅花扳手一套，常用大小套筒一套，扭力扳手一把，一字和十字螺丝刀、老虎钳和尖嘴钳各一把，塑料锤和铁锤各一把，减振器弹簧拆卸工具等。

（2）注意环保及安全操作。

2. 前悬架拆装

（1）使用 17#扭力扳手或随车扳手卸下轮胎紧固螺母，卸下轮胎，如图 2.69 所示。力矩：（110 ±10） N · m。

（2）拔下轮速传感器线并将线固定在不影响减振器拆卸的地方，如图 2.70 所示。

图 2.69 拆卸轮胎螺母

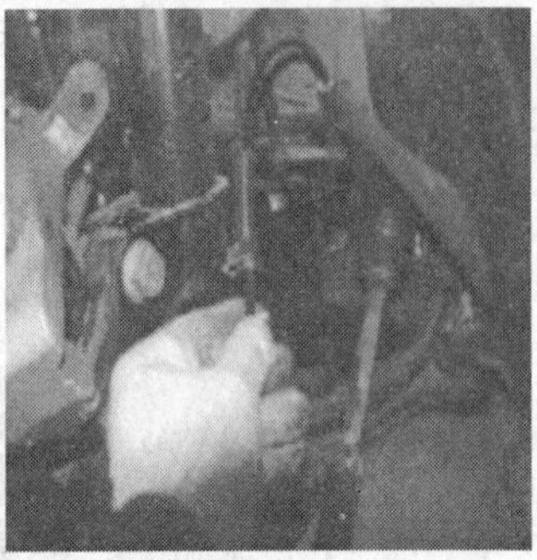
图 2.70 拔下轮速传感器线

（3）使用13#扳手拆下减振器与稳定杆连接的螺栓。力矩：（50±5）N·m。

（4）使用18#套筒拆下减振器总成与转向节的两颗连接螺栓，如图 2.71 所示。力矩：（110±10）N·m。

（5）使用13#扳手拆下减振器与车身壳体连接的三个螺母，如图 2.72 所示，取下弹簧与减振器总成。力矩：（50±5）N·m。

图 2.71 拆卸减振器与转向节连接螺栓

图 2.72 拆卸减振器与车身壳体连接螺母

（6）使用19#梅花扳手拆下左控制臂球头与左转向节总成连接的螺母，如图 2.73 所示。力矩：（120±10）N·m。

（7）使用15#、18#扳手拆下副车架与控制臂连接的两个螺栓和螺母，如图 2.74 所示，然后取下左控制臂总成。力矩：（120±10）N·m。

图 2.73 拆卸球头连接螺母

图 2.74 拆卸控制臂连接螺栓和螺母

（8）用专用工具压紧螺旋弹簧，用两个螺母和一把螺丝刀把持，拆下中央螺母。

（9）拆下前悬架支架总成、支架防尘油封。

（10）拆下上侧螺旋弹簧座、上侧螺旋弹簧隔垫。

（11）拆下螺旋弹簧、弹簧缓冲和减振器。

（12）按相反的顺序安装。

3. 注意事项

（1）在拆卸过程中，注意不要损坏制动软管。

（2）不允许对前悬架总成进行焊接或整形处理，不合格的零部件应更换。

（3）所有螺栓和螺母应按规定力矩拧紧。

（4）所有自锁螺母必须更换新件。

（三）后悬架拆装

1. 准备工作

（1）所需工具：梅花扳手一套，常用大小套筒一套，扭力扳手一把，一字和十字螺丝刀、老虎钳和尖嘴钳各一把，塑料锤和铁锤各一把等。

（2）注意环保及安全操作。

2. 后悬架拆装

（1）使用17#套筒、力矩扳手或随车扳手卸下轮胎紧固螺母，如图2.75所示，然后取出轮胎。力矩：（110±10）N·m。

（2）使用18#套筒拆下减振器总成与右后下控制臂连接的螺栓，如图2.76所示。力矩：（200±20）N·m。

图2.75　拆卸后轮螺母

图2.76　拆卸减振器下连接螺栓

（3）使用17#长套筒、棘轮扳手拆下右后减振器与车身连接的螺母，如图2.77所示，然后取出右后减振器。力矩：（33±3）N·m。

（4）使用15#套筒、棘轮扳手拆下右下控制臂与右后转向节连接的螺栓，然后取出右后减振弹簧。力矩：（90±5）N·m。

（5）使用13#扳手拆下波纹管前端的螺母和螺栓。力矩：（17±1）N·m。

（6）拆下三元催化转化器前的橡胶圈。

（7）拔下三元催化转化器后的橡胶圈。

（8）使用10#套筒和棘轮扳手拆下三元催化转化器和波纹管之间的两颗与车身连接的螺栓。力矩：（13±1）N·m。

（9）拔下后消声器与车身吊钩连接的橡胶圈，然后抬下排气管。

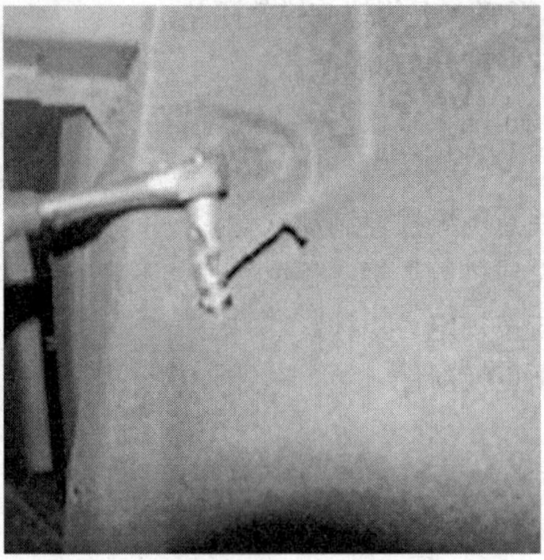

图 2.77　拆下减振器与车身连接的螺母

（10）拆下右后挡尘板和驻车制动器。

（11）使用一字螺丝刀撬下转向节支架上的固定卡。

（12）用 8#套筒、棘轮扳手拆下右后轮速传感器螺栓，然后取出传感器。力矩：（10 ± 1）N·m。

（13）使用 10#套筒、棘轮扳手拆下驻车制动器拉线固定支架螺栓。力矩：（10 ± 1）N·m。

（14）拔下固定在右后拖曳臂支架上的右后驻车制动器拉线。

（15）使用 18#套筒、棘轮扳手拆下右后减振器右后下控制臂连接的螺栓。力矩：（200 ± 20）N·m。

（16）使用一字螺丝刀撬开右后制动油管固定卡，然后松开制动油管。

（17）使用 13#扳手拆下右后制动分泵油管螺栓，制动液需用干净的容器回收。力矩：（17 ± 1）N·m。

（18）使用液压升降输送机顶住后桥，然后使用 15#套筒、棘轮扳手拆下图 2.78 所示后桥与车身连接的紧固螺栓。力矩：（120 ± 10）N·m。

（19）使用 15#套筒、棘轮扳手拆下图 2.79 所示后桥与车身连接的紧固螺栓。力矩：（50 ± 5）N·m。

图 2.78　后桥与车身连接螺栓（一）

图 2.79　后桥与车身连接螺栓（二）

（20）拆下后桥总成。

（21）按相反的顺序安装。

3. 注意事项

（1）在拆卸过程中，注意不要损坏制动软管。

（2）不允许对后悬架总成进行焊接或整形处理，不合格的零部件应更换。

（3）所有螺栓和螺母应按规定力矩拧紧。

（4）所有自锁螺母必须更换新件。

（四）悬架常见故障诊断与排除

1. 非独立悬架系统常见故障

（1）钢板弹簧折断：钢板弹簧折断，尤其是第一片折断，会因弹力不足等原因，使车身歪斜；后钢板弹簧一侧第一片折断时，车身在纵向平面内歪斜。

（2）钢板弹簧弹力过小或刚度不一致：当某一侧的钢板弹簧由于疲劳导致弹力下降，或者更换的钢板弹簧与原弹簧刚度不一致时，会使车身歪斜。

（3）钢板弹簧销、衬套和吊耳磨损过甚。其故障现象为：

① 车身歪斜（不严重）。

② 行驶跑偏。

③ 汽车行驶时出现摆振。

④ 异响。

（4）骑马螺栓松动或折断（或钢板弹簧第一片折断）。会因车辆移位歪斜，导致汽车跑偏。

2. 独立式悬架和减振器常见故障

（1）独立式悬架主要由螺旋弹簧、上下摆臂、横向稳定杆及减振器等组成。系统铰接点多，独立悬架常见的故障如下。

现象：

① 异响，尤其在不平路面上转弯时。

② 车身歪斜，汽车在转弯时车身过度倾斜等。

③ 前轮定位角改变。

④ 轮胎异常磨损。

⑤ 车辆摆振及行驶不稳。

原因：

① 螺旋弹簧弹力不足。

② 稳定杆变形。

③ 上、下摆臂变形。

④ 各铰接点磨损、松旷。

出现故障时，应对悬架系统进行仔细检查，即可发现故障部位及原因。

（2）减振器常见故障。

减振器常见故障有衬套磨损和泄漏。衬套磨损后，因松旷易产生响声。减振器轻微的泄漏时仍可使用，但泄漏过多，会使减振器失去减振作用而失效，需更换。

五、习题训练

1. 说出悬架的组成及其功用。
2. 独立悬架的优点有哪些?
3. 说出双向作用减振器的结构和工作原理。
4. 常见的非独立悬架有哪些?举例说明其典型应用。
5. 说出麦弗逊式独立悬架的组成和应用。

学习情境三

汽车转向系统检修

一、情景导入

一辆2010款奇瑞轿车，汽车行驶中驾驶员向左、右转动方向盘时，明显感到吃力，当汽车低速转弯时，感到明显费力。经维修人员检查判断故障来源于转向系统，初步判定是液压动力转向系统故障，需对液压动力转向系统进行检修。

二、项目要求

（一）能力目标要求

1. 掌握液压动力转向系技术状况的检查
2. 掌握助力转向系油液的加注
3. 掌握液压动力转向系正确的拆装、检修顺序
4. 掌握转向系常见故障诊断与维修

（二）知识目标要求

1. 掌握转向系的功用和分类
2. 熟悉转向系操纵机构
3. 掌握转向器的结构与工作原理
4. 熟悉转向传动机构
5. 熟悉液压动力转向装置

三、相关理论知识

（一）转向系的功用和分类

1. 功用

汽车转向系的功用是改变和保持汽车的行驶方向。

当汽车需要改变行驶方向时，必须使转向轮绕主销轴线偏转一定角度，直到新的行驶方向符合驾驶员的要求时，再将转向轮恢复到直线行驶的位置。这种由驾驶员操纵，转向轮偏转和回位的一套机构，称为汽车的转向系。

2. 类型

汽车转向系按转向动力源的不同分为机械转向系和动力转向系两大类。动力转向系又分为液压动力转向系和电动助力转向系。

3. 机械转向系的组成及工作过程

机械转向系以驾驶员的体力作转向动力源。机械转向系由转向操纵机构、转向器和转向传动机构三大部分组成。

如图3.1所示，汽车转向时，驾驶员转动转向盘，通过转向轴、转向节和转向传动轴，

将转向力矩输入转向器。从转向盘到转向传动轴这一系列部件即属于转向操纵机构。

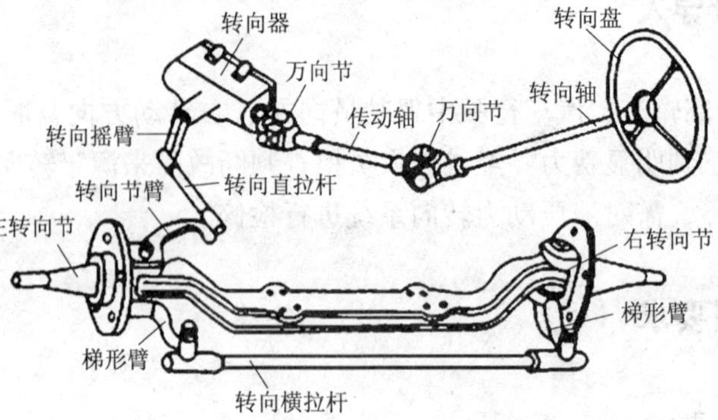

图 3.1　机械式转向系统示意图

转向器中有 1 ~2 级啮合传动副，具有减速增力作用。经转向器减速后的运动和增大后的力矩传到转向摇臂，再通过转向直拉杆传给固定于左转向节上的转向节臂，使左转向节及装于其上的左转向轮绕主销偏转。左、右梯形臂的一端分别固定在左、右转向节上，另一端则与转向横拉杆作球铰链连接。当左转向节偏转时经梯形臂、横拉杆和梯形臂的传递，右转向节及装于其上的右转向轮随之绕主销同向偏转相应的角度。

转向摇臂、转向直拉杆、转向节臂、梯形臂和转向横拉杆总称为转向传动机构。

梯形臂以及转向横拉杆和前轴构成转向梯形，其作用是在汽车转向时，使内、外转向轮按一定的规律进行偏转。

（二）转向系操纵机构

转向系操纵机构一般由方向盘、转向轴、转向管柱等组成，如图 3.2 所示。它的主要作用是操纵转向器和转向传动机构，使转向轮偏转。现代轿车转向系由于总布置的要求，转向盘与转向器的轴线相交成一定的角度，在结构中采用了万向节和转向传动轴。由于在发生车祸时，对驾驶员造成主要威胁的是转向盘及转向管柱等，所以人们在设计转向系操纵机构时，增加了安全措施。如采用安全转向柱、安全联轴节及能量吸收装置等。某些转向系考虑车架变形的影响，在转向操纵机构中增加了一个挠性万向节。现代轿车的转向操纵机构还带有各种调整机构，如转向柱斜度调整机构（如图 3.3 所示）、前后伸缩机构和锁止机构等。安全气囊也放置于转向盘中央。

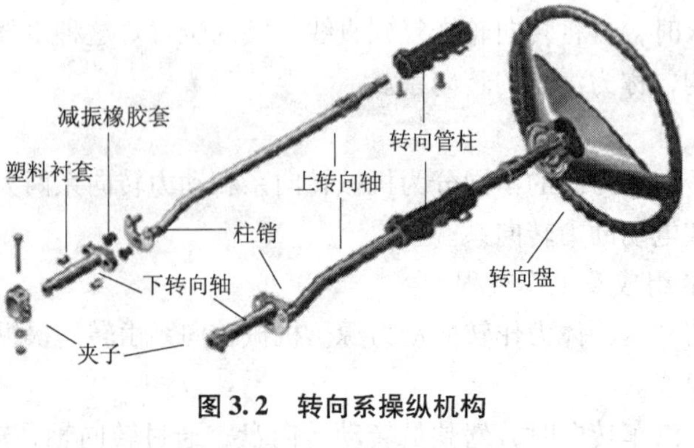

图 3.2　转向系操纵机构

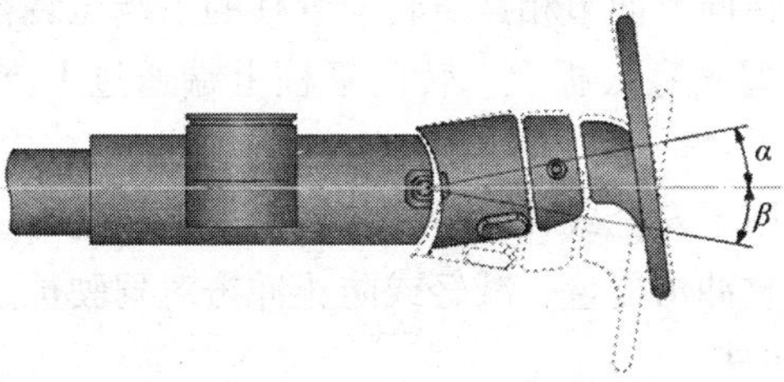

图 3.3　转向柱斜度调整机构

1. 转向盘

图 3.4　转向盘

如图 3.4 ~ 图 3.5 所示，转向盘由轮圈、轮辐和轮毂组成。轮辐一般为三根辐条或四根辐条，也有用两根辐条的。转向盘轮毂孔具有细牙内花键，借此与转向轴连接。转向盘内部是由成形的金属骨架构成。骨架外面一般包有柔软的合成橡胶或树脂，还有包皮革的，这样可有良好的手感，而且还可防止手心出汗时握转向盘打滑。一些高档的轿车方向盘外面包有真皮。当汽车发生碰撞时，从安全性考虑，不仅要求转向盘应具有柔软的外表皮，可起缓冲作用，而且还要求转向盘在撞车时，其骨架能产生变形，以吸收冲击能量，减轻驾驶员受伤的程度。转向盘上都装有喇叭按钮和安全气囊装置。有些轿车的转向盘上还装有车速控制开关和媒体、声音控制按钮。

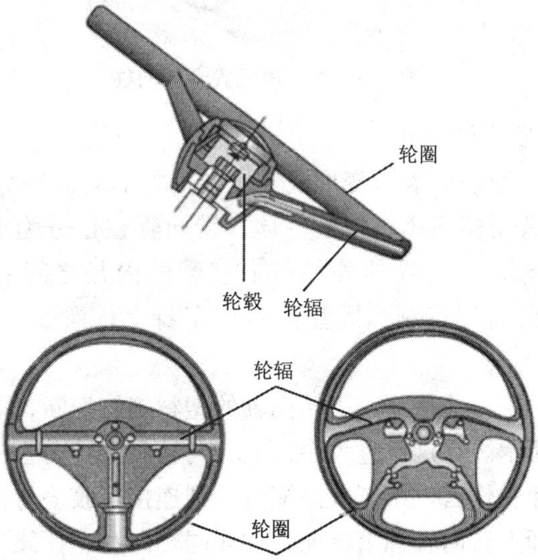

图 3.5　转向盘构造

2. 转向柱

转向轴和转向管柱统称为转向柱。转向轴是连接转向盘和转向器的传动件，并传递它们之间的转矩。转向管柱安装在车身上，支承着转向盘。转向轴从转向管柱中穿过，支承在管柱内的轴承和衬套上。转向轴多用无缝钢管制成，它的上部用轴承或衬套支承在转向管柱内，下部支承在下固定支架内的轴承中，轴承下端装有弹簧，可自动消除转向管柱与转向轴之间的轴向间隙。下端与转向万向节相连。转向管柱的下端压装在下固定支架的孔内。下固定支架用两个螺栓固定在驾驶室底板上。转向管柱上端通过上支架固定在驾驶室前围仪表板上。

现代轿车大多数都采用了安全式转向柱，在转向柱上设置能量吸收装置，当汽车紧急制动或发生撞车事故时，吸收冲击能量，减轻或防止冲击对驾驶员的伤害。

1）可分离式安全转向柱

如图 3.6 所示，转向轴分为上、下两段，中间用柔性联轴器连接。联轴器的上、下凸缘盘靠两个销子与销孔扣合在一起，销子通过衬套与销孔配合。当发生猛烈撞车时，将引起车身、车架产生严重变形，导致转向轴、转向盘等部件后移。与此同时，在惯性作用下驾驶员人体向前冲，致使转向轴上的上、下凸缘盘的销子与销孔脱开，从而缓和了冲击，吸收了冲击能量，有效地减轻了驾驶员受伤的程度。

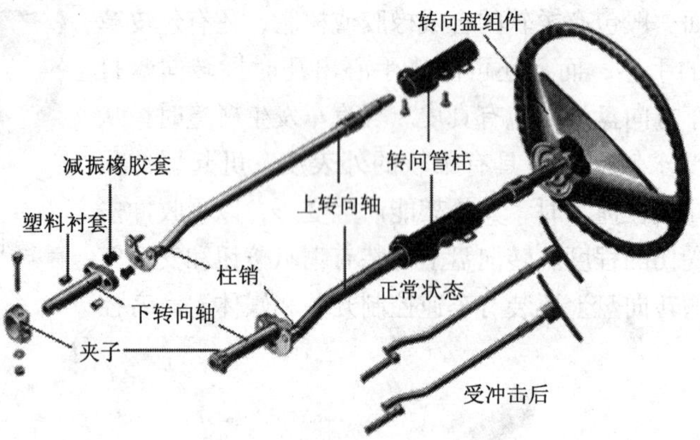

图 3.6　可分离式安全转向柱

2）钢球滚压变形式安全转向柱

如图 3.7 所示，是一种钢球滚压变形式安全转向柱。转向轴分为上转向轴和套在轴上的下转向轴两部分，二者用塑料销钉连成一体。转向管柱也分为上柱管和下柱管两部分，上、下柱管之间装有钢球，下柱管的外径与上柱管的内径之间的间隙比钢球直径稍小。上、下柱管连同柱管托架通过特制橡胶垫固定在车身上，橡胶垫则利用塑料销钉与托架连接。

当发生第一次碰撞时，将连接上、下转向轴的塑料销钉切断，下转向轴便套在上转向轴上向上滑动，如图 3.8 所示。在这一过程中，上转向轴和上转向管柱的空间位置没有因冲击而上移，故可使驾驶员免受伤害。第二次碰撞时，则连接橡胶垫与柱管托架的塑料销钉被切断，托架脱离橡胶垫，即上转向轴和上转向管柱连同转向盘、托架一起，相对于下转向轴和下转向管柱向下滑动，从而减缓了对驾驶员胸部的冲击。在上述两次冲击过程中，上、下转向管柱之间均产生相对滑动。因为钢球的直径稍大于上、下柱管之间隙，所以滑动中带有对钢球的挤压，冲击能量就在这种边滑动边挤压的过程中被吸收。日本丰田、马自达汽车的一些车型常采用该装置。

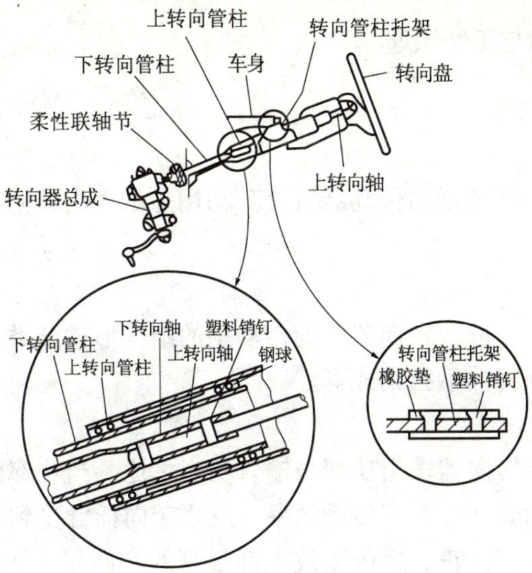

图 3.7　钢球滚压变形式安全转向柱（一）

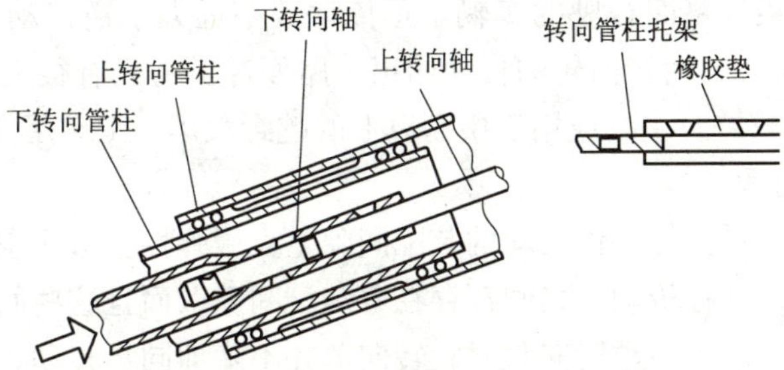

图 3.8　钢球滚压变形式安全转向柱（二）

3）网状管柱吸能式安全转向柱

这种转向系操纵机构的转向管柱的部分管壁制成网格状，使其在受到压缩时很容易轴向变形，并消耗一定的变形能量，如图 3.9 所示。消耗能量的同时缓和了冲击，吸收了冲击能量，有效地减轻了撞击对驾驶员的伤害。

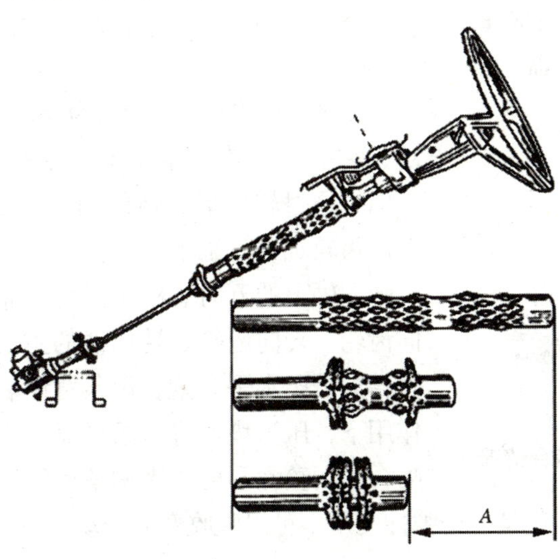

图 3.9　网状管柱吸能式安全转向柱

（三）转向器的结构与工作原理

1. 转向器的功用与类型

1）功用

转向器是转向系中的减速增力传动装置，其功用是增大由转向盘传到转向节的力矩，并改变力的传递方向。

2）类型

转向器的种类较多，一般按转向器中的传动副的结构形式分类。目前应用较广泛的有循环球式、齿轮齿条式和蜗杆曲柄指销式等。

3）转向器传动效率

转向器传动效率是指转向器输出功率与输入功率之比。当功率由转向盘输入，从转向摇臂输出时，所求得的传动效率称为正传动效率，反之转向摇臂受到道路冲击而传到转向盘的传动效率则称为逆传动效率。正、逆传动效率都很高的转向器（可逆式转向器），有利于汽车转向后转向轮的自动回正，转向盘“路感”很强，也容易在坏路行驶时出现“打手”，所以主要应用于经常在良好路面行驶的车辆。正传动效率远大于逆传动效率的转向器（极限可逆式），能实现汽车转向后转向轮的自动回正，路面冲击力只有很大时，方能部分地传到转向盘，但“路感”较差，主要应用于中型以上的越野汽车、工矿用自卸汽车等。

4）转向盘自由行程

转向盘为消除转向系各传动件之间的装配间隙、克服弹性变形所空转过的角度称为转向盘自由行程。由于转向系各传动件之间都存在着装配间隙，而且这些间隙将随零件的磨损而增大，因此在一定的范围内转动转向盘时，转向节并不随即同步转动，而是在消除这些间隙并克服机件的弹性形变后，才做相应的转动，即转向盘有一空转过程。

转向盘自由行程对于缓和路面冲击及避免驾驶员过于紧张是有利的，但过大的自由行程会影响转向灵敏性，所以汽车维护中应定期检查转向盘自由行程。其标准值在10°～15°，若超过此规定值，则必须进行调整。通常是通过调整转向器传动副的啮合间隙来调整转向盘自由行程。

2. 转向器的结构与组成

1）齿轮齿条式转向器

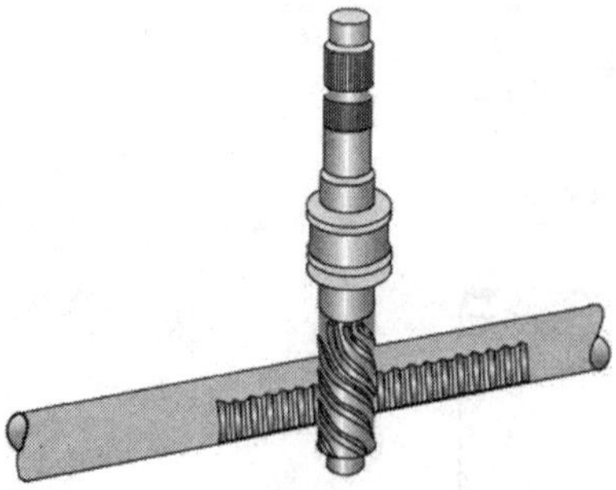

图 3.10　齿轮与齿条啮合情况

图 3.10～图 3.11 所示为齿轮齿条式转向器及其啮合情况，它主要由转向器壳体、转向齿轮、转向齿条等组成。转向器通过转向器壳体的两端用螺栓固定在车身（车架）上。齿轮轴通过轴承垂直安装在壳体中，其上端通过花键与转向轴上的万向节相连，其下部分是与轴制成一体的转向齿轮。转向齿轮是转向器的主动件。它与相啮合的从动件转向齿条水平布置，齿条背面装有压簧垫块。在压簧的作用下，压簧垫块将齿条压靠在齿轮上，保证二者无间隙啮合。调整螺塞可用来调整压簧的预紧力。压簧不仅起消除啮合间隙的作用，而且还是一个弹性支承，可以吸收部分振动能量，缓和冲击。

转向齿条的两端通过拉杆支架与左、右转向横拉杆连接。转动转向盘时，转向齿轮转动，与之相啮合的转向齿条沿轴向移动，从而使左、右转向横拉杆带动转向节转动，使转向轮偏转，实现汽车转向。

齿轮齿条式机械转向器因其结构简单，可靠性好；转向机构又几乎完全封闭，维修工作量少，也便于独立悬架的布置；转向齿轮啮合，无须中间传动，因此，操纵的灵敏性很好。同时转向齿条的节距由齿条端头起至齿条中心逐渐由大变小，转向齿轮与转向齿条的啮合深度逐渐变大，在转向盘转动量相同的条件下，齿条的移动距离在靠近齿条端头要比靠近齿条中心部位稍短些，从而使转向力变化微小，使转向器转矩传递性能好，而且转向非常轻便，将转向器的这种传动比称为“可变传动比”。因此，轿车已经广泛采用可变传动比的齿轮齿条式转向器。

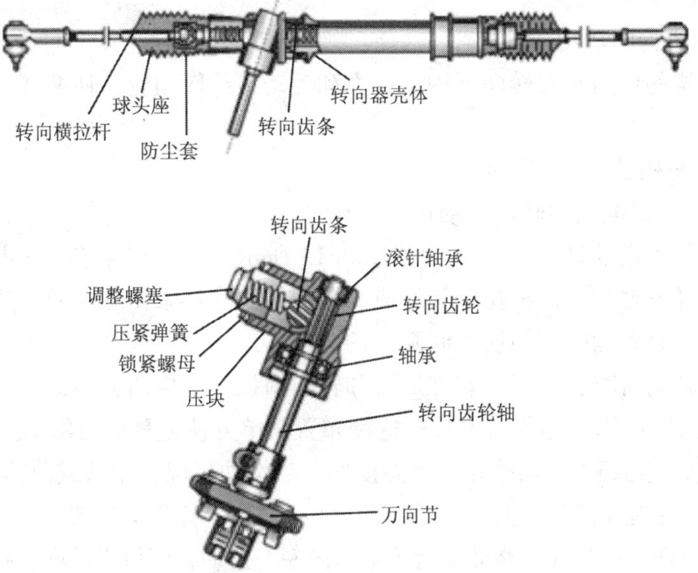

图 3.11　齿轮齿条式转向器

2）循环球式转向器

循环球式转向器又称循环球 - 齿条齿扇式转向器，如图 3.12 所示。它有两级传动副，第一级传动副是转向螺杆和转向螺母；螺母的下平面加工成齿条，与齿扇轴内的齿扇相啮合，构成齿条、齿扇第二级传动副。显然，转向螺母即是第一级传动副的从动件，也是第二级传动副的主动件。通过转向盘转动转向螺杆时，转向螺母不能随之转动，而只能沿杆转向移动，并驱使齿扇轴（即摇臂轴）转动。

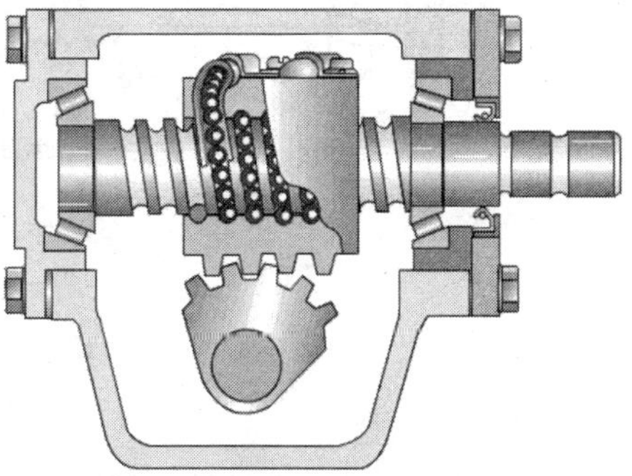
图 3.12　循环球式转向器

转向螺杆支撑在两个推力球轴承上，轴承的预紧度可用调整垫片调整。在转向螺杆上松套着转向螺母。为了减少它们之间的摩擦，二者的螺纹并不直接接触，其间装有许多钢球，以实现滚动摩擦。当转动转向螺杆时，通过钢球将力传给转向螺母，使螺母沿螺杆轴向移动。随着螺母沿螺杆做轴向移动，其齿条便带动齿扇绕着转向摇臂轴做圆弧运动，从而使转向摇臂轴连同摇臂产生摆动，通过转向传动机构使转向轮偏转，实现汽车转向。

由于摩擦力的作用，所有钢球便在螺杆与螺母之间滚动，形成“球流”。转向螺母下平面上加工出的齿条是倾斜的，与之相啮合的是变齿厚齿扇。只要使齿扇轴相对于齿条做轴向移动，便可调整二者的啮合间隙。调整螺钉旋装在侧盖上。齿扇轴靠近齿扇的端部切有T形槽，螺钉的圆柱形端头嵌入此切槽中，端头与T形槽的间隙用调整垫圈来调整。旋入螺钉，则齿条与齿扇的啮合间隙减小；旋出螺钉则啮合间隙增大。调整好后用锁紧螺母锁紧。

由于循环球式转向器采用两级传动副，传动比较大，故货车和客车采用较多，某些大型越野和皮卡车的转向系统也采用这种结构。

（四）转向传动机构

1. 转向传动机构的功用

转向传动机构的作用是将转向器输出的力和运动传给转向轮，使两侧转向轮偏转以实现汽车转向。

2. 转向传动机构的组成、构造

1）与非独立悬架配用的转向传动机构

与非独立悬架配用的转向传动机构如图3.13所示。它一般由转向摇臂、转向直拉杆、转向节臂、两个梯形臂和转向横拉杆等组成。各杆件之间都采用球形铰链连接，并设有防止松动、缓冲吸振、自动消除磨损后的间隙等的结构。

当前桥仅为转向桥时，由左、右梯形臂和转向横拉杆组成的转向梯形一般布置在前桥之后，如图3.13（a）所示，称为后置式；这种布置简单方便，且后置的横拉杆有前面的车桥做保护，可避免直接与路面障碍物相碰撞而损坏。当发动机位置较低或前桥为转向驱动桥时，往往将转向梯形臂布置在前桥之前，如图3.13（b）所示，称为前置式。若转向摇臂不是在汽车纵向平面内前后摆动而是在与路面平行的平面内左右摆动，则可将转向直拉杆横向布置，并借球头销直接带动转向横拉杆，从而推动左、右梯形臂转动，如图3.13（c）所示。

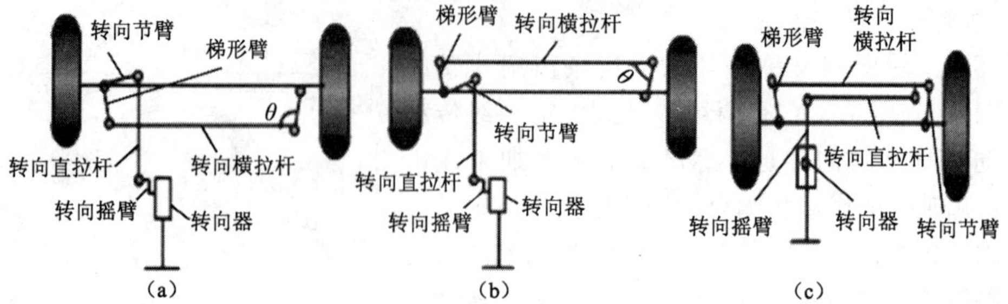

图3.13　与非独立悬架配用的转向传动机构

（1）转向摇臂。

图3.14所示为常见转向摇臂的结构形式。其大端具有三角细花键锥形孔，用以与转向摇臂轴外端相连接，并用螺母固定；其小端带有球头销，以便与转向直拉杆做空间铰链连接。转向摇臂安装后从中间位置向两边摆动的角度应大致相等，故在把转向摇臂安装到摇臂轴上时，二者相应的角度位置应正确。为此，常在摇臂大孔外端面上和摇臂轴的外端面上各刻有短线，或是在二者的花键部分上都少铣一个齿作为装配标记。装配时应将标记对齐。

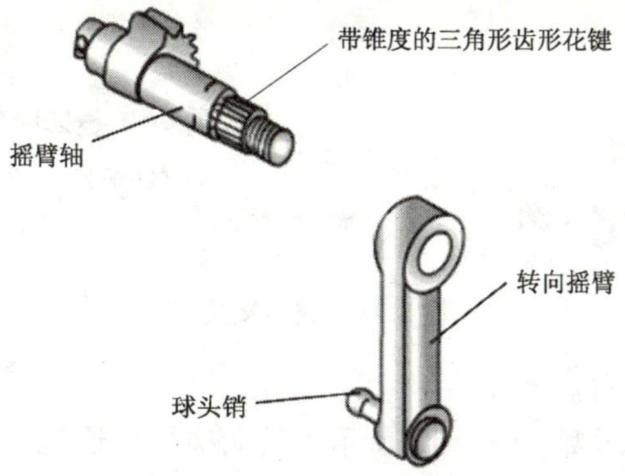

图 3.14　转向摇臂

（2）转向直拉杆。

图 3.15 所示为某汽车的转向直拉杆。直拉杆体由两端扩大的钢管制成，在扩大的端部里，装有由球头销、球头座、弹簧座、压缩弹簧和螺塞等组成的球铰链。球头销的锥形部分与转向摇臂连接，并用螺母固定；其球头部分的两侧与两个球头座配合，前球头座靠在端部螺塞上，后球头座在弹簧的作用下压靠在球头上，这样，两个球头座就将球头紧紧夹持住。为保证球头与球头座的润滑，可从油嘴注入润滑脂。拆装时供球头出入的直拉杆体上的孔口用油封垫的护套盖住，以防止润滑脂流出和污物侵入。

压缩弹簧能自动消除因球头与球头座磨损而产生的间隙，弹簧座的小端与球头座之间留有不大的间隙，作为弹簧缓冲的余地，并可限制缓冲时弹簧的压缩量（防止弹簧过载）。此外，当弹簧折断时此间隙可保证球头销不致从管孔中脱出。端部螺塞可以调整此间隙，调整间隙的同时也调整了前弹簧的预紧度，调好后用开口销固定螺塞的位置，以防松动。

为了使转向直拉杆在受到向前或向后的冲击力时，都有一个弹簧起缓冲作用，两端的压缩弹簧装在各自球头销的同一侧。由球头销传来的向后（图中为向右）的冲击力由前压缩弹簧承受。当球头销受到向前的冲击力时，冲击力依次经过前球头座、前端部螺塞、直拉杆体和后端部螺塞传给后压缩弹簧。

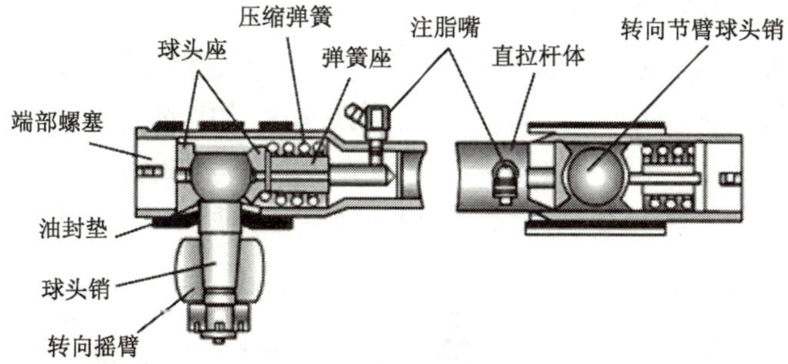

图 3.15　转向直拉杆

（3）转向横拉杆。

图 3.16 所示为某汽车转向横拉杆。横拉杆体用钢管制成，其两端切有螺纹，一端为右旋，一端为左旋，与横拉杆接头旋装连接，两端接头结构相同。接头的螺纹孔壁上开有轴向切口，故具有弹性，旋装到杆体上后可用螺栓夹紧。旋松夹紧螺栓以后，转动横拉杆体，可改变转向横拉杆的总长度，从而调整转向轮前束。

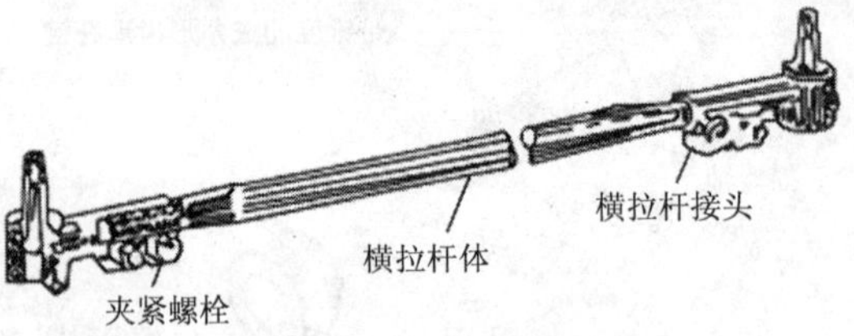

图 3.16　转向横拉杆

(4) 转向节臂和梯形臂。

汽车的转向节臂和梯形臂如图 3.17 所示。转向横拉杆通过转向节臂与转向节相连。转向横拉杆两端经左、右梯形臂与转向节相连。转向节臂和梯形臂带锥形柱的一端与转向节锥形孔相配合，用键防止螺母松动。梯形臂的另一端带有锥形孔，与相应的拉杆球头销锥形柱相配合，同样用螺母紧固后插入开口销锁住。

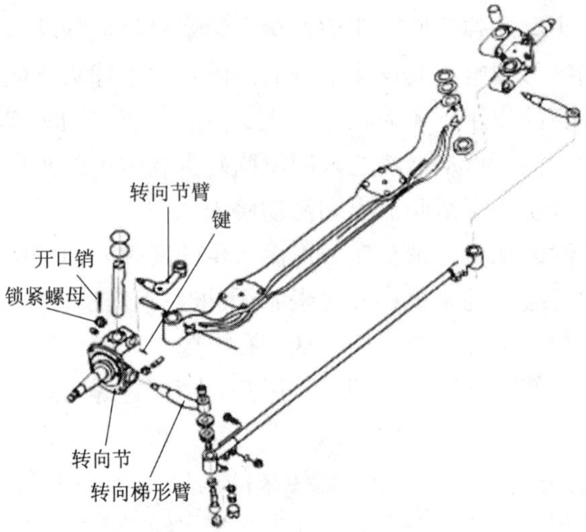

图 3.17　转向节臂和梯形臂

2) 与独立悬架配用的转向传动机构

当转向轮采用独立悬架时，由于每个转向轮都需要相对于车架（或承载式车身）做独立运动，故转向桥必须是断开式的。与此同时，转向传动机构中的转向梯形也必须分成两段或三段。图 3.18 ~ 图 3.19 所示为几种独立悬架配用的转向传动机构示意图。其中图 3.18 (a)、(b) 所示机构与循环球式转向器配用，图 3.19 (a)、(b) 所示机构与齿轮齿条式转向器配用。

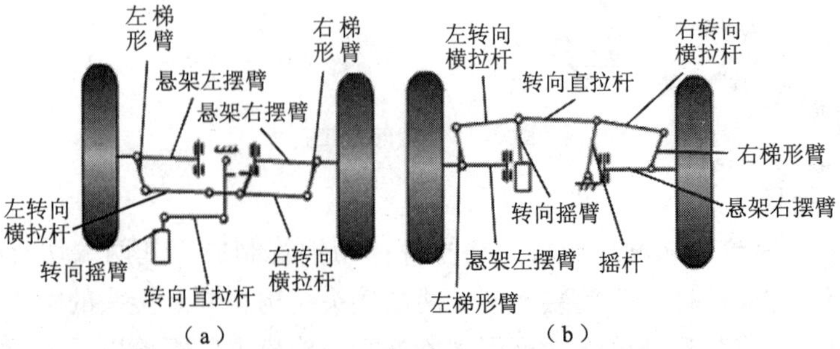

图 3.18　与独立悬架和循环球式转向器配用的转向传动机构

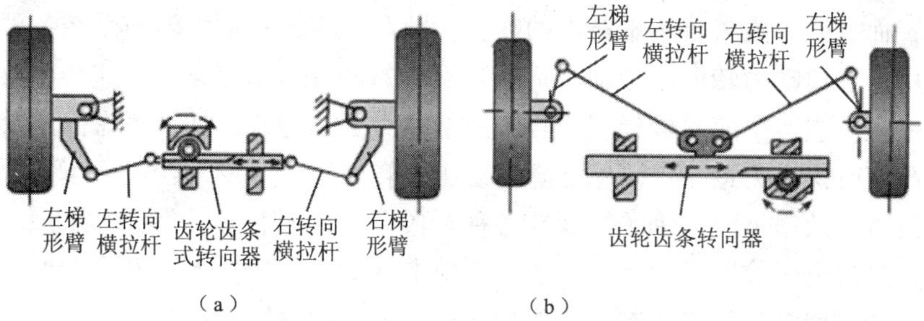

图 3.19　与独立悬架和齿轮齿条式转向器配用的转向传动机构

图 3.20 所示为现代轿车常用的转向传动机构，转向器齿条两端制有内螺纹，转向横拉杆的内端装有带螺纹的球头，并将其旋入齿条中。横拉杆的外端也通过螺纹与横拉杆接头连接，并用螺母锁紧。横拉杆接头外端通过球头销与转向节连接，松开锁紧螺母，转动转向横拉杆，可以调整前轮前束。

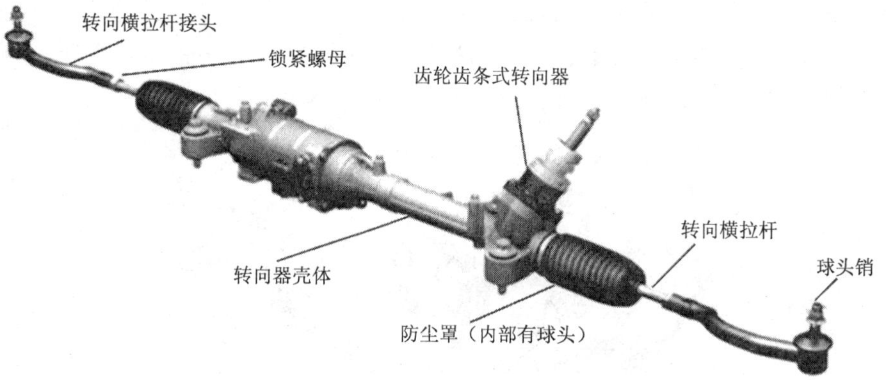

图 3.20　某轿车转向传动机构

（五）液压动力转向系统

1. 动力转向系的功用和分类

对于转向系来说，最主要的要求是转向的灵敏性和操纵的轻便性。高的转向灵敏性，要求转向器具有小的传动比；好的操纵轻便性，则要求转向器具有大的传动比。普通的机械转向系很难兼顾汽车的转向灵敏性和操纵的轻便性。为解决这一矛盾，越来越多的车辆采用了以发动机输出的部分动力为能源的动力转向系。

动力转向系是利用一定的动力助力方式，对转向器施加作用力以减少驾驶员转动转向盘的操纵力、减轻驾驶疲劳的转向系统。

动力转向系按动力介质的不同分为气压式、液压式和电动助力式三类。液压式动力转向系按液流形式可以分为常流式和常压式；按转向控制阀的运动方式又可以分为滑阀式和转阀式。

气压式动力转向系主要用于采用气压制动系统的货车和客车。对于装载质量过大的货车，因为其气压制动系统的工作压力较低，使得部件结构复杂、尺寸过于庞大、消耗功率多、易产生泄漏，而且转向力也不宜有效控制，所以这种助力系统不容易用于大型货车和小型轿车。液压式动力转向系工作灵敏度高，结构紧凑，外廓尺寸较小，工作时无噪声，工作滞后时间短，而且能吸收来自不平路面的冲击。因此，液压式动力转向系在各类汽车上得到了广泛的应用。普通动力转向系的助力特性是不变的，且与车速无关，这会导致停车及低速时，转向盘操纵沉重，中速时较轻快，当车速增高时更加轻快。如果考虑停车及低速时的轻便性，则使高速时操纵力过小，路感下降，易出现转向过度。反之会使停车及低速时操纵力过大，转向沉重，效率下降。为了实现在各种行驶条件下转向盘上所需要的力都是最佳值，必须采用更先进的电子控制动力转向系统。目前电动助力式转向系统已经发展相对成熟，在轿车和客车上的应用越来越多，有逐渐取代液压动力转向系统的趋势。

2. 液压动力转向系的组成与工作原理

动力转向系是兼用驾驶员体力和发动机动力作为转向动力源的转向系。动力转向系是在机械转向系的基础上加上一套转向加力器构成。图 3. 21 ~ 图 3. 22 所示为液压式动力转向系统，其中，转向油罐、转向油泵、整体式转向器（含转向控制阀、转向动力缸和齿轮齿条式转向器）及油管等构成转向加力器。采用液压式动力转向系统的汽车，在正常情况下转向时，驾驶员操纵机械式转向系一方面提供转向所需的一小部分能量，另一方面则同时带动转向加力器工作，由发动机通过转向加力器提供转向所需的大部分能量。在转向加力器失效时，其工作过程同机械式转向系。

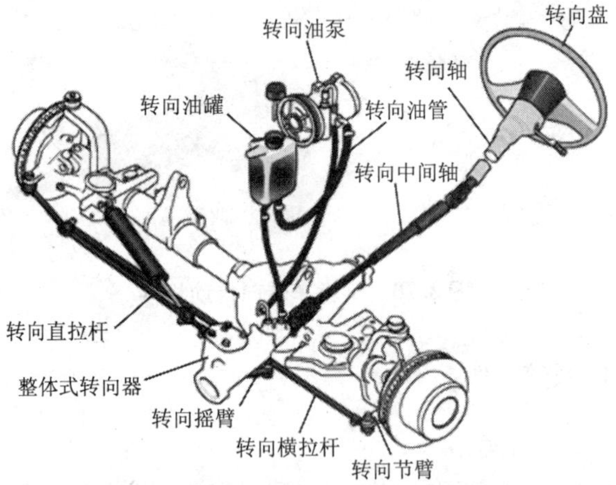

图 3. 21　液压式动力转向系统示意图

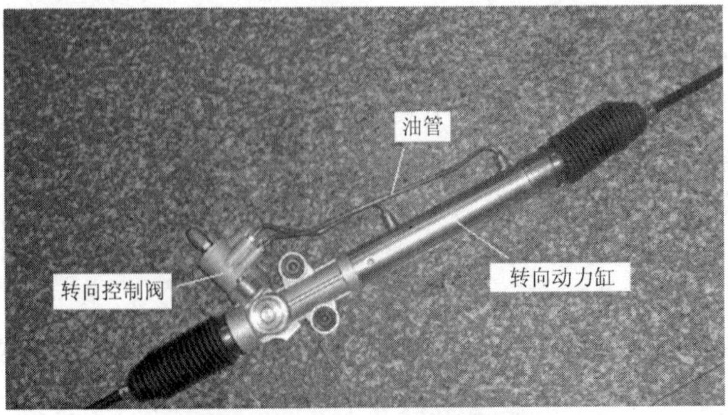

图 3. 22　液压式动力转向系统实体图

1）转向油罐

转向油罐又称储油罐，它的作用是储存、滤清并冷却液压转向助力装置的工作油液，允许转向油液在不同温度下的膨胀和收缩，如图 3.23 所示。在罐盖上还有一个通气孔，允许在运行过程中，转向储油罐液面高度的改变。

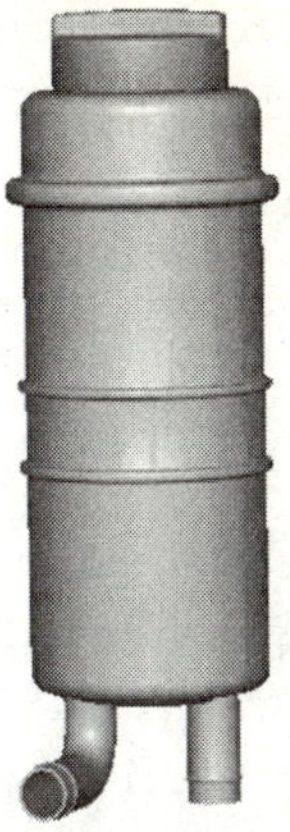

图 3.23　转向油罐

2）转向油泵

转向油泵是动力转向装置的动力源，其功用是将发动机的机械能变为驱动转向动力缸工作的液压能，再由转向动力缸输出的转向力，驱动转向车轮转向。

转向油泵的结构类型有多种，常见的有齿轮式、转子式和叶片式。下面介绍应用最广泛的双作用叶片式转向油泵。

图 3.24　双作用叶片式转向油泵

双作用叶片式转向油泵的结构，如图 3.24～图 3.25 所示。驱动轴上压有一个皮带轮并由曲轴上皮带轮通过皮带驱动转向油泵。油泵主要由转子、定子、配油盘、壳体、驱动轴及组合阀（溢流阀和安全阀）组成。转子上均匀地开有 10 个径向叶片槽，槽内装有可径向滑动的矩形叶片，叶片顶端可紧贴在定子的内表面上。在转子和定子的两个侧面上各有一配油盘，由于转子的宽度稍小于定子的宽度，使两配油盘紧压在定子上。两配油盘和定子一起装在壳体内，不能移动或转动。两配油盘与定子相对的端面上各开有对称布置的腰形槽，分别与进油口和出油口相连。定子内表面曲线近似于椭圆形，使得由转子、定子叶片和左右配油盘之间形成若干个密封的工作室。工作室容积大小随转子旋转实现“由小变大，由大变小，再由小变大，由大变小”一直循环。

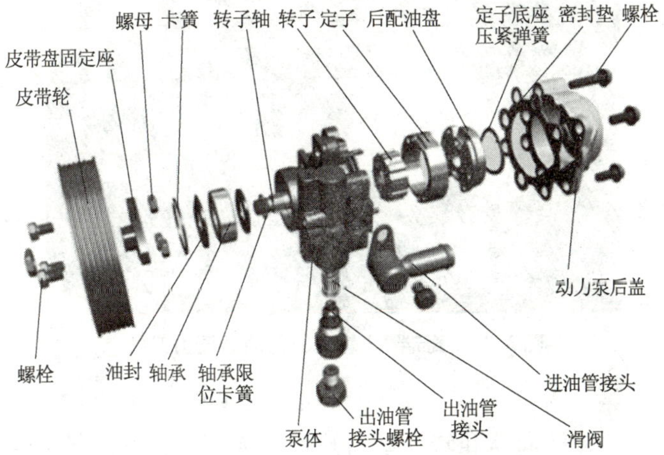

图 3.25　双作用叶片式转向油泵爆炸图

双作用叶片式转向油泵的工作原理如图 3.26 所示。当发动机带动油泵逆时针旋转时，叶片在离心力的作用下紧贴在定子的内表面上，工作容积开始由小变大，从吸油口吸进油液，而后工作容积由大变小，压缩油液，经压油口向外供油。再转 180°，又完成一次吸压油过程。

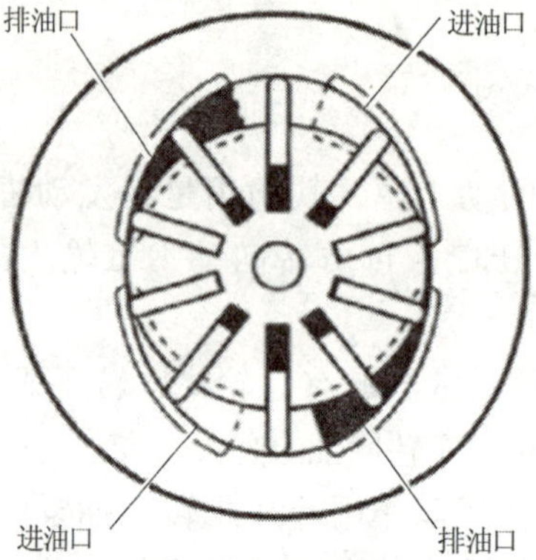

图 3. 26　双作用叶片式转向油泵进出油情况

现代轿车为提高转向系统的工作可靠性，在液压转向系统中加入了压力开关，如图 3. 27 所示。奇瑞 A3 轿车液压转向系统的压力开关安装在转向泵壳体上，感知转向时液压油的压力。将方向盘转至一侧锁止位置，相比直线前进位置，这将给发动机带来非常大的附加载荷，为了避免发动机停机或低速空转的可能，传感器发出动力转向信号，并传递到发动机控制模块，这样就可以调节空转控制，以免发动机停机。这个传感器也称为“需求”传感器，位于动力转向泵高压侧出口位置，当发动机运转，转向泵开始工作，转向系统就开始产生载荷信号，当车辆静止，节气门关闭时，就需要 ECM 怠速校准信号。动力转向载荷信号通过硬线连接传递给 ECM，传感器可以对载荷产生模拟电压比，ECM 使用此信号校准怠速控制输出。

图 3. 27　奇瑞 A3 轿车转向油泵压力开关

3）工作原理

如图 3. 28 所示，机械转向器和转向动力缸设计成一体，并与转向控制阀组装在一起。动力缸、控制阀、转向器合为一体时称为整体式动力转向器。现代轿车广泛采用转阀式整体动力转向器结构。阀体绕其圆心转动来控制油液流量的转向控制阀，称为转阀式转向控制阀。转阀具有四个互相连通的进油通道，出油通道分别与动力缸的左、右腔连通。当阀体顺时针转过一个很小的角度时，从液压泵来的压力油经进油口流入转阀，继而进入动力缸的一个腔内。另外四个通道的进油被隔断，压力油不能进入，因而动力缸另一腔的低压油，在活塞推动下经回油槽流回储油罐。

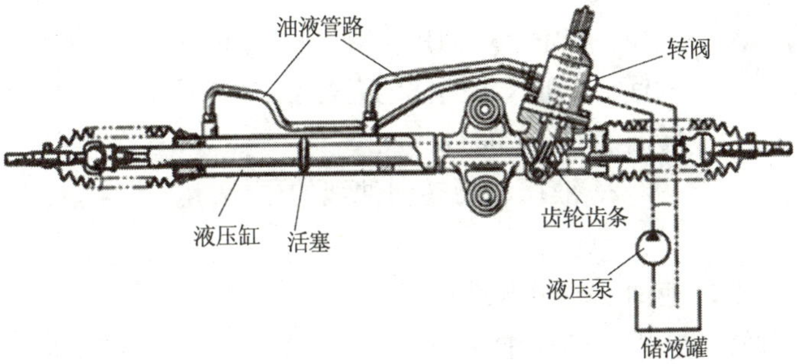

图 3.28　液压动力转向系统结构示意图

汽车直线行驶时，阀芯与阀套的位置关系如图 3.29 所示。自油泵来的液压油经阀芯与阀套间的间隙，流向动力缸两端，动力缸两端油压相等，不产生液压助力。

如图 3.30 ~ 图 3.31 所示，驾驶员转动方向盘时，阀芯与阀套相对位置发生改变，使得大部分或全部来自泵的液压油流入动力缸某一端，而另一端与回油管路接通，动力缸促进汽车左转或右转，产生液压助力。

图 3.29　直线行驶

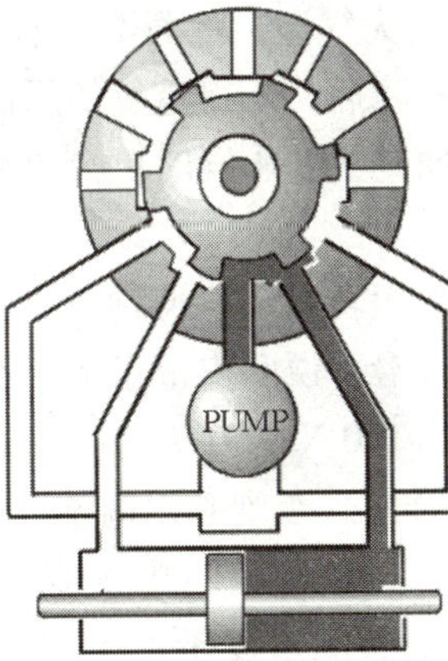

图 3.30　向左行驶

图 3.31　向右行驶

四、项目实施

（一）液压动力转向系的试验与调整

1. 转向油罐油面高度的检查

（1）将车辆停放在水平路面上，使前轮处于直线行驶位置。

（2）起动发动机，并使其达到正常的工作温度。

（3）使发动机怠速运转大约 2 min，左、右打几次转向盘，使油温达到 40 ℃ ~ 80 ℃，关闭发动机。

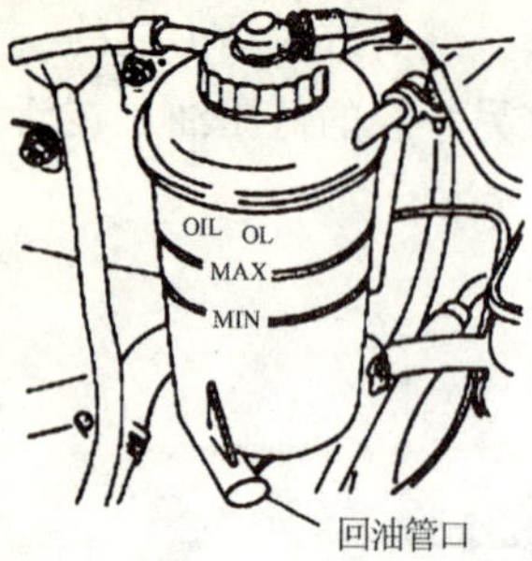

图 3.32　转向油罐

(4) 如图 3.32 所示，观察转向油罐（即储油罐）的液面，此时液面应处于“MAX”（上限）与“MIN”（下限）之间。液面低于“MIN”时，应加油使液面至“MAX”位置。

(5) 对于用油尺检查的汽车，应拧下带油尺的封盖，用布将油尺擦净，将带油尺的封盖插入油罐内拧好，然后重新拧出，观察油尺上的标记。油尺上的标记应处于“MAX”与“MIN”之间，必要时应将转向油加至“MAX”处。

2. 液压动力转向油液的更换

1）放油

(1) 支起汽车前部，使两前轮离开地面。

(2) 拧下转向油罐盖，拆下转向油泵回油管，然后将转向油放入容器中。

(3) 使发动机怠速运转，在放油的同时，左右转动转向盘。

2）加油与排气

(1) 停止发动机工作，支起汽车前部，并用支架支撑。

(2) 向转向油罐内加注符合规定的转向油（一般为 ATF 油）。

(3) 发动机怠速运转，反复向左、右打转向盘到极限位置（在极限位置停留不得超过 10 s，以防油泵发热），直至储油罐中无泡沫、气泡冒出并消除乳化现象，表明液力转向系统中的空气已排除干净。

(4) 发动机熄火后，储油罐中应无气泡，液面不得超过上限。

注意：在排除转向系统装置的故障后，不得重复使用储油罐中的液压油；在拆换动力转向器和更换储油罐中的液压油时，原则上要求同时更换储油罐中的滤清器。

3. 皮带张紧力的检查

方法一：汽车停在干燥路面上，运转发动机使油液上升到正常温度，左右转动转向盘，此时驱动皮带负荷最大，如果皮带打滑，说明皮带张紧度不够或油泵内有机械损伤。

方法二：关闭发动机，用手以约 100 N 的力从皮带的中间位置按下，皮带应有约 10 mm 挠度为合适，否则必须调整。

方法三：有条件时可使用如图 3.33 所示的皮带紧度测量表。将测量表安装在驱动皮带上，然后测量皮带产生标准变形量时所需力的大小，皮带的挠度应符合原厂规定，一般新皮带挠度为 7 ~ 9 mm，在用皮带挠度为 10 ~ 12 mm。

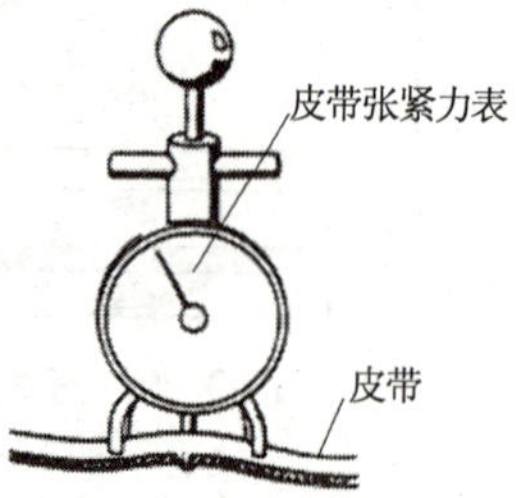

图 3.33　皮带张紧力检查

4. 转向盘的检查

1）测量转向力

(1) 检查转向操纵力时，将汽车停放在水平干燥的路面上，油液温度达到 40 ℃ ~ 80 ℃，轮胎气压正常，并使前轮处于直线行驶位置。

(2) 发动机怠速运转，将一弹簧秤勾在转向盘边缘上，拉动转向盘，检查转向盘左右转动一圈所需拉力变化。一般来说，如果转向操纵力超过 44.5 N，说明动力转向工作不正常，应检查有无皮带打滑或损坏、转向油泵输出油压或油量是否低于标准、油液中是否渗入空气、油管是否有压瘪或弯曲变形等故障。

2）转向盘回位检查

检查时，一面行驶一面察看下列各项：

（1）缓慢或迅速转动转向盘，检查两种情况下的转向盘操纵力有无明显的差别，并检查转向盘能否回到中间位置。

（2）使汽车以约 3.5 km/h 的速度行驶，将转向盘顺时针或逆时针转动 90°，然后放开手1 ~2 s，如果转向盘能自动回转 70°以上，说明工作正常，否则应查明故障原因并予以排除。

5. 液压动力转向系统油压检查

动力转向系统的油压，可以表征转向油泵和流量控制阀的技术状况。如果液压动力转向系出现失效或转向沉重等故障，应检查转向油泵和系统的工作压力。

（1）按图 3.34 所示，接好压力表和节流阀。

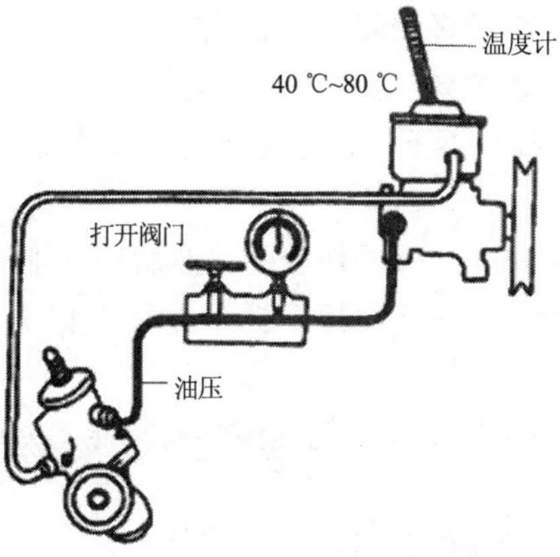

图 3.34　系统油压检查

（2）将节流阀打开，起动发动机并以怠速运转，使转向盘向左、右旋转到极限位置，同时读出压力表上的压力，额定值为 6.8 ~8.2 MPa。

（3）如果向左或向右的额定值达不到要求，就要修理转向器或更换总成。

6. 液压动力转向系统泄漏和各管路的检查

液压油泄漏会引起转向沉重和发动机冷起动有轰鸣声等现象，所以应检查动力转向系统的全部油管和接头是否有泄漏痕迹。

1）检查外部泄漏

先将可疑部位、各油管接头及密封处擦干，然后再查看是否有泄漏。有时滴液点不一定是系统泄漏点，这时应起动发动机，左右转动转向盘数次后再察看滴液点。为防止这种外部泄漏的发生，各油管接头必须拧紧，各压板、卡箍和油管支撑必须全都位于应处位置并被正确固定。

2）检查内部泄漏

将压力表接到动力转向系统中，先打开压力表阀门，向左和向右将转向盘均转到底，并记录最高油压值。如在最高油压下，转向盘转到左右极限位置时油压不同，说明动力转向系统有内部泄漏，应更换或解体维修动力转向系统。

3）液压动力转向系统各管路的检查

动力转向系统的管路有软管和硬管之分，两种管路均不能有扭曲、结节或硬弯现象。软管必须有足够的弯曲部分，以便车辆运行时，吸收位移并补偿软管的收缩。检查软管时，车轮应先处于正前方位置，然后将车轮向左和向右转到极限位置，同时察看软管的移动情况。如果软管与车辆其他部件有接触，会发生摩擦和磨损，应予以纠正。

（二）液压动力转向系的拆装

1. 准备工作

（1）所需工具：梅花扳手一套，常用大小套筒一套，扭力扳手一把，一字和十字螺丝刀、老虎钳和尖嘴钳各一把，塑料锤和铁锤各一把等。

（2）注意环保及安全操作。

2. 转向系的拆装（以左边为例）

（1）使用13#扳手拆下波纹管前端的螺母和螺栓。力矩：（17 ±1）N·m。

（2）拔下三元催化转化器前的橡胶圈。

（3）拔下三元催化转化器后的橡胶圈。

（4）使用10#套筒和棘轮扳手拆下三元催化转化器和波纹管之间的两颗与车身连接的螺栓。力矩：（13 ±1）N·m。

（5）拔下后消声器与车身吊钩连接的橡胶圈，然后抬下排气管。

（6）拆下左制动盘后，使用17#梅花扳手拆下左横拉杆球头与转向节连接的螺母。力矩：（35 ±3）N·m。

（7）使用8#套筒和棘轮扳手拆下左前轮速传感器螺栓。力矩：（10 ±1）N·m。

（8）取下轮速传感器。

（9）从左前减振器上拔下轮速传感器线。

（10）拔下左前轮速传感器线。

（11）使用17#扳手拆下转向节与下摆臂球头的螺母。力矩：（120 ±10）N·m。

（12）将左前制动分泵用绳子从中间穿过并固定在车上，固定好的位置不能影响拆卸。

（13）将左驱动轴从左转向节拔出，并用绳子扎起来，如图 3. 35 所示。

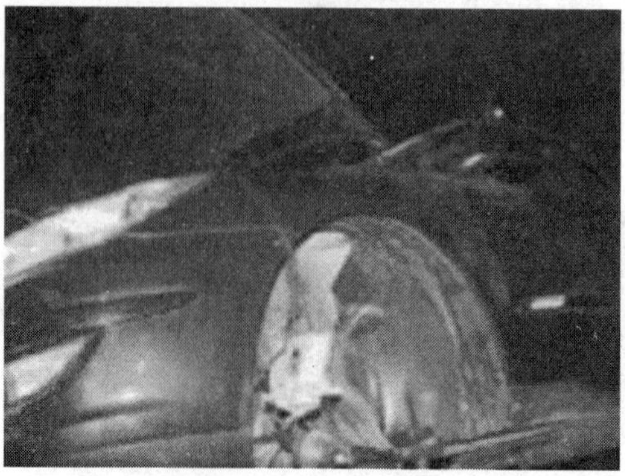

图 3. 35　拔下转向节

（14）使用卡箍钳将动力转向回油管卡箍拆下，拆卸时需准备好容器回收。

（15）使用17#开口扳手拆下动力转向进油管螺母，如图3. 36 所示。力矩：（11 ±3）N·m。

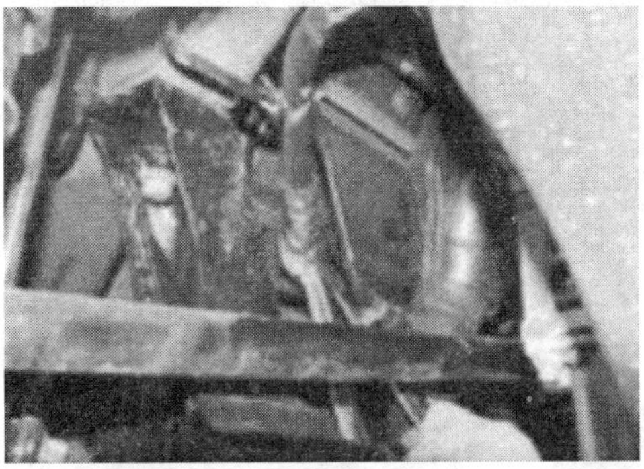

图 3.36　拆卸进油管螺母

（16）使用10#套筒和棘轮扳手拆下转向万向节与转向器连接的螺栓。力矩：（30 ± 3）N · m。

（17）使用15#套筒、棘轮扳手、梅花扳手拆下图3.37所示的螺母和螺栓。力矩：（90 ± 5）N · m。

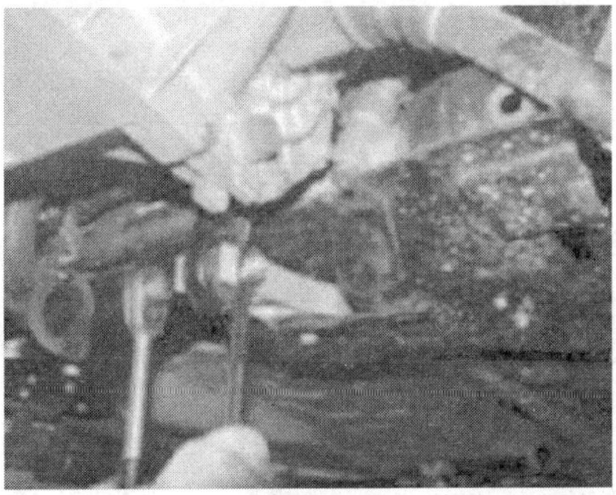

图 3.37　拆卸连接螺栓、螺母

（18）使用液压升降输送器顶住前桥，如图3.38所示。

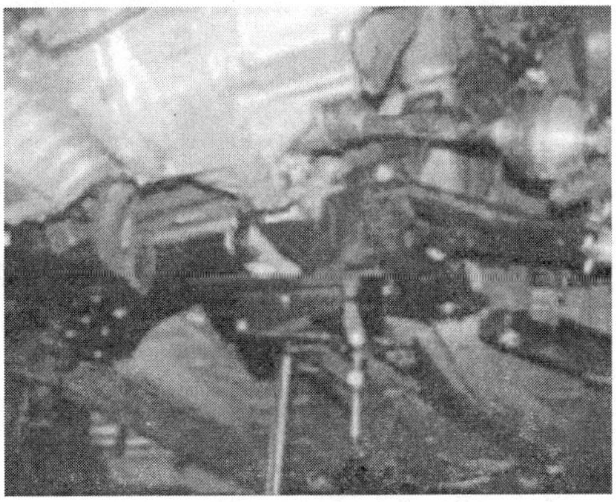

图 3.38　顶住前桥

（19）用15#扳手拆下车身与副车架连接的螺栓。力矩：（110 ± 10）N · m。

（20）用15#扳手拆下车身与前副车架连接的螺栓。力矩：（110 ± 10）N · m。

（21）用13#扳手拆下减振器与车身壳体连接的三个螺母。力矩：（50±5）N·m。

（22）使用液压升降输送器将前桥放下。

（23）取下前桥、悬挂和转向器。

（24）使用19#套筒、棘轮扳手拆下副车架与转向器左边连接螺栓。力矩：（100±10）N·m。

（25）使用19#套筒、棘轮扳手拆下副车架与转向器右边的连接螺栓，如图3.39所示。力矩：（100±10）N·m。

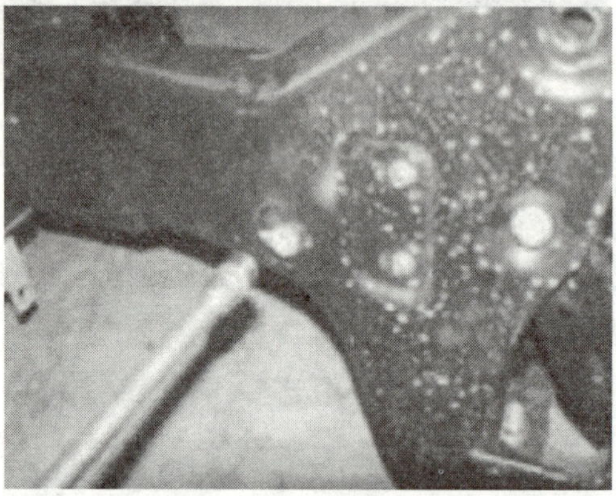

图3.39　拆卸右边的连接螺栓

（26）取下转向机总成，如图3.40所示。

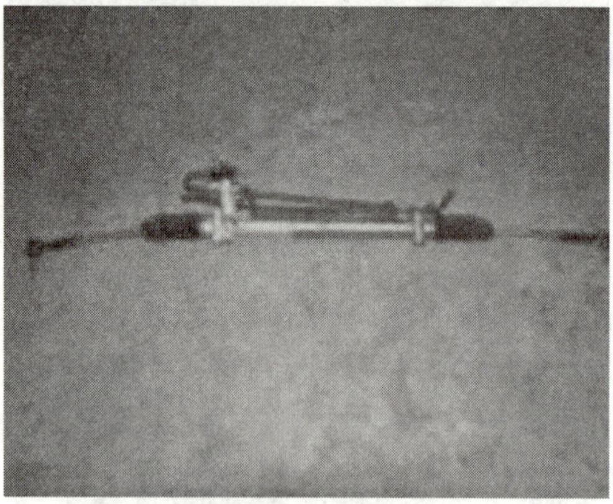

图3.40　转向机总成

（27）按相反的顺序安装。

3. 转向管柱的拆装

（1）如图3.41所示，拆卸电瓶负极接线，把车钥匙打到点火开关“LOCK”位置，锁住方向盘。

（2）使用卡簧钳拆下方向盘左右两边的装饰盖。

（3）使用内六花扳手拆下方向盘左右两边的螺栓。

（4）拆下安全气囊插件后，取下安全气囊和方向盘装饰盖。

图 3.41　拔掉蓄电池负极

（5）使用22#套筒、棘轮扳手拆下方向盘螺母，如图3.42所示。力矩：（35±5）N·m。

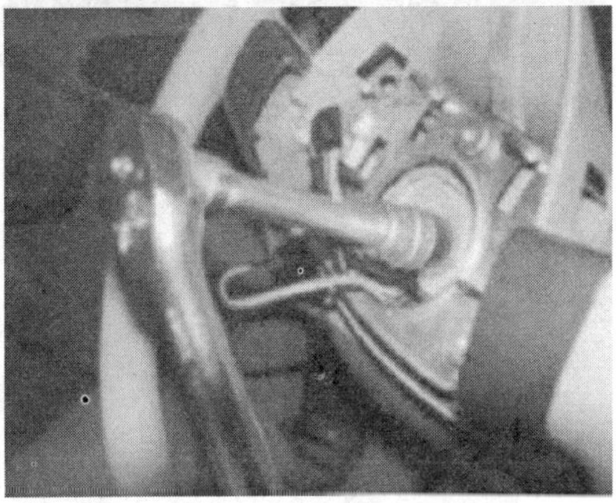

图 3.42　拆卸方向盘螺母

（6）使用拆卸方向盘拉马专用工具拆卸方向盘。

（7）取下方向盘。

（8）使用十字螺丝刀拆下转向管柱装饰罩上的四颗螺钉。

（9）拆下螺钉后，取下转向管柱上下装饰罩。

（10）取下车钥匙、防盗线圈装饰罩。

（11）取下防盗线圈。

（12）使用十字螺丝刀拆下组合开关上的四颗螺钉。

（13）拔下组合开关上的雨刮插件。

（14）拔下转向开关插件。

（15）取下组合开关。

（16）拔下点火开关插件。

（17）使用13#扳手拆下点火开关在转向管柱上的两颗螺栓，如图3.43所示。力矩：（22±1）N·m。

（18）使用10#套筒、棘轮扳手拆下转向管柱与仪表台连接的螺栓。力矩：（25±3）N·m。

（19）如图3.44所示，使用10#套筒、棘轮扳手拆下转向万向节与转向器连接的螺栓，然后取下转向管柱总成和转向万向节总成。力矩：（30±3）N·m。

图 3.43　拆卸转向管柱上的螺栓

图 3.44　拆卸万向节与转向器连接的螺栓

（20）按相反的顺序安装。

4. 注意事项

（1）在拆卸过程中，注意不要损坏制动软管。

（2）不允许对转向机总成进行焊接或整形处理，不合格的零部件应更换。

（3）所有螺栓和螺母应按规定力矩拧紧。

（三）液压动力转向系常见故障诊断与排除

汽车转向时出现的故障现象，不仅与转向系统有关，而且还与行驶系有关，故障原因复杂，影响因素较多。在对转向系故障进行诊断时，除考虑转向系方面的原因外，还应考虑行驶系方面的原因。

动力转向系的常见故障有：转向器有噪声、转向盘沉重或助力不足、转向时转向盘跳动、转向时单侧沉重、转向盘回正性能差等。

1. 转向器有噪声

1）原因

（1）转向器在支架上的安装出现松动。

（2）转向转动杆松动。

（3）压力软管碰到车辆其他部件。

（4）转向器齿条调整过松。

注：转向器可能发出轻微的“喀喀”声，这是正常，不应该将间隙调整至规定的范围以下来消除这种轻微的“喀喀”声。

2）故障诊断与排除

（1）检查转向器安装螺栓，用规定的紧固力矩拧紧螺栓。

（2）检查拉杆接头有无磨损，需要时更换。

（3）调整软管位置，不要用手使软管弯曲。

（4）按规定调整。

2. 转向沉重或助力不足

1）原因

（1）泵的皮带松动。

（2）油面低。

（3）转向器与转向管柱不对正。

（4）连接凸缘松转。

（5）轮胎充气不当。

（6）流量控制阀卡住。

（7）泵输出压力不够。

（8）泵内泄漏过大。

（9）转向器内泄漏过大。

2）故障诊断与排除

（1）按规定调整皮带张力。

（2）加油到规定油面，如油面过低，检查所有管路和接头，拧紧松动接头。

（3）对正转向器和转向管柱。

（4）松开夹紧螺栓，正确地装配。

（5）按规定压力充气。

3. 动力转向液产生乳状泡沫、液面低以及压力低

1）原因

转向液中有空气，或由于泵内泄漏造成液体损耗。

2）故障诊断与排除

检查有无漏油并加以解决，排出系统中的空气。若油面低，则过低的温度会使用空气进入转向系统。如果油面正确，而泵仍然起泡沫，将泵从车上取下，将油箱和泵体分开，检查堵塞和壳体有无裂缝，如有堵塞松动或外壳开裂，则应更换壳体。

4. 发动机运转时转向，特别在原地转向时，转向盘颤动或跳动

1）原因

（1）液面低。

（2）泵内带松。

（3）打满转向时转向拉杆碰撞发动机油底壳。

（4）泵压不足。

（5）流量控制阀卡住。

2）故障诊断与排除

（1）按需要添加转向液。

（2）按规定调整张力。

（3）校正间隙。

（4）按压力试验方法检查泵压，如流量阀已坏，则予以更换。

（5）检查有无胶质或损坏，需要时更换。

5. 转向盘回正性能差

1）原因

（1）轮胎充气不足。

（2）杆系球销润滑不足。

（3）连接处摩擦。

（4）转向器与转向管柱不对正。

（5）前轮定位不正确。

（6）转向杆系卡住。

（7）主销球接头咬住。

（8）转向柱轴承过紧或卡滞。

（9）滑阀卡住或堵塞。

（10）回油软管扭曲阻塞。

2）故障诊断与排除

（1）按规定气压充气。

（2）润滑杆系接头。

（3）松开夹紧螺栓，正确安装。

（4）对正转向器和转向管柱。

（5）必要时加以检查和调整。把前轮放在前轮定位检查架上，拆开转向摇臂和摇臂轴的连接。用手转动前轮，如轮子转动或用很大的力才能转动，则查明转向杆系接头是否卡住。

（6）更换接头。

（7）更换主销接头。

（8）更换轴承。

（9）取下滑阀加以清洗或更换。

（10）更换软管。

6. 向左或向右急转转向盘时，转向力瞬时增大

1）原因

（1）油面低。

（2）泵皮带打滑。

（3）内泄漏量过大。

2）故障诊断与排除

（1）按要求添加动力转向液。

（2）张紧或更换皮带。

（3）按压力试验检查泵抽压力。

7. 转向盘回正过度或转向松旷

1）原因

（1）转向系中有空气。

（2）转向器在支架上的安装出现支架松动。

（3）转向杆系过度磨损而松动。

（4）推力轴承预紧不足。

（5）转向器齿轮啮合间隙过大。

2）故障诊断与排除

（1）向泵的油箱加油，然后进行转向操作，排出系统中的空气。检查软管接头紧固力矩是否合适，需要时加以调整。

（2）按规定紧固力矩，拧紧连接螺栓。

（3）更换松动接头。

（4）从车上取下转向器，按规定进行调整。

五、习题训练

1. 简述汽车液压动力转向系的组成。
2. 简述齿轮齿条式转向器的结构、组成，其啮合间隙如何调整？
3. 比较液压动力转向系和机械转向系的特点。
4. 一辆轿车出现转向沉重状况，试分析其原因，提出解决该故障的思路。

学习情境四

汽车制动系统检修

一、情景导入

一辆 2010 款奇瑞轿车，以 40 km/h 的速度行驶，踩下制动踏板时，驾驶员感到减速效果不明显，制动距离明显延长。

二、项目要求

（一）能力目标要求

1. 掌握制动系的拆卸、检测、零部件更换与组装
2. 掌握驻车制动器的检查与调整
3. 掌握制动液加注及排气方法
4. 掌握制动系常见故障诊断与排除知识

（二）知识目标要求

1. 掌握制动系的组成与工作原理
2. 掌握车轮制动器与驻车制动器的分类、功用及工作原理
3. 熟悉液压制动传动装置

三、相关理论知识

（一）制动系概述

1. 制动系的功用与分类

1）制动系的功用

制动系是汽车的重要组成部分之一。其功用就是使行驶中的汽车减速甚至停车，使长坡行驶的汽车保持稳定车速，使已经停下来的汽车保持不动并实现可靠驻车。此外，在挂车意外脱车时，使挂车迅速地自动停车。

实现汽车制动功能的一系列专门装置称为汽车制动系。汽车行驶的安全性，在很大程度上取决于汽车制动装置工作的可靠性。只有汽车具有良好的制动性能，才能保证汽车在安全行驶条件下提高车速，以获得较高的运输生产效率。

2）制动系的分类

（1）按功能分：

行车制动系——使行驶中的汽车减速或停车；

驻车制动系——使汽车停在各种路面驻留原地不动；

应急制动系——行车制动系失效后使用的制动系；

辅助制动系——增设的制动装置，以适应山区行驶及特殊用途汽车需要。

（2）按制动能源分：

人力制动系——以人力为唯一能源；

动力制动系——以发动机动力转化为液压或气压制动；
伺服制动系——兼用人力和发动机动力制动。
（3）按制动能量传输方式分：
机械系——以机械传输制动能量；
液压系——以液压传输制动能量；
气压系——以气压传输制动能量；
电磁系——以电磁力传输制动能量；
组合系——多种传输制动能量综合。
（4）按制动回路分：
单回路——全车制动用一条制动回路；
双回路——全车制动用两条制动回路。

2. 制动系的组成与工作原理

1）制动系的组成

（1）供能装置。包括供给、调节制动所需能量以及改善传能介质状态的各种部件。其中，产生制动能量的部分称为制动能源。如人的肌体可作为制动能源。

（2）控制装置。包括产生制动动作和控制制动效果的各种部件，如制动踏板。

（3）传动装置。包括将制动能量传输到制动器的各个部件及管路，如制动缸、制动轮缸及连接管路。

（4）制动器。产生阻碍车辆的运动或运动趋势的力（制动力）的部件。其中也包括辅助制动系中的缓速装置。较为完善的制动系还具有制动力调节装置、报警装置、压力保护装置等附加装置。

2）制动系的工作原理

行车制动系统由车轮制动器和液压传动机构两部分组成。图 4.1 所示为制动系统的基本组成及工作原理。

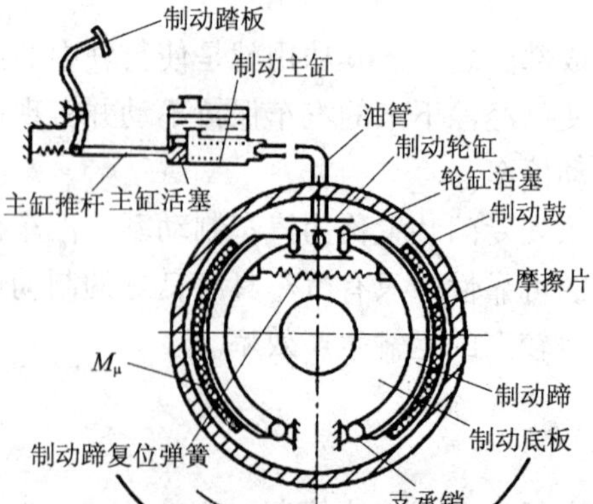

图 4.1　制动系统的基本组成及工作原理

车轮制动器的旋转部分是制动鼓，它固定于轮毂上，与车轮一起旋转。固定部分是制动蹄和制动底板等。制动蹄上铆有摩擦片，其下端套在支承销上，上端用复位弹簧拉紧压靠在制动轮缸的活塞上。支承销和制动轮缸都固定在制动底板上，制动底板用螺钉与转向节凸缘（前桥）或桥壳凸缘（后桥）固定在一起。制动蹄靠液压轮缸使其张开。

不制动时，制动鼓的内圆柱面与摩擦片之间保留一定的间隙，制动鼓随车轮一起旋转。

制动时，驾驶员踩下制动踏板，主缸推杆便推动制动主缸内的轮缸活塞前移，迫使制动液经管路进入制动轮缸，推动制动轮缸活塞向外移动，使制动蹄克服复位弹簧的拉力绕支承销转动而张开，消除制动蹄与制动鼓之间的间隙后压紧在制动鼓上。此时，不旋转的制动蹄摩擦片对旋转的制动鼓产生一个摩擦力矩，其方向也与车轮旋转方向相反。制动鼓将此力矩传到车轮后，由于车轮与路面的附着作用，车轮即对路面作用一个向前的圆周力 F_{μ}，与此相反，路面会给车轮一个向后的反作用力，这个力就是车轮受到的制动力 F_{R}。各个车轮制动力的总和就是汽车受到的总的制动力。

放松制动踏板，在复位弹簧的作用下，制动蹄与制动鼓之间的间隙又得以恢复，从而解除制动。

3. 对制动系的要求

为了保证汽车安全行驶条件下发挥高速行驶能力，制动系统必须满足下列要求：

（1）具有良好的制动效能：迅速减速直至停车的能力。

（2）操纵轻便：操纵制动系统所需的力不应过大。

（3）制动稳定性好：制动时前、后车轮制动力分配合理，左、右车轮上的制动力矩基本相等，使汽车制动过程中不跑偏、不甩尾。

（4）制动平顺性好：制动力矩能迅速而平稳地增加，也能迅速而彻底地消除。

（5）散热性能好：连续制动时，制动鼓和制动蹄上的摩擦片因高温引起的摩擦因数下降要小，水湿后恢复要快。

（6）对挂车的制动系统，还要求挂车的制动作用略早于主车，挂车自动脱挂时能自动进行应急制动。

（二）车轮制动器

车轮制动器的作用是将气压或液压转变为制动器的制动力，以迫使车轮停转，从而使路面给车轮一个与汽车行驶方向相反的制动力，使汽车迅速减速，以达到汽车给定的速度行驶或停车的目的。

无论车轮制动器如何变化，其结构仍由旋转元件和固定元件两大部分组成。旋转元件与车轮相连接，固定元件与车桥连接。制动器利用旋转元件与固定元件之间的摩擦，产生制动器制动力。

图 4.2 所示为常用盘式车轮制动器和鼓式车轮制动器制动原理示意图。当摩擦蹄片压紧旋转的制动鼓或盘时，两者接触面之间产生摩擦，通过摩擦将汽车的动能转变为热能，并将热能散发到大气中，最终使车辆减速以致停车。

1. 鼓式车轮制动器

1）鼓式车轮制动器的基本组成

鼓式车轮制动器的基本组成包括固定部分、旋转部分、张开机构、定位调整机构四大部分。

（1）固定部分是制动底板和制动蹄，制动底板固装在车桥的凸缘上，通过支承销与制动蹄

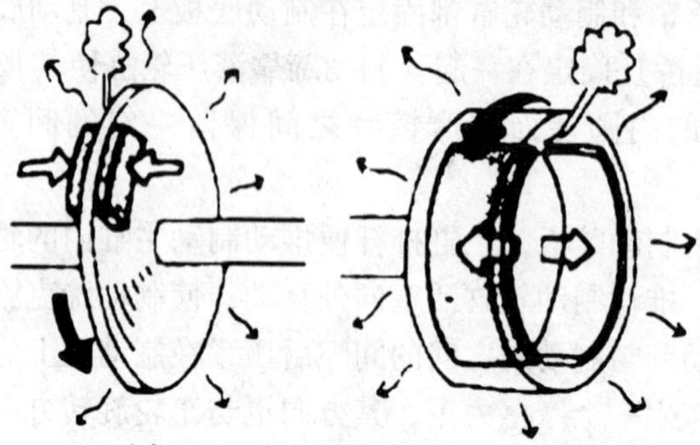

图 4.2　制动器制动原理示意图

(a) 盘式车轮制动器；(b) 鼓式车轮制动器

相连，制动蹄可绕支承销转动；制动蹄一般用钢板冲压后焊接而成，或由铸铁或轻合金浇铸，为增大刚度，采用 T 形截面，摩擦片用黏接或铆接的方式固定在制动蹄上，如图 4.3 所示。

图 4.3　鼓式车轮制动器的结构

(2) 旋转部分是制动鼓，与车轮一起旋转，通常为铸件。

(3) 张开机构，其作用是使制动蹄在制动时能绕支承销压向制动鼓的工作面，使制动鼓与制动蹄之间产生摩擦。

(4) 定位调整机构用以保持和调整制动蹄和制动鼓的正确相对位置。

2) 鼓式车轮制动器的分类

车轮制动器一般用于行车制动，有的也用于应急制动和驻车制动。凡对制动蹄端加力使制动蹄转动的装置称为制动蹄促动装置。

(1) 按促动装置不同分类：

① 轮缸制动器。促动装置为液压缸的制动器称为轮缸制动器，液压制动系统多采用此结构，如图 4.4 所示。

② 凸轮式制动器。促动装置采用凸轮时称之为凸轮式制动器，多应用于气压制动系统的车辆。

③ 楔块式制动器。促动装置采用楔块时称之为楔块式制动器，可用于机械、液压或气压等制动系统。

(2) 根据制动过程中两制动蹄产生制动力矩的不同，鼓式车轮制动器可分为领从蹄式、双领蹄式、双向领蹄式、双从蹄式、单向自增力式和双向自增力式等。在制动过程中，因制动蹄绕支承销转动与轮毂旋转方向相同，在制动鼓上压得更紧，以起到增势作用，称为

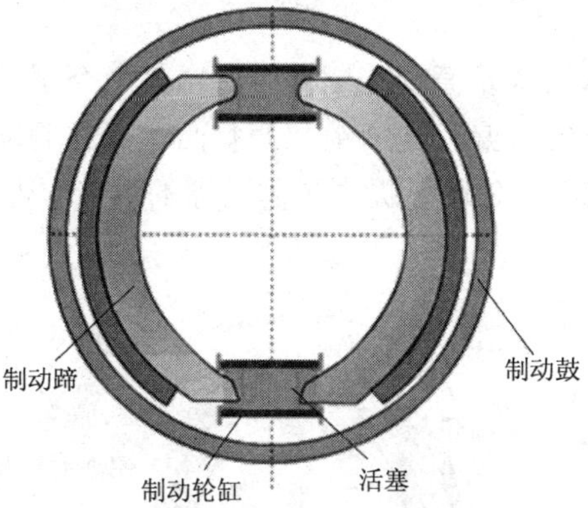

图 4.4　轮缸制动器

“增势蹄”或称“领蹄”。如制动蹄绕支承销转动与轮毂旋转方向相反，有使制动蹄离开制动鼓的趋势，起减势作用的，称为“减势蹄”或“从蹄”。

3）典型结构

（1）领从蹄式制动器。

如图 4.5 所示，汽车前进时制动鼓的旋转方向如箭头所示，在制动过程中，两制动蹄在相等的促动力 F_S 作用下，分别绕各自的支承销向外端偏转而压紧在制动鼓上，即制动蹄对制动鼓产生压力，由于作用力与反作用力，旋转的制动鼓也对两制动蹄分别作用法向反力 N_1 和 N_2，以及相应的切向反力 T_1 和 T_2，T_1 作用的结果使得制动蹄 1 在制动鼓上压得更紧，则 N_1 变得更大，这种情况称为“增势”作用，相应地制动蹄 1 称为“领蹄”；相反，T_2 的作用使得制动蹄 2 有放松制动鼓的趋势，这种情况称为“减势”作用，相应的制动蹄 2 称为“从蹄”。

一般情况下领蹄产生的制动力矩为从蹄制动力矩的 2～2.5 倍。

倒车制动时，制动鼓旋转方向相反，后制动蹄变成领蹄，前蹄变成从蹄，但整个制动器的制动效能还是同前进时一样。

领从蹄式制动器存在两个问题：其一，由于领蹄与从蹄所受法向反力不等，领蹄摩擦片上单位压力较大，因而磨损严重，两蹄寿命不等。其二，由于制动蹄对制动鼓施加的法向反力不平衡，则两蹄法向反力之和只能由车轮轮毂轴承的反力来平衡，这对轮毂轴承造成了附加径向载荷，使其寿命缩短。因此，这种制动器又称非平衡式制动器。

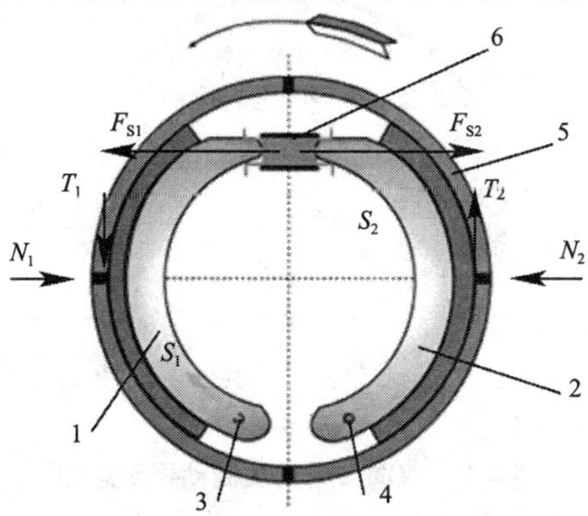

图 4.5　领从蹄式制动器受力示意图

1—领蹄；2—从蹄；3，4—支承销；5—制动蹄；6—制动轮缸

（2）双领蹄式制动器。

双领蹄式制动器的基本结构及原理如图 4.6 所示，两个制动蹄各用一个独立的张开机构，且两套制动蹄、制动轮缸、偏心支承销和调整凸轮等在制动底板上的布置是中心对称的。汽车前进时，两制动蹄都是领蹄，提高了制动器的效能，但在倒车时，两蹄都是从蹄，制动器的制动效能降低。

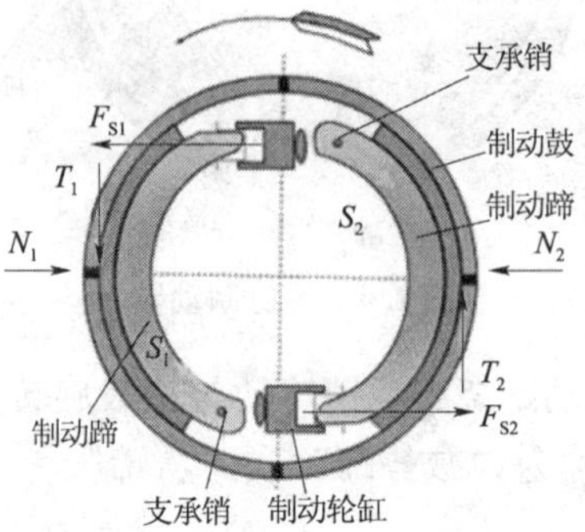

图 4.6　双领蹄式制动器示意图

（3）自增力式制动器。

自增力式制动器分为单向和双向两种。单向自增力式制动器只在前进方向起增力作用，而在倒车制动时制动效能还不及双从蹄式制动器。双向自增力式制动器在车轮正向和反向旋转时均能借助制动蹄与制动鼓的摩擦起自动增力作用。双向自增力式制动器如图 4.7 所示。

两制动蹄浮动支撑在制动底板上，下端以浮动可调顶杆连接，上端在复位弹簧拉紧力作用下靠紧固定在制动底板上的支承销。汽车前进制动时，轮缸活塞在两制动蹄上施加大小相等、方向相反的张开力，使两制动蹄向外张开压制动鼓，当制动蹄与旋转的制动鼓接触后，在摩擦力矩作用下制动鼓带动两制动蹄沿旋转方向转动，直到后蹄顶到支承销为止，然后制动蹄与鼓进一步压紧。此时第二制动蹄处于增力状态，因为第二制动蹄的压紧力包括轮缸的张开力和第一制动蹄对第二制动蹄的推力，且由于第一蹄的助势作用，经顶杆施于第二蹄下端的推力 F_{S2} 比张开力 F_{S1} 大 2 ~ 3 倍。倒车制动时作用过程相反，工作原理相同，第二蹄为助势蹄，第一蹄起增力作用。故称这种制动蹄为双向自增力式制动器。

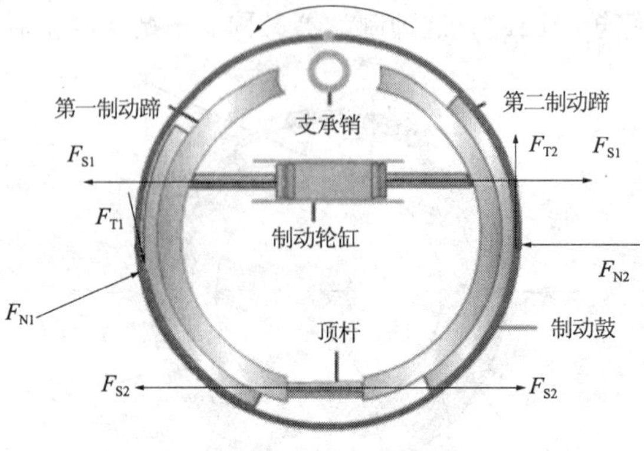

图 4.7　双向自增力式制动器示意图

2. 盘式车轮制动器

盘式车轮制动器广泛应用在轿车和轻型货车上，近年来，前、后轮都采用盘式车轮制动器的结构日渐增多。

1）盘式车轮制动器的基本组成

盘式车轮制动器的基本结构如图 4.8 所示。其旋转元件制动盘，与车轮固装在一起旋转，以其端面为摩擦工作表面。其固定元件是制动摩擦片、制动钳卡销和制动活塞，它们均被安装于制动盘两侧的钳体上，总称为制动钳。制动钳用螺栓与转向节或桥壳上的凸缘固装，并用调整垫片来调整钳与盘之间的相对位置。

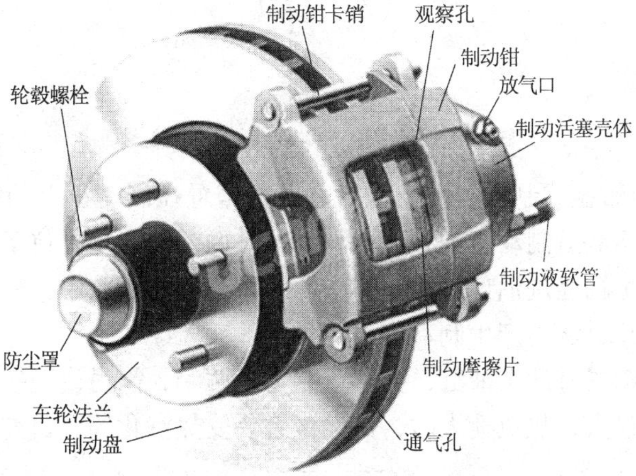

图 4.8　盘式车轮制动器的基本结构

2）盘式车轮制动器的工作原理

如图 4.9 所示，制动时，来自制动总泵的液压油通过油道进入制动油缸，推动活塞及其制动块向右移动，并压到制动盘上，于是制动盘给活塞一个向左的反作用力 p_2，使得活塞连同制动钳体沿螺栓向左移动，直到制动盘右侧的制动块也压到制动盘上。此时，两侧的制动块都压在制动盘上，夹住制动盘使其制动。

3）盘式车轮制动器的类型

盘式车轮制动器根据其固定元件的结构形式可分为全盘制动器和钳盘制动器。

全盘制动器固定元件的金属背板和摩擦片都做成圆盘形，其制动盘的全部工作面可同时与摩擦片接触。

钳盘制动器的固定元件为制动钳，制动钳中的制动块由工作面积不大的摩擦块与金属背板组成。钳盘制动器按制动钳固定支架上的结构形式可分为定钳盘式和浮钳盘式两种。

图 4.9 所示为浮钳盘式制动器的结构示意图，制动钳体通过导向销与车桥相连，可以相对于制动盘轴向移动，制动钳只在制动盘内侧设置油缸，而外侧的制动块附装在钳体上，制动时，来自制动主缸的液压油通过进油口进入制动油缸，推动活塞及其上的制动块向右移动，并压倒制动盘，于是制动盘给活塞一个向左的反作用力，使得活塞连同制动钳整体沿导向销向左移动，直到制动盘右侧的制动块也压紧在制动盘上，此时两侧的制动块都压在制动盘上，夹住制动盘使其制动。

浮钳盘式制动器具有热稳定性和水稳定性好、结构简单、拆装方便等优点，目前被广泛应用。

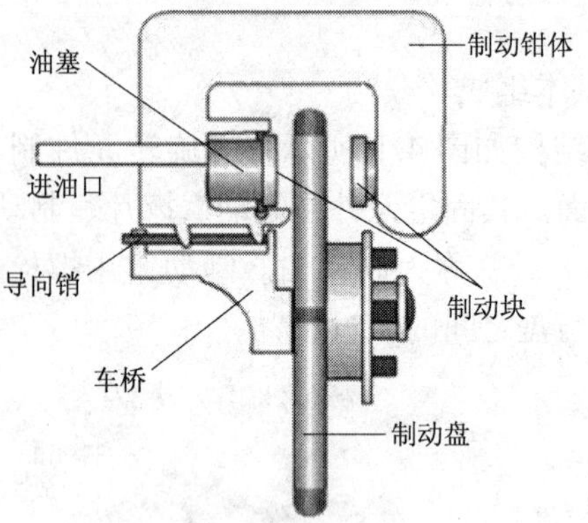

图 4.9　浮钳盘式制动器结构示意图

图 4.10 所示为定钳盘式制动器的结构示意图，跨置在制动盘上的制动钳固定安装在车桥上，既不能旋转也不能沿制动盘轴线方向移动，其两个活塞分别位于制动盘的两侧，制动时，制动油液由制动主缸经进油口进入钳体中两个相通的液压腔中，将两侧的制动块压向与车轮固定连接的制动盘，从而产生制动力。

由于定钳盘式制动器有两个油缸，分置于制动盘两侧，需另设跨接油道或油管，使得制动钳结构复杂，尺寸过大，热负荷大时，制动液容易受热汽化等，目前已很少使用。

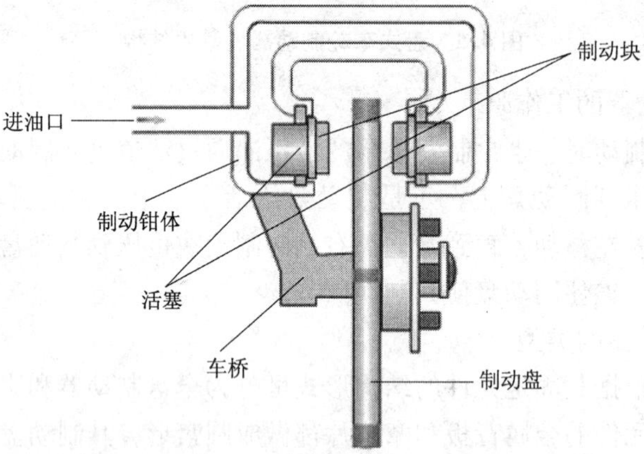

图 4.10　定钳盘式制动器结构示意图

4）盘式车轮制动器的特点

（1）优点：

① 散热能力强，热稳定性较好。受热后，制动盘只在径向膨胀，不会影响制动间隙。

② 水稳定性较好。因为制动块对盘的单位压力高，易将水挤出，同时在离心力的作用下沾水后也易于甩掉，再加上制动块对盘的擦拭作用，因而，出水后只需经 1 ~ 2 次制动即能恢复正常；而鼓式车轮制动器则需经过 10 余次制动方能恢复正常制动效能。

③ 制动力矩与汽车前进和后退行驶无关。

④ 在输出同样大小的制动力矩的条件下，盘式车轮制动器的质量和尺寸比鼓式要小。

⑤ 盘式的摩擦衬块比鼓式的摩擦衬片在磨损后更易更换，结构也较简单，维修保养容易。

⑥ 制动盘与制动块间的间隙小（0.05 ~ 0.15 mm），这就缩短了油缸活塞的操作时间，并使制动驱动机构的力传动比有增大的可能。

（2）缺点：

① 制动时无助势作用，故要求管路液压较高。

② 防污性差，制动块磨损较快。

③ 兼用于驻车制动时，需要加装的驻车制动传动装置较鼓式制动器复杂。

（三）驻车制动器

1. 驻车制动器的功用

驻车制动器的功用是车辆停驶后驻留原地不动；便于坡道起步；行车制动效能失效后临时使用或配合行车制动器进行紧急制动。

2. 驻车制动器的类型

驻车制动器按安装位置可分为中央制动式和车轮制动式两种。中央制动式通常安装在变速器的后面，制动力矩作用在传动轴上；车轮制动式通常与车轮制动器共用一个制动器总成，只是传动机构是相互独立的。

驻车制动器按其结构形式可分为鼓式、盘式、带式和弹簧作用式。其中鼓式和盘式应用最广。

3. 典型驻车制动器

1）典型驻车制动器的结构

如图 4.11 所示为凸轮张开式中央制动器。制动鼓（为便于观察内部结构，图中没有画制动鼓）通过螺栓与变速器输出轴后端的凸缘盘紧固在一起，与输出轴同步旋转，制动底板由底板支座通过螺栓固定在变速器输出轴轴承盖上，两制动蹄下端松套在固定于制动底板的偏心支承销上，制动蹄上端装有滚轮，在复位弹簧的作用下滚轮紧靠在凸轮的两侧，制动凸轮轴通过制动底板支座支撑在制动底板上部，其外端与摆臂的一端细花键连接，摆臂的另一端与穿过压紧弹簧的拉杆相连。拉杆通过摇臂、传动杆与驻车制动杆相连，驻车制动杆与固定于变速器壳体上的齿扇铰链。驻车制动杆上还有棘爪，驻车制动工作时，棘爪嵌入齿扇上的棘齿内，起锁止作用，解除驻车制动时，需按下驻车制动杆上的按钮使棘爪脱离棘齿才能扳动驻车制动杆。

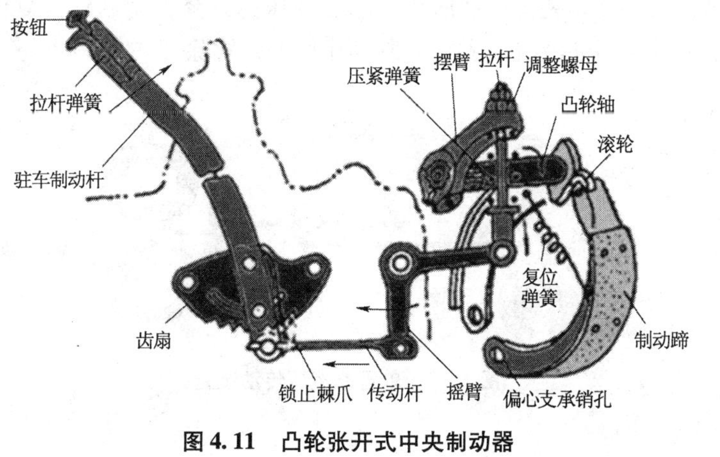

图 4.11　凸轮张开式中央制动器

2）典型驻车制动器的工作原理

（1）进行驻车制动时，将驻车制动杆上端向后拉动，则驻车制动杆的下端向前摆动，传动杆带动摇臂顺时针转动，拉杆则带动摆臂顺时针转动，凸轮轴亦顺时针转动，凸轮则使两制动蹄以支承销为支点向外张开，压靠到制动鼓上，产生制动作用。当制动杆拉到制动位置时，棘爪嵌入齿扇上的棘齿内，起锁止作用。

（2）解除制动时，按下驻车制动杆上的按钮使棘爪脱离棘齿，向前推动驻车制动杆，则传动杆、拉杆、凸轮轴按逆时针方向转动，制动蹄在回位弹簧的作用下回位，制动蹄与制动鼓间恢复制动间隙，解除制动。

（四）液压制动传动装置

1. 液压传动装置的功用及分类

制动传动装置的功用是将驾驶员或其他动力源的作用力传到制动器，同时控制制动器的工作，从而获得所需的制动力矩。

制动传动装置按传力介质的不同可分为：液压式、气压式和气－液综合式；按制动管路的套数不同可分为：单管路和双管路，目前单管路制动传动装置已被淘汰。

2. 液压制动原理

液压式制动传动装置是以液体作为传力介质，将驾驶员施加在踏板上的力通过液压装置放大后转换为液压力，推动制动蹄产生制动作用。其特点是：制动柔和灵敏，结构简单，使用方便，不消耗发动机功率。通常在液压制动传动装置中增设制动增压和助力装置，使制动系统操纵轻便并增大制动力。

3. 液压传动装置的类型及组成

1）单管路液压传动装置

单管路液压传动装置是利用一个制动主缸，通过一套相互连通的管路，控制全车的制动器。若传动装置中一处漏油，会使整个制动系统失效。目前，一般汽车上已很少采用。

单管路液压传动装置如图 4.12 所示。它主要由制动踏板、推杆、主缸、储油罐、油管、轮缸等元件组成。整个系统内充满了传动介质——制动油液。

制动时，踩下制动踏板，使推杆推动主缸活塞，将油液自主缸中压出并经油管同时分别进入前后车轮轮缸内，使轮缸活塞向外移，从而将铆有摩擦片的制动蹄压到制动鼓上，使汽车制动。

松开制动踏板后，传动装置中液压系统的油液压力下降，制动蹄被复位弹簧拉回原位。进入各车轮轮缸内的制动油液流回主缸，制动作用即行解除。

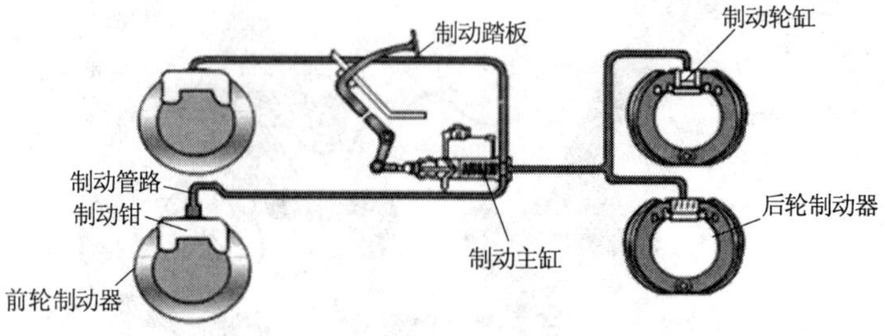

图 4.12　单管路液压传动装置

2）双管路液压传动装置

目前，由于交通法规的要求，所有汽车的行车均采用双管路制动系统。双管路液压传动装置是利用彼此独立的双腔制动主缸，通过两套独立管路，分别控制一半的车轮制动器。其特点是若其中一套管路发生故障而失效时，另一套管路仍然继续起制动作用，从而提高了汽车制动的可靠性和行车安全性。

双管路液压传动装置如图 4. 13 所示，它由制动踏板、推杆、制动主缸、储油罐、制动轮缸、油管、比例阀等元件组成。它是利用彼此独立的双腔制动主缸，通过两套独立管路，分别控制前、后桥的车轮制动器。

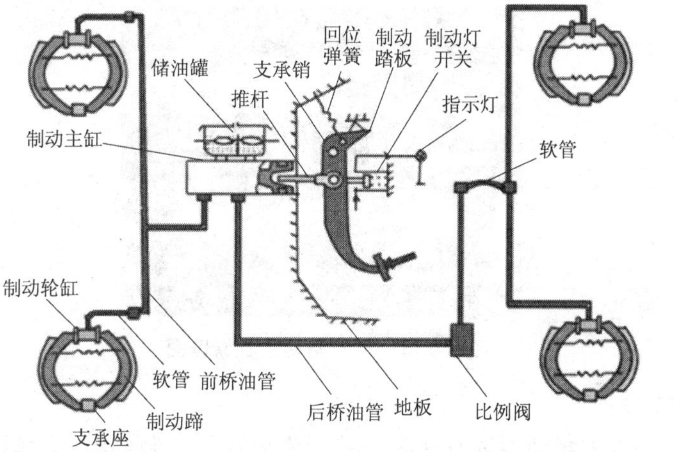

图 4. 13　双管路液压传动装置

双管路的布置方案应用较为广泛的有交叉（×）型和一轴对一轴型（Ⅱ），如图 4. 14 所示。

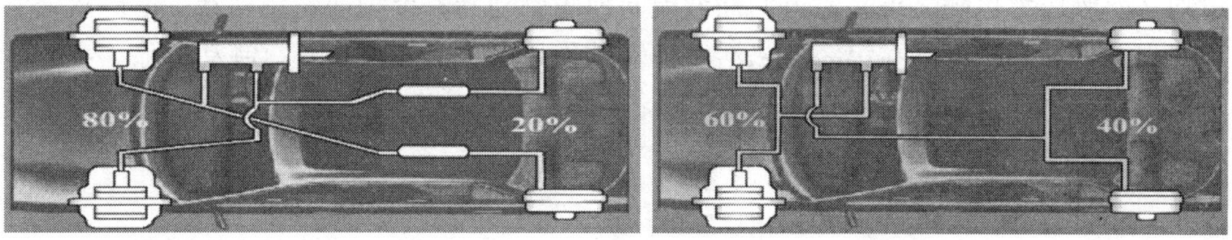

图 4. 14　双管路液压制动传动装置的布置形式

交叉（×）型：前后轴对角线方向上的两个车轮共用一套管路，在任何一套管路失效时，剩余总制动力都能保持在正常值的 50%，且前后制动力分配比值保持不变，有利于提高制动稳定性。这种布置形式多用于发动机前置前轮驱动的轿车上，如桑塔纳、广州本田、天津夏利等。

一轴对一轴型（Ⅱ）：前后制动器对一个车桥一套管路，这种布置形式最为简单，可与单轮缸鼓式制动器配合使用，其缺点是当一套管路失效时，前后桥制动力分配的比值破坏。这种布置多用于发动机前置后轮驱动汽车，如南京依维柯等。

4. 液压传动装置主要部件的结构

1）制动主缸

制动主缸的作用是将制动踏板的机械能转换成液压能，通过管路再输给制动轮缸。制动主缸分单腔式和双腔式两种，分别用于单管路、双管路液压制动系。

（1）单腔制动主缸。

图4.15所示为单腔制动主缸原理图。其工作原理为：不制动时，活塞头部与皮碗应正好在补偿孔和进油孔之间。主要是当因泄漏或气温变化引起活塞包围的腔和主缸腔的制动液的收缩和膨胀，通过这两个孔维持平衡。制动时，推动推杆而后推动活塞和皮碗左移，至皮碗遮盖进油孔后，主缸即被封闭，液压开始升高，克服弹簧力后，推开油阀，将制动液送到轮缸，使车轮制动器产生制动作用。解除制动后，踏板机构、主活塞、轮缸活塞在各自的回位弹簧作用下回位。

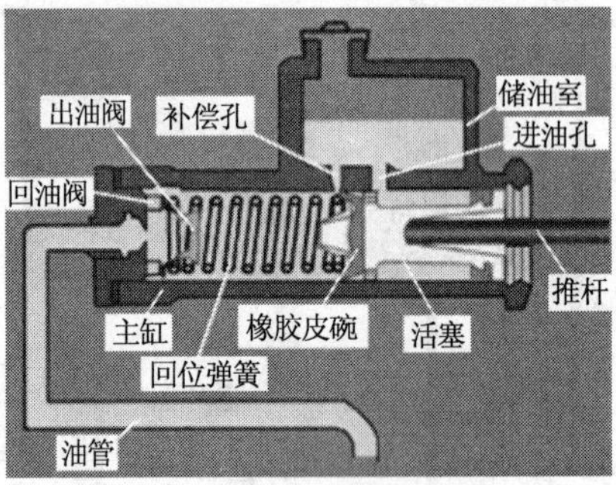

图4.15　单腔制动主缸原理图

（2）双腔制动主缸。

图4.16所示为双腔制动主缸原理图。其工作原理为：制动时，主缸推杆推动第一活塞向前移动，使皮碗盖住储液罐补偿孔，此时后腔室液压升高，迫使油液向后轮制动器流动，推动后轮制动器工作；与此同时，在后腔液压和第一活塞弹簧弹力作用下，推动第二活塞向前移动，前腔压力也随之提高，迫使油液流向前轮制动器，推动前轮制动器工作。放松制动踏板，主缸中活塞和推杆在第一、二活塞弹簧的作用下回到原始位置，制动解除。

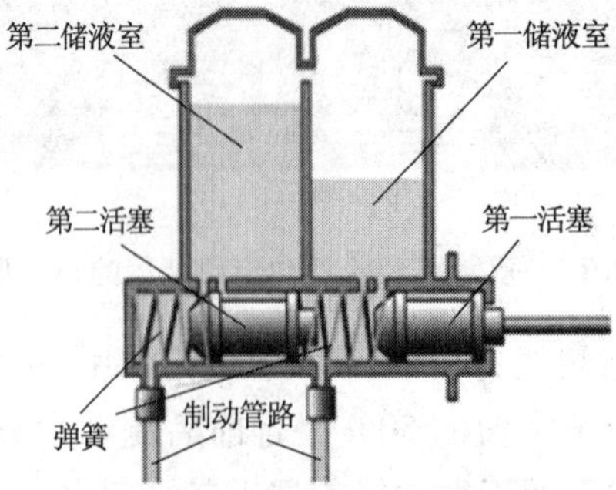

图4.16　双腔制动主缸原理图

2）制动轮缸

制动轮缸，又称制动分泵，其作用是将液压力转变为轮缸活塞的推力，推动制动蹄压靠在制动鼓上，产生制动作用。制动轮缸有双活塞式和单活塞式两种。

（1）双活塞式制动轮缸。

缸体用螺栓固定在制动底板上，位于两制动蹄之间，缸内有两个铝合金活塞，两个刃口相对安装的皮碗被弹簧压靠在活塞上，使皮碗与活塞一起动作，可使两皮碗的进油口保持通畅。制动时，制动液自油管接头和进油孔进入，活塞在液压力作用下向外移动，通过顶块推动制动蹄。弹簧保证皮碗、活塞、制动蹄紧密接触，并保持两活塞之间的进油间隙。防护罩除防尘外，还可以防止水分进入，以免活塞和轮缸生锈卡住。在轮缸缸体上方还装有排气阀，以便放出液压系统中的空气。双活塞式制动轮缸结构图如图 4. 17 所示。

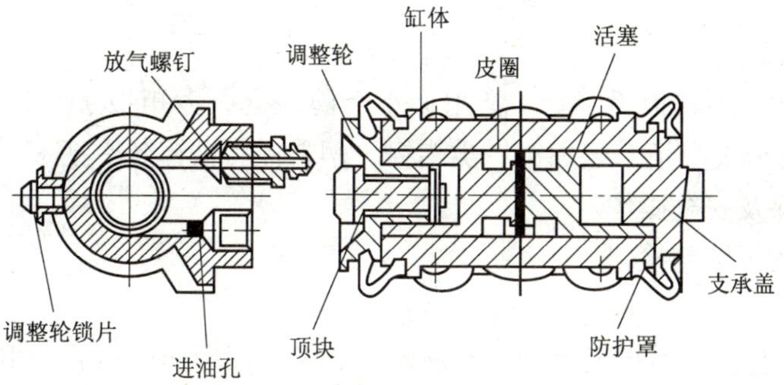

图 4. 17　双活塞式制动轮缸结构图

（2）单活塞式制动轮缸。

为缩小轴向尺寸，液压腔密封件不用抵靠活塞端面的皮碗，而采用装在活塞导向面上切槽内的皮圈，进油间隙靠活塞端面的凸台保持。放气阀的中部有螺纹，尾部有密封锥面，平时旋紧压靠在阀座上。与密封锥面相连的圆柱面两侧有径向孔，与阀中心的轴向孔相通。需要放气时，先取下橡胶护罩，再连踩几下制动踏板，对缸内空气加压，然后踩下制动踏板不动，将空气阀旋出少许，空气即可排出，待空气排出将放气阀旋闭后，再放松制动踏板。如此反复直到空气排尽。单活塞式制动轮缸结构图如图 4. 18 所示。

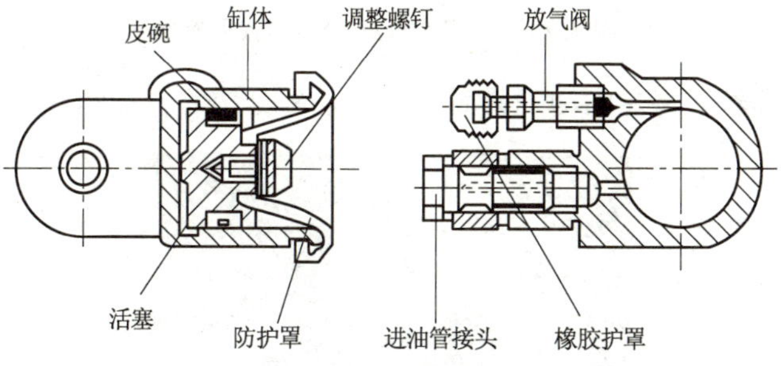

图 4. 18　单活塞式制动轮缸结构图

5. 对制动液的要求

（1）高温下不易汽化，否则将在管路中产生气阻现象，使制动系统失效。

（2）低温下有良好的流动性。

（3）不会使与之经常接触的金属件腐蚀。

（4）能对液压系统的运动件起良好的润滑作用。

（5）吸水性差而溶水性良好，即能使渗入其中的水汽化形成微粒而与之均匀混合，否则将在制动液中形成水泡而大大降低汽化温度。

目前使用的制动液大部分是植物制动液，用 50% 左右的蓖麻油和 50% 左右的溶剂（酒精或甘油等）配成。

四、项目实施

（一）制动系的拆装与检修

1. 准备工作

（1）所需工具：梅花扳手一套，常用大小套筒一套，力矩扳手一把，一字和十字螺丝刀、游标卡尺和百分表一把，老虎钳、尖嘴钳、塑料锤和铁锤各一把。

（2）注意环保及安全操作。

2. 前制动器的拆装与检修

1）拆卸步骤

（1）使用17#套筒、力矩扳手拆下左前轮胎五颗紧固螺栓，然后取出轮胎（轮胎的拆装方法与其他车型相同，在此不再赘述），如图4.19所示。力矩：（110±10）N·m。

图4.19　拆下左前轮胎五颗紧固螺栓

（2）使用平口螺丝刀将左驱动轴紧固螺母凹陷部分撬起，如图4.20所示。

图4.20　撬起左驱动轴紧固螺母凹陷部分

（3）使用32#套筒、力矩扳手拆下左驱动轴紧固螺母，如图4.21所示。力矩：（270±20）N·m。

图 4.21　拆下左驱动轴紧固螺母

（4）取下左驱动轴紧固螺母和里面的垫片，如图 4.22 所示。

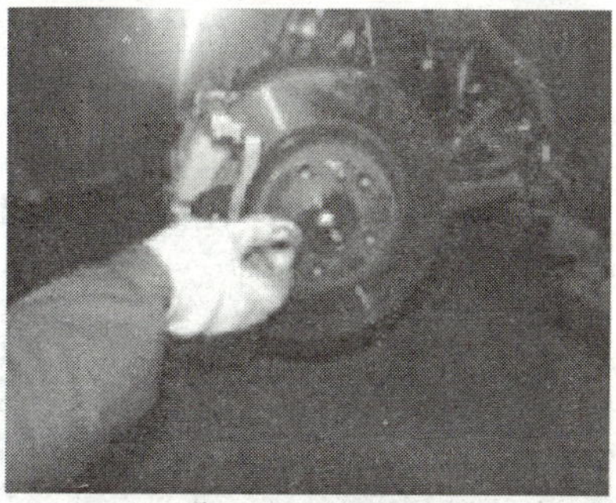

图 4.22　取下左驱动轴紧固螺母和里面的垫片

（5）使用 13#套筒、棘轮扳手拆下制动分泵与制动钳连接的两颗螺栓，然后将其平稳地放在挡尘板和转向节上，如图 4.23 所示。力矩：（22 ±1）N · m。

图 4.23　拆下制动分泵与制动钳连接的两颗螺栓

（6）取出刹车片，如图 4.24 所示。

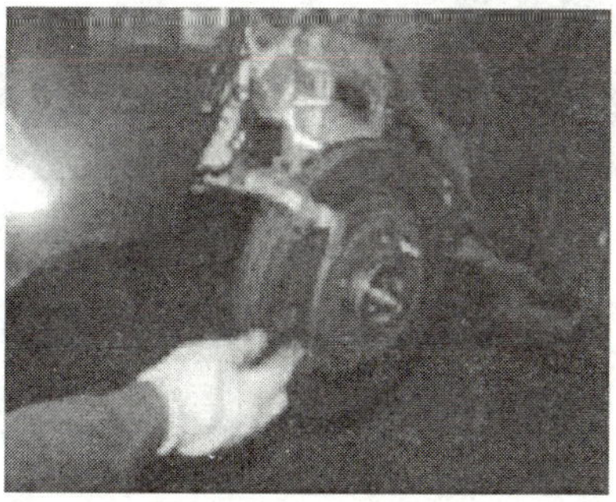

图 4.24　取出刹车片

（7）使用17#套筒、棘轮扳手拆下转向节与制动钳连接的两颗螺栓，如图4.25所示。力矩：（85±5）N·m。

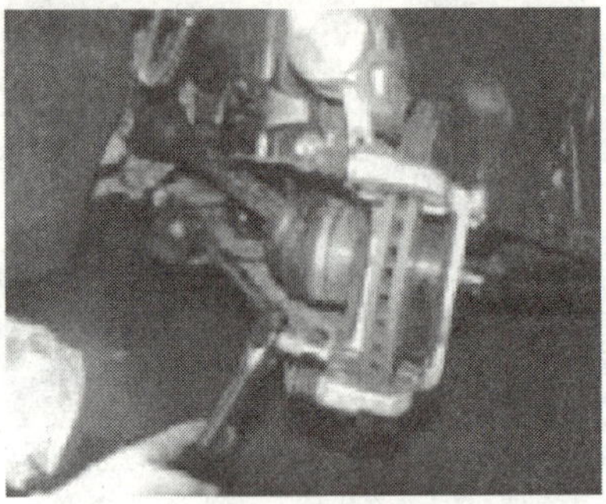

图4.25　拆下转向节与制动钳连接的两颗螺栓

（8）取下制动钳，如图4.26所示。

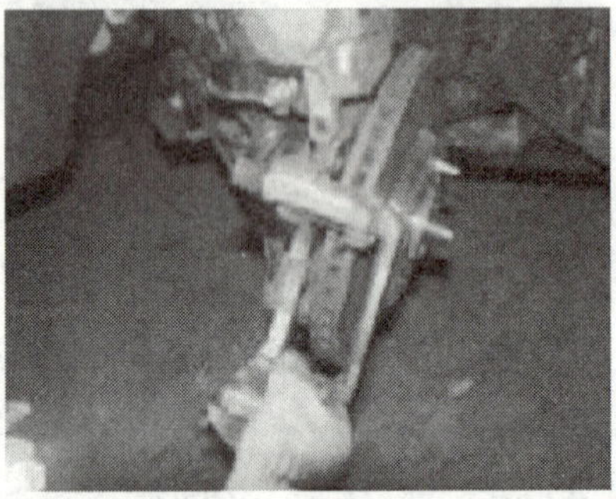

图4.26　取下制动钳

（9）使用11#梅花扳手拆下制动盘定位螺钉，如图4.27所示。力矩：（8±1）N·m。

（10）使用13#梅花扳手拆下刹车油管与制动分泵连接螺母后，使用干净的容器回收制动液，然后取下制动分泵，如图4.28所示。（如果在维修中只需要更换制动盘的时候，就不需要拆开制动管路。）力矩：（17±1）N·m。

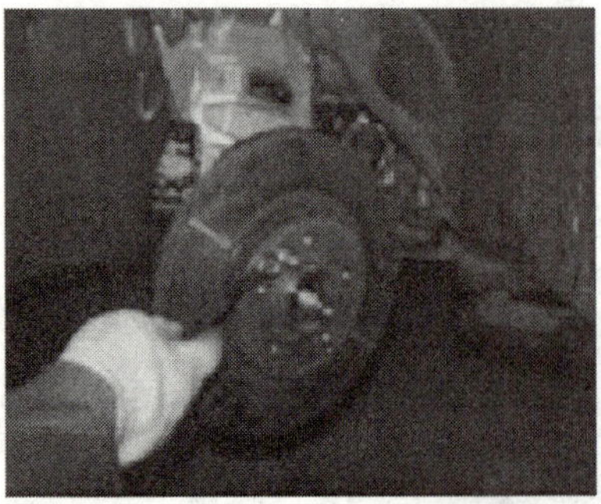

图4.27　拆下制动盘定位螺钉

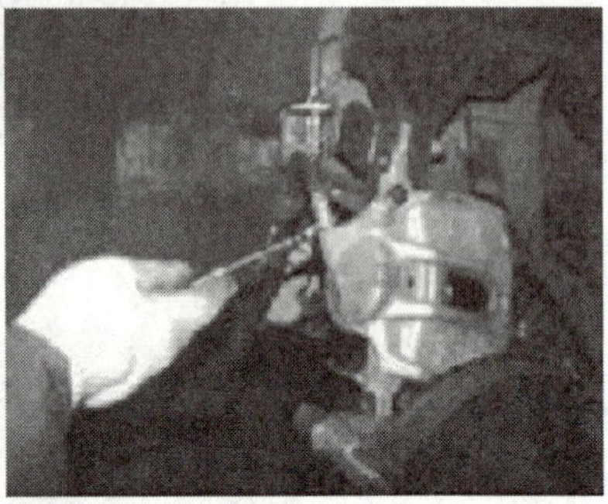

图4.28　拆下刹车油管与制动分泵连接螺母

（11）安装步骤按拆卸的反方向进行，注意安装扭矩。安装完成后需要给制动系统排气。

2）前轮制动的检修

（1）制动摩擦片的检修。

前制动摩擦片标准厚度为11 mm，如果小于1.5 mm，应更换；后制动摩擦片标准厚度为10.2 mm，如果小于1.5 mm，应更换。更换时应左右成对更换。

（2）防尘密封圈的检查。

拆下防尘密封圈并检查防尘密封圈的受损情况，如有必要，进行更新。清洁制动活塞的接触面，并涂上一层薄薄消音膏。

（3）分泵活塞的检修。

拆出活塞，准备一块木板，用于挡住活塞，将木板放在活塞与制动钳壁之间。通过连接孔用压缩空气小心地压出活塞。检查活塞表面是否有损伤和腐蚀情况，如有，请更换活塞。

（4）导向套筒检修。

用手推动导向套筒应灵活自如，如有卡滞或不灵活的应更换。

（5）制动盘厚度检测。

检测制动盘的厚度，前制动盘标准厚度为25 mm，如果厚度小于23 mm则更换；后制动盘标准厚度为10 mm，如果厚度小于8 mm则更换。

（6）制动盘端面最大圆跳动检测。

用百分表检测制动盘端面最大圆跳动，如果大于0.025 mm，请进行更换。

3. 后制动器的拆装与检修

1）拆卸步骤

（1）使用17#套筒、扭力扳手拆下右后轮。力矩：（110±10）N·m。

（2）使用30#套筒、扭力扳手拆下右后轮轮毂轴承螺母。力矩：（230±10）N·m。

（3）使用13#套筒、棘轮扳手拆下右后轮制动分泵与制动钳连接的两个螺栓，然后将其平稳地放在转向节上。力矩：（22±1）N·m。

（4）使用17#套筒、棘轮扳手拆下制动钳与转向节连接的两颗紧固螺栓。力矩：（85±5）N·m。

（5）将制动钳和制动片一起取下。

（6）使用11#梅花扳手拆下右后轮制动盘紧固螺钉。力矩：（8±1）N·m。

（7）取下右后制动盘。

（8）取下右后轮毂。

（9）使用一字螺丝刀撬出挡尘板上的驻车制动器拉线支架固定卡。

（10）使用一字螺丝刀撬出另一边的卡子。

（11）取下右后驻车制动器拉线，如图4.29所示。

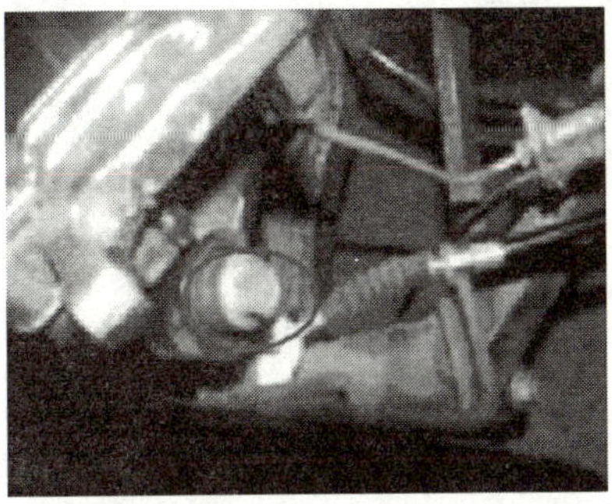

图4.29　取下右后驻车制动器拉线

（12）用15#套筒拆下右后挡尘板与右后转向节连接的四个螺栓。力矩：(63 ±1) N·m。

（13）将右后挡尘板和制动蹄一起取下。

（14）用尖嘴钳拆下右后驻车制动器上的两个固定弹簧，如图4.30所示。

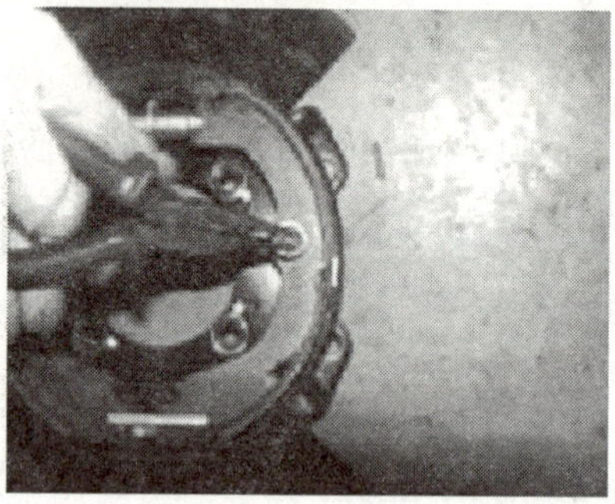

图4.30　拆下右后驻车制动器上的两个固定弹簧

（15）双手拉伸驻车制动器，调整轮会自动落下来，如图4.31所示。

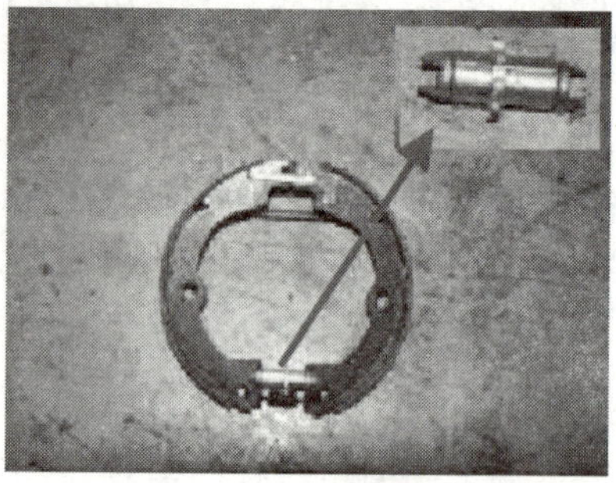

图4.31　调整轮

（16）取下制动器上的驻车拉线固定装置和两个弹簧。右后驻车制动器分解完毕，如图4.32所示。

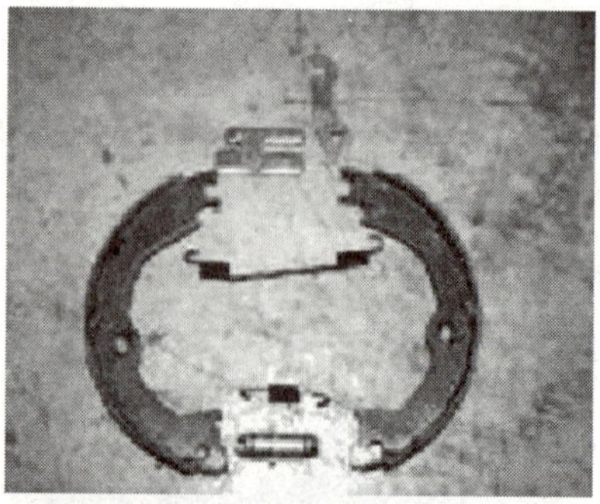

图4.32　右后驻车制动器分解图

（17）安装步骤按拆卸的反方向进行，注意安装扭矩。安装完成后需要给制动系统排气。

2）后轮制动的检修

后轮制动的检修方法与前制动器的检修方法相同，请查看前制动器的检修章节。

4．驻车制动器的拆装与检修

拆卸步骤：

（1）拆下副仪表台，如图 4. 33 所示。

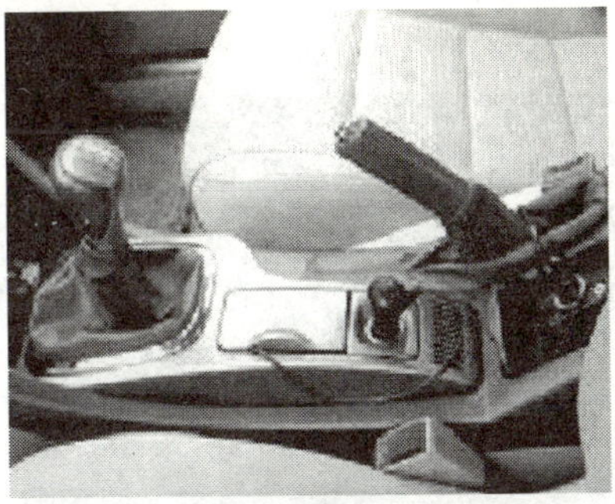

图 4. 33　副仪表台

（2）使用 10#扳手拆下手刹拉线调整螺母，如图 4. 34 所示。

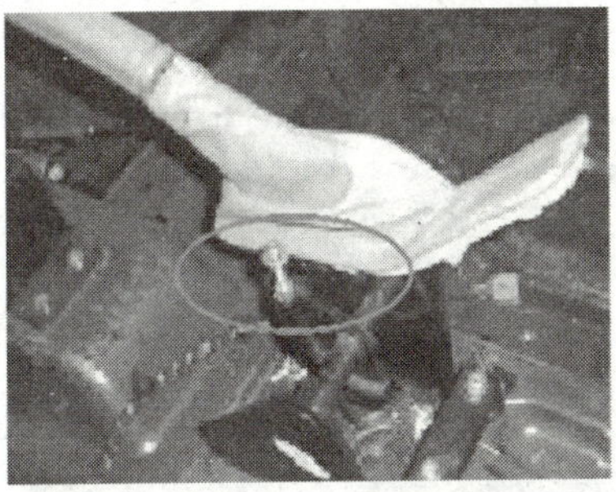

图 4. 34　拆下手刹拉线调整螺母

（3）取下拉线，如图 4. 35 所示。

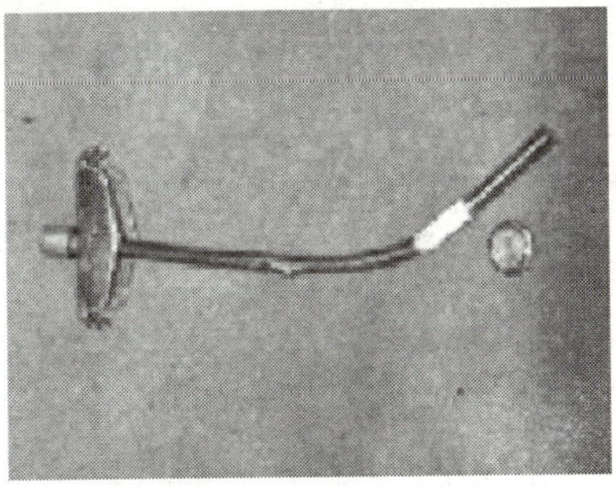

图 4. 35　取下拉线

（4）使用 10#扳手拆下驻车制动器拉线与拖曳臂连接的螺栓，左右各一个，如图 4. 36 所示。力矩：（10 ±1） N · m。

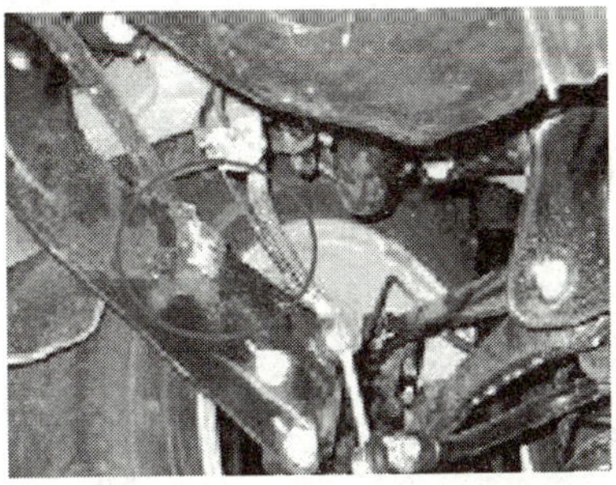

图 4. 36　拆下驻车制动器拉线与拖曳臂连接的螺栓

（5）使用一字螺丝刀撬下驻车制动器拉线与挡尘板之间连接的固定卡，左右各一个，如图 4.37 所示。

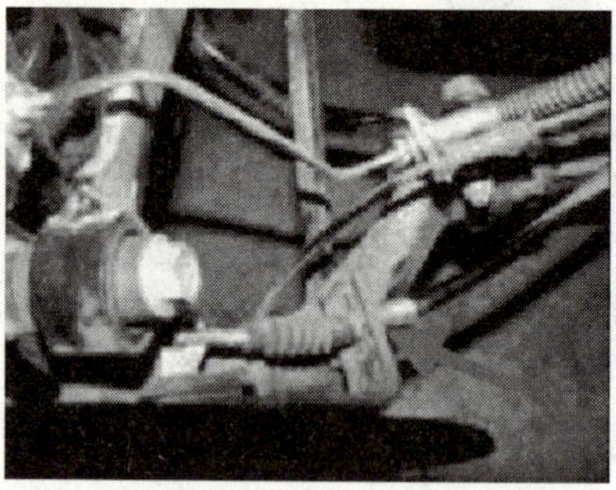

图 4.37　撬下驻车制动器拉线与挡尘板之间连接的固定卡

（6）请从车身下面取出驻车制动器拉索头，如图 4.38 所示。

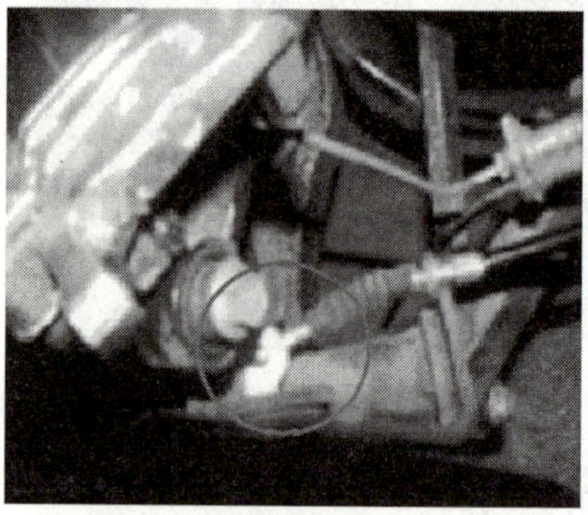

图 4.38　取出驻车制动器拉索头

（7）取下驻车制动器拉线，左右各一个。

（8）安装步骤按拆卸的反方向进行，注意安装扭矩。

5. 注意事项

请佩戴必要的劳保用品，以免发生意外事故。制动液为有毒液体，如果不慎接触皮肤或眼睛，请用大量清水冲洗，必要时及时就医。废弃的制动液要用容器盛装，不允许倒入下水道或与生活垃圾一起堆放。在拆装作业时不要踩动制动踏板，不要移动车辆。制动钳活塞不允许轻易拆卸，只有专业人员或在专业人员的指导下才能拆装。装配过程中，切勿使摩擦片或制动盘沾上油液类物品，如有油液则应擦拭干净并用砂纸打磨。

（二）制动系排气

制动系排气的步骤如下：

（1）向储液罐内加注制动液，开始排气时，制动液的液位必须处于最大液位标志处，制动液为：SAEJ1703，J1704 或 FMVSS No. 116DOT3，DOT4。注意，排出的制动液不可再用。

（2）把制动底板上的排气螺丝钉帽取下，将一根塑料透明软管插入排气螺钉上，然后将另一端插入一个容器里，如图 4.39 所示。

（3）让其中一个同学在驾驶室缓慢踏压制动踏板几次，然后施加稳定的压力。

（4）另一个同学松开右后制动排气螺钉，让空气从系统中释放出来，然后可靠地拧紧排气螺钉。

（5）重复步骤（3）、（4）的操作，直至制动液中的空气全部流出为止。

（6）按右后、左后、右前、左前的顺序，依次对每个车轮进行上述操作，直到排气管中的制动液见不到气泡为止。

（7）在排气过程中，要检查储液罐中油液面高度，及时补充制动液。

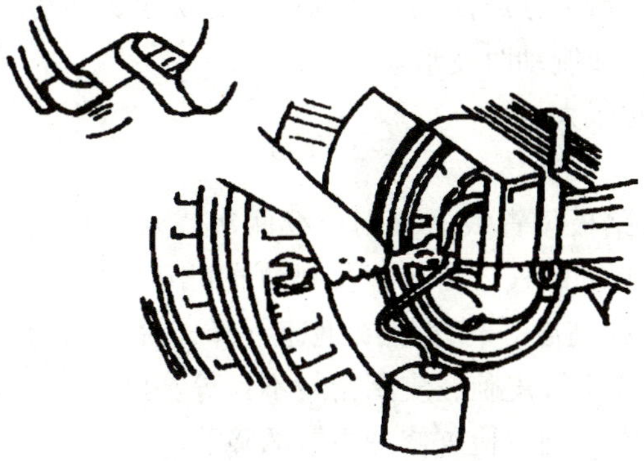

图 4.39　制动系排气示意图

（三）制动踏板的检查与调整

制动踏板的检查：

（1）制动踏板高度的检查：至地板的高度为 124.3～134.3 mm。

（2）检查制动踏板的自由行程。

① 熄灭发动机，反复踩制动踏板直至助力器中无真空为止。

② 踩下踏板，直至感到有阻力为止，测出其距离，踏板的自由行程为 15～25 mm，如果间隙不符合要求，要进行调整。

（四）制动系常见故障诊断与排除

汽车制动系的常见故障有制动不灵、制动失效、制动跑偏和制动拖滞等。

1. 制动不灵

1）现象

汽车制动时，驾驶员感到减速度不足；汽车紧急制动时，制动距离太长。

2）原因

（1）制动主缸、轮缸、管路或管接头漏油。

（2）主缸储液室（罐）存油不足或无油。

（3）制动液变质（变稀或变稠）或管路内壁积垢太厚。

（4）制动液中有空气。

（5）主缸、轮缸皮碗、活塞或缸筒磨损过度。

（6）主缸进油孔、补偿孔或储液室（罐）通气孔堵塞。

（7）主缸出油阀、回油阀不密封；活塞复位弹簧预紧力太小；活塞前端贯通小孔堵塞或主缸皮碗发黏、发胀。

（8）轮缸皮碗发黏、发胀。

（9）增压器或助力器效能不佳或失效。

（10）油管凹瘪或软管内孔不畅通。

（11）制动踏板自由行程太大。

（12）制动蹄摩擦片与制动鼓（盘）贴合面不佳或制动间隙调整不当。

（13）制动蹄摩擦片质量欠佳或使用中表面硬化、烧焦、油污及铆钉头露出。

（14）制动鼓磨损过甚或制动时变形。

（15）制动油管工作时胀大。

3）诊断方法

（1）踩下制动踏板若踏板位置太低，则连续两次或几次踩踏板，若其高度随之增高且制动效能好转，则应检查制动踏板自由行程及制动器间隙。

（2）维持制动时踏板的高度，若缓慢或迅速下降，说明制动管路某处破裂、接头密封不良，轮缸皮碗密封不良或主缸皮碗、皮圈密封不良等。可首先踏下制动踏板，观察有无制动液渗漏部位。若外部正常，则应检查修理主缸故障。

（3）连续几脚制动时，踏板高度仍过低，并且在第一脚制动后，感到总泵活塞未回位，踩下制动踏板即有总泵推杆与活塞碰击响声，系总泵皮碗破裂或其复位弹簧太软。

（4）连续几次制动时踏板高度稍有增高，并有弹性感，说明制动管路中渗入空气。

（5）连续几次制动时，踏板均被踩到底，并感到踏板毫无反力，说明总泵储液室内制动液严重亏缺。

（6）连续几次制动时踏板高度低而软，系总泵进油孔或储液室螺塞通气孔堵塞。

（7）一脚或两脚制动时，踏板高度适当但太硬且制动效能不良。首先应检查真空助力的工作性能；其次检查油管是否有老化、凹瘪、制动液是否太稠；最后检查制动器各轮摩擦片驱动端与鼓的间隙是否小于另一端，若间隙正常，则需检查鼓与摩擦片的表面状况。

2. 制动失效

1）现象

踩下制动踏板，车辆不减速，即使连续几脚制动也无明显减速作用。

2）原因

（1）主缸内无制动液。

（2）主缸皮碗严重破裂或制动系有严重的泄漏之处。

（3）制动软管或金属管断裂。

（4）制动踏板至主缸的连接脱开。

3）诊断方法

首先检查主缸储液室内制动液是否充足，若不足则观察泄漏之处。若主缸推杆防尘套处的制动泄漏严重，多属主缸皮碗踩翻或严重损坏，若车轮制动鼓边缘有大量制动液，则说明该轮轮缸皮碗压翻或严重破损。

3. 制动跑偏

1）现象

汽车制动时，车辆行驶方向发生偏斜。

2）原因

汽车制动跑偏的根本原因是左右制动力不等，具体表现在：

（1）左右车轮制动蹄摩擦片与材料不一或新旧程度不一。

（2）左右车轮制动蹄摩擦片与制动鼓（盘）的接触面积、位置不一或制动间隙不等。

（3）左右车轮轮缸的技术状况不一，造成起作用时间或张开力大小不等。

（4）左右车轮制动蹄复位弹簧拉力不一。

（5）左右车轮轮胎气压、直径、花纹深度不一。

（6）左右车轮制动鼓的厚度、直径、工作中的变形程度和工作面的粗糙不一。

（7）单边制动管凹瘪、阻塞或漏油；单边制动管路或轮缸内有气阻。

（8）单边制动蹄与支承销配合紧或锈蚀。

（9）车架车桥在水平平面内弯曲，车架两边的轴距不等或前钢板弹簧刚度不等。

3）诊断方法

汽车路试制动，根据轮胎印迹（非 ABS 车辆或 ABS 不工作时）情况查明制动效能不良的车轮。可先检查该轮制动管路是否漏油、轮胎气压是否充足，若正常则检查制动蹄与制动鼓的间隙是否符合规定，否则予以调整。如仍无效，可检查轮缸内是否渗入空气，若无渗入空气，则应拆下制动鼓，按原因逐一检查制动器各件。

若各轮拖印基本符合要求，但制动仍跑偏，说明故障不在制动系，应检查车架和前轴的技术状况。

4. 制动拖滞

1）现象

抬起制动踏板后，全部或个别车轮的制动作用不能立即完全解除，以致影响了车辆重新起步、加速行使或滑行。

2）原因

（1）制动踏板无自由行程。

（2）制动踏板与其轴的配合缺油，锈污，或踏板复位弹簧脱落、拉断及拉力太小等。

（3）主缸活塞复位弹簧折断或顶紧力太小；皮碗的长度太大或皮碗发胀、发黏、补偿孔被污物堵塞。

（4）轮缸皮碗发胀、发黏或活塞犯卡。

（5）制动蹄复位弹簧脱落、折断或弹力下降。

（6）制动蹄与支承销锈污。

（7）制动蹄与制动鼓（盘）的间隙调整不当，制动放松后仍局部摩擦。

（8）通往各轮缸的油管凹瘪或堵塞。

（9）不制动时增压器辅助缸活塞中心孔打不开。

（10）轮毂轴承松旷。

3）诊断方法

先判断故障是在主缸还是车轮制动器。若所有制动鼓均过热，表明主缸有故障。若个别制动鼓过热，则属于该轮制动器工作不良。维修作业后出现制动拖滞，可将汽车举升，将变速器置于空挡并放松手制动，然后转动各车轮再踏下制动板。若抬起制动踏板后，各轮均难以立即扳转，则故障在主缸；如个别轮不能立即转动，说明该轮制动器有故障。

（1）若故障在主缸时，应先检查踏板的自由行程。若自由行程正常，可拆下主缸储液盖，踩踏制动踏板，观察回油情况。如不回油，为回油孔堵塞；如回油缓慢，可检查制动液是否太脏、黏度太大；如制动液清澈，则应拆检主缸。

（2）个别车轮制动器拖滞，可架起该车轮，旋松其轮缸放气螺钉，如制动液随之急速喷出且车轮即刻旋转自如，说明该轮制动管路堵塞，轮缸未能回油。如旋转车轮仍拖滞，可检查制动间隙。如上述均正常，则检修轮缸。

五、习题训练

1. 制动系的作用是什么？主要由哪几部分构成？有些什么类型？
2. 盘式车轮制动器与鼓式车轮制动器相比较有哪些优点？
3. 如何进行鼓式车轮制动器的拆装？
4. 试述常规制动系统空气排放方法。
5. 试分析制动跑偏的原因。

参考文献

[1] 沈沉，张丽丽．汽车底盘机械系统检修［M］．上海：复旦大学出版社，2012.
[2] 陈建宏，许炳照．汽车底盘机械系统检修（第二版）［M］．北京：人民交通出版社，2011.
[3] 陈家瑞．汽车构造（下册）［M］．北京：机械工业出版社，2009.
[4] 周林福．汽车底盘构造与维修（第二版）［M］．北京：人民交通出版社，2011.
[5] 赵宏．汽车底盘机械系统检修［M］．北京：人民邮电出版社，2013.
[6] 蒋运劲，唐作厚．汽车底盘构造与维修［M］．北京：北京理工大学出版社，2010.
[7] 范继春，张晓东．汽车底盘构造与维修学习工作单［M］．北京：北京理工大学出版社，2012.
[8] 刘军，李红梅．汽车底盘实训实习指导与维修案例分析［M］．天津：天津大学出版社，2013.
[9] 中国汽车维修行业协会．汽车底盘常见维修项目实训教材［M］．北京：人民交通出版社，2009.
[10] 刘锋．汽车底盘拆装与维修实训［M］．北京：中国劳动社会保障出版社，2012.
[11] 秦桂云，马建永．汽车底盘维修经典案例［M］．北京：科学技术文献出版社，2008.
[12]［日］GP 企业画室．汽车车身底盘图解［M］．长春：吉林科学技术出版社，1995.